Eugen Drewermann
Die sieben Tugenden

Eugen Drewermann

Die sieben Tugenden

oder:
Weisen, mit sich eins zu werden

Patmos Verlag

VERLAGSGRUPPE PATMOS

PATMOS
ESCHBACH
GRÜNEWALD
THORBECKE
SCHWABEN

Die Verlagsgruppe
mit Sinn für das Leben

Für die Schwabenverlag AG ist Nachhaltigkeit ein wichtiger Maßstab ihres Handelns. Wir achten daher auf den Einsatz umweltschonender Ressourcen und Materialien. Dieses Buch wurde auf FSC®-zertifiziertem Papier gedruckt. FSC (Forest Stewardship Council®) ist eine nicht staatliche, gemeinnützige Organisation, die sich für eine ökologische und sozial verantwortliche Nutzung der Wälder unserer Erde einsetzt.

Bibliografische Information der Deutschen Nationalbibliothek
Die Deutsche Nationalbibliothek verzeichnet diese Publikation in der Deutschen Nationalbibliografie; detaillierte bibliografische Daten sind im Internet über http://dnb.d-nb.de abrufbar.

Alle Rechte vorbehalten
© 2012 Patmos Verlag der Schwabenverlag AG, Ostfildern
www.patmos.de

Umschlaggestaltung: Finken & Bumiller, Stuttgart
Umschlagabbildung: Bratscher/photocase.com
Druck: CPI – Ebner & Spiegel, Ulm
Hergestellt in Deutschland
ISBN 978-3-8436-0173-3

Inhalt

Vorwort
oder: Das Christentum ist keine Ethik — 7

Glaube
oder: Vertrauen statt Verzweifeln — 13

Hoffnung
oder: Ein Spannseil zwischen Zeit und Ewigkeit — 39

Liebe
oder: Gott meint uns als Subjekte — 67

Weisheit
oder: Zur Einheit von Gedanken und Gefühlen — 93

Mut und Tapferkeit
oder: Vom Wagnis, selbst zu sein — 125

Maß und Mäßigung
oder: Die Synthese der Person — 151

Gerechtigkeit
oder: Wie nahe kommen wir der Not der Menschen? — 181

Vorwort
oder: Das Christentum ist keine Ethik

Christlich gesehen gibt es keine »Tugenden«. AUGUSTINUS hat das klar erkannt. »Die Tugenden der Heiden«, schrieb er, »sind nichts als glänzende Laster.« Das ist wahr. Die Lehre von den »Tugenden« selber ist ein Werk der »heidnischen« Griechen und Römer. Sie steht im Zentrum der philosophischen Ethik des Abendlandes und basiert auf der Grundannahme von der Freiheit des Willens: Menschen können das Gute tun, wenn sie nur wollen; für »Tugend« gilt es, wenn jemand eine bestimmte Form des Guten so lange einübt, dass sie zu einer »Haltung« (zu einer »hexis« griechisch bzw. zu einem »habitus« lateinisch) wird. Das Gegenteil der »Tugend« ist das »Laster« als Gewöhnung an das Böse. Beide, Tugend wie Laster, sind so etwas wie die Endstationen eines langen Weges, der willentlich, in Freiheit, abgeschritten wird; so verdienstvoll das eine, so schuldhaft das andere. Der Mensch ist verantwortlich für das, was er tut, und ebenso auch für das, was er ist. Gute Menschen handeln gut, und sie werden gut, indem sie Gutes tun; beim Bösen ebenso. Alles scheint da einfach und klar. Wer immer das menschliche Leben moralisch und juristisch ordnen und verwalten möchte, wird diese Position des ethischen Optimismus favorisieren, und er wird auch von der Religion erwarten, dass sie ihn dabei unterstützt. Im Grunde sagt die Religion ihm eigentlich nichts Neues, sollen doch die Erkenntnis wie das Tun des Guten in die menschliche Vernunft hineingelegt sein; doch die Vorstellung von Gott als dem obersten Gesetzgeber und Hüter der Gerechtigkeit überhöht die Welt der bürgerlichen Gesellschaft ins Unendliche, so wie sie deren Repräsentanten auf Thron und Altar mit göttlichem Glanz überstrahlt und mit einer Autorität umgibt, die ihnen natürlicherweise nicht zukommt. Kein Wunder deshalb, dass sich die Lehre von den Tugenden und Lastern in der Zeit der Renaissance und im Absolutismus des Barock der größten Beliebtheit erfreute. Die Fürsten diktierten den Gläubigen den Glauben, und die Gläubigen stützten mit ihrem Glauben das Regiment der Herrschenden. Jede Gesetzesreligion ist staatstragend, – inzwischen offensichtlich auch das Christentum. Und doch: kein Missverständnis könnte größer sein!

Paradoxerweise meldet parallel zum Humanismus sich zu Beginn der Neuzeit das Bemühen der Reformatoren zu Wort, den ursprünglichen Sinn der Botschaft Jesu nach 1300 Jahren der Übermalung und Verfälschung wiederzufinden und wieder zur Geltung zu bringen. Jesus dachte nicht philosophisch, – seine Gesprächspartner waren nicht die Pythagoreer, Platoniker, Aristoteliker, Epikureer oder Stoiker der griechisch-römischen Antike; er sah ganz einfach, was mit der ethischen Weltauffassung notwendig verbunden ist: sie führt dahin, die »Guten« von den »Bösen« streng zu unterscheiden und speziell über die Gesetzesbrecher nach Wortlaut des Gesetzes ein gerechtes Urteil zu ihrer Bestrafung zu sprechen. So bestätigt man die geltende Verfassung, doch man hilft nicht den Menschen, über die man »im Namen Gottes und des Volkes« zu Gericht sitzt; und eben damit tut man Gott nicht anders als den Menschen bitter unrecht. Für Jesus war Gott alles andere als ein oberster Gesetzgeber, als die Personifikation des sittlich und juristisch Allgemeinen, als die Projektionsgestalt der Rachephantasien aller Strafversessenen; er sah in Gott vielmehr jenseits der Vielfalt aller möglichen Gesetze und Verordnungen ein absolutes Gegenüber des Vertrauens, als Einzelner gemeint und gemocht zu sein. Niemals, so glaubte Jesus, würde Gott einen Menschen fallen lassen und verloren geben; im Gegenteil, Er würde dem Verlorenen und Verlaufenen nachgehen und es zurückzuholen suchen. Und wenn Gott so tut, – welch ein Recht käme dann Menschen zu, einander abzuurteilen und zu verurteilen? Was macht man da aus Gott! Und was macht man da mit Menschen! Gibt es denn das überhaupt: einen Menschen, der aus freien Stücken etwas Böses will? Wo immer ein Mensch etwas tut, das nach der Nomenklatur der Ethik als »böse« bezeichnet werden muss, handelt es sich um das Symptom einer seelischen Erkrankung, der man nicht durch Zurückweisen und Strafen beikommt, sondern nur durch Nachsicht und Verstehen. Helfen und heilen, nicht richten und ausgrenzen verband sich für Jesus mit dem Blick auf die Wirklichkeit des Menschen und mit dem Aufblick zu der reinen Güte Gottes.

»Der Mensch ist gerade nicht frei, das Gute zu tun«, lehrten deshalb (im Rückgriff auf Paulus und AUGUSTINUS) die Reformatoren. »Alle Gesetze können dir nur sagen, was du tun sollst, sie geben dir aber nicht die Kraft dazu«, schrieb MARTIN LUTHER 1520 in seinem Traktat *Von der Freiheit eines Christenmenschen*. Ein Mensch kann nur so gut sein, wie er an Güte erfahren hat; wenn er zum Guten fähig ist, so einzig aus »Gnade«. Nur ein Vertrauen (ein »Glauben«) daran, im Absoluten mit seiner Existenz berechtigt und zugelassen zu sein, ermöglicht es ihm, mit sich selbst zusammenzuwachsen und jenseits von Ängsten und von Minderwertigkeitsgefühlen aller Art zu sich selbst zu finden, und nur ein Mensch, der mit sich selbst im Einklang ist, besitzt die Freiheit, das Gute, das er will, tatsächlich auch zu tun. Alle »Tugenden«, wie die Ethik sie versteht, bilden insofern einen Ausdruck der Selbstidentität des Individuums, doch keine noch so große Anstrengung bringt einen Menschen dahin, sich selbst zu akzeptieren und sich selbst zu mögen; nur ein Vertrauen in die unbedingte Liebe eines anderen vermag ihm die Selbstkongruenz und Authentizität zu schenken, die es allererst ermöglicht, »gut« zu sein.

Was damit zu Ende geht, ist die gesamte Tugendlehre einer rein humanistischen Ethik, ist der ethische Optimismus in der Anthropologie, ist jede Form einer bloßen Gesetzesfrömmigkeit. Endgültig erscheint die Frage zu einfach, wie man bewertet, was Menschen tun, es gilt vielmehr, die Menschen aus ihren Widersprüchen zu *erlösen*. Die Sache Jesu »christlich« auszulegen, bedeutet, eine »therapeutische« Sicht auf den Menschen einzunehmen. Wenn man deshalb, wie es in der kirchlichen Theologie allenthalben geschieht, »Glaube«, »Hoffnung« und »Liebe« als die ersten drei »Tugenden« dem überlieferten Katalog von »Tugenden« in der Ethik zuordnet, so kommt es entscheidend darauf an zu verdeutlichen, dass diese drei christlichen Grundhaltungen eben keine Tugenden in moralischem Sinne bilden, sondern die Basisbedingungen eines glücklich gelingenden Daseins darstellen: nur ein unbedingtes Vertrauen (Glauben) bewahrt vor dem Versinken in den Abgründen der Angst, nur ein Sich-Ausspannen im Unendlichen (Hoffen) hebt hinweg über die trostlosen Absurditäten des Endlichen, und nur ein Glauben und Hoffen an Liebe und in

Liebe lässt eine Persönlichkeit reifen, die in ihrer Liebenswürdigkeit der Liebe fähig ist. Nichts von alledem ist mit Willensanstrengungen als eine sittliche »Tugend« herbeizuzwingen, – es lässt sich nur als ein nicht selber gemachtes Geschenk in Empfang nehmen; und das setzt nicht mehr und nicht weniger voraus als den kompletten Verzicht auf jegliches Denken in den Begriffen von Leistung und Belohnung, von Versagen und Bestrafen.

Was irgend einmal in ethischem Sinne für »Tugend« gegolten hat, bedarf deswegen einer Revision: Es reduziert sich auf eine bloße Folgebeschreibung von Einstellungen, die sich ergeben, wenn Menschen durch Glauben, Hoffen und Lieben zu sich selbst gefunden haben. Abstrahiert man von dieser unerlässlichen Voraussetzung der *Erlösung,* wird man sogleich zum Zeugen endloser Verkrampfungen, Verformungen und Unaufrichtigkeiten. AUGUSTINUS erfasste den Kern: eine »Tugend« ohne Gnade ist monströs, doch in Gnade gibt es keine »Tugenden«, die man sich willentlich zueignen könnte.

Über »Die sieben Tugenden« zu sprechen kann christlich deshalb nicht geschehen in Form eines moralphilosophischen Diskurses; es ist nur möglich in Art einer Predigt. Den Ort für die Predigten zum Thema »Tugend«, die in diesen Band aufgenommen wurden, bildete vor genau 20 Jahren eine Gemeinde von Menschen, die – nicht zuletzt im Zusammenhang mit der Enthebung meiner Person von Lehr- und Priesteramt durch den Erzbischof von Paderborn – der katholischen Kirche ferngerückt waren. Unvermeidbar ist und war es deshalb, die Brechungen und Irritationen bewusst zu machen, die sich aus der Reduktion des Christlichen aufs Ethische in der Praxis des Katholizismus notwendig ergeben, und demgegenüber das therapeutische Grundanliegen Jesu (und damit die reformatorische Gnaden- und Rechtfertigungslehre) herauszuarbeiten. Das wichtigste Arbeitsinstrument dabei, das auch das Verständnis von »Gnade« im Protestantismus wesentlich vertiefen hilft, stellt dabei die Psychoanalyse zur Verfügung: Sie verdeutlicht nicht nur die geradezu dramatische Alternative von Angst und Vertrauen in allen Fragen der Personwerdung, sie manifestiert zugleich auch die Ambivalenz aller ethischen Idealsetzungen im Status von Uneigentlichkeit und Entfremdung. Nichts macht den Menschen böser als der aus Strafangst und

Autoritätsabhängigkeit geborene Zwang zum Guten. Die eben deshalb entschieden religiöse Dimension des »Guten« im Menschen wird in den folgenden sieben Meditationen über die »Tugenden« im Rückgriff auf die gottesdienstliche Lesung von je zwei Bibeltexten deutlich, – in den Predigten über »Glaube« und »Hoffnung« ist sogar noch die Anlehnung an die Perikopenordnung der Adventszeit deutlich, die mit dem Auftreten des Täufers und der Ankündigung des Jüngsten Gerichtes anhebt. Um der konkreten Unmittelbarkeit des Erlebens willen sind diese Züge der damals frei gehaltenen (und durch Bandabschriften festgehaltenen) Ansprachen beibehalten worden. Die musikalische Begleitung eines Kirchengottesdienstes wurde seinerzeit ersetzt durch Sologesang und Instrumentalvortrag von seiten einzelner Gemeindemitglieder oder durch einen auswärtigen Gospel-Chor. Die Hinweise auf Komponisten wie Chopin, Wagner oder Schubert möge der heutige Leser als Anregung verstehen, beim Abspielen der Werke dieser Großen der Musikgeschichte selber in jene Stimmung einzutauchen, die damals dem Verständnis dieser Predigten über »Erlösung durch Gnade« äußerst günstig war.

Vorangestellt sind den sieben Meditationen Abbildungen von Kupferstichen aus der Zeit des Manierismus. Allegorische Darstellungen der Tugenden – und Laster – erreichen in der Druckgraphik der zweiten Hälfte des 16. Jahrhunderts einen Höhepunkt. Insbesondere HENDRIK GOLTZIUS schuf um 1580 in Haarlem durch eine eigene Technik der Stichelführung wahre Meisterwerke allegorischer Graphikserien. So entstanden 1593/1597 gemeinsam mit seinem Stiefsohn JACOB MATHAM sieben Bilder über die sieben Tugenden.*

3. Adventssonntag 2011
Eugen Drewermann

---

* Vgl. Hans-Martin Kaulbach, Reinhart Schleier: »Der Welt Lauf«. Allegorische Graphikserien des Manierismus, Ostfildern, 1997.

Glaube
oder: Vertrauen statt Verzweifeln

Abbildung vorherige Seite:
***Fides* – Treue und Glaube.** Auf diesem Kupferstich sitzt, in der Rechten das Kreuz, in der Linken die Bibel, die Tugend der Fides vor einem Säulenfragment auf hohem Sockel, umflort von Blattwerk, das aus den Nischen des Mauerwerks herauswächst; den Blick hält sie andächtig auf das Kreuz mit Kruzifix gerichtet. Kaum sichtbar erhebt sich in der offenen Landschaft ein Kirchturm, der auf den Alten Bund hinweisen soll. An dieser Sicht christlicher Glaubenslehre scheint die Feststellung besonders bemerkenswert, dass die kirchliche Theologie ungleich deutlicher das geistige Erbe der klassischen Antike aufgegriffen hat als die Lehrtradition der Synagoge. Der lateinische Text von CORNELIS SCHONAEUS weist denn auch mehr auf die (Vertrags-)Treue unter Staaten im Sinne des römischen Begriffs Fides hin als auf den christlichen Inhalt des Glaubens:

Sacra fides passim, / nulli violanda, probatur,
Devincit varias / haec firmo foedere gentes.
Heilige Treue hält / ein jeder für niemals verletzbar,
Bindet sie doch ganz fest / der Völker Reiche zusammen.

Die Moraltheologie des Christentums, die Moralphilosophie der griechischen Antike hat stets geglaubt, gegenüber bestimmten Verhaltensweisen des Menschen mit dem Appell an die Freiheit und an den Willen zur »Tugend« korrigierend antworten zu können. Doch im folgenden wird sich zeigen, dass eine uralte Lehre des Christentums wieder ihre Plausibilität zurückerlangt, nämlich dass der Mensch nicht einfach gut sein könne, nur weil er wolle oder müsse; ein Mensch könne vielmehr nur »gut« sein aufgrund einer Güte, die er erfährt – die gesamte Gnadenlehre des hl. PAULUS, die Rechtfertigungslehre des MARTIN LUTHER, die Glaubenslehre von BLAISE PASCAL und die Existenzphilosophie SÖREN KIERKEGAARDS gipfeln in diesem einen Satz. Wohl, die Welt sei »erlöst«, versichert uns das Christentum, sie sei es durch Jesu Christi Opfertod; aber mit dieser Doktrin entsteht sogleich das Paradox, dass wir alle Jahre wieder darauf warten, die Welt möchte doch nun endlich erlöst werden. Wie eigentlich vereinbart sich der Glaube an den entschiedenen und entscheidenden Durchbruch in Jesu »Erlöserleiden« am Kreuz zum Beispiel mit dem Adventsritual, mit der Peinlichkeit also, bestimmte Aufführungen (im wesentlichen für Kinder!) immer wieder zu repetieren angesichts einer Welt, die sich offenbar durchaus nicht ändern will oder kann? Was ist uns der Glaube Jesu beziehungsweise der Glaube durch Jesus eigentlich wert?

Wir wollen vier Spirituals* betrachten, die zur Einführung in das, was Glauben heißt, geeignet sind; im 19. Jahrhundert vor allem in den Südstaaten der USA sind sie entstanden.

---

* Vgl. Kurt Heinrich Hansen: Go down, Moses. 100 Spirituals und Gospel Songs, Hamburg: Bd. 26 der Stundenbücher, 1963, S. 70 ff.

1

Vielleicht hab ich nie Häuser und Land.
O, dieser Welt Schätze hab ich nie gekannt.
Ich mache weiter, für ein Haus da oben,
Gebaut, sagt man, ist es von Gottes Hand.
Ich bin nicht sehr eigen mit Häusern im Himmel,
Alles, was ich mir wünsche, ist, dass der Herr
Mich nimmt als sein Kind.
Herr, bau mir eine Hütte
In einem Winkel in Deinem Land.

O, Herr, Herr, bau mir eine Hütte,
Ich wünsch mir eine kleine Hütte irgendwo bei Dir.
Ich bitte Dich, Herr! Ja, ich möchte eine Hütte,
Bitte bau mir eine Hütte,
Wo ich meinem Heiland die Hand geben kann.
Mir kommt es auf Straßen aus Gold nicht an,
Und auch nicht auf Schätze, die ich vielleicht
haben kann,
Aber ich möchte eine Hütte, ja, eine Hütte,
Gebaut in einem Winkel in Deinem Land.

2

O, keiner kennt das Elend, das ich sah,
Nur einer kennt es – Jesus.
Keiner kennt all das Elend, das ich sah,
Gloria, Halleluja!
Manchmal bin ich oben, manchmal unten,
O ja, Herr!
Manchmal bin ich ganz am Boden,
O ja, Herr!
Siehst du mich auf meinem Weg,
O ja, Herr!
Ich habe hier unten Sorgen genug, O ja, Herr!

O, keiner kennt das Elend, das ich sah,
Keiner erkennt die Sorgen.
Keiner erkennt all das Elend, das ich sah,
Gloria, Halleluja!

Ich war eines Tages unterwegs,
O ja, Herr!
Da tat sich der Himmel auf, und Seine Liebe kam herab,
O ja, Herr!
Ich werde nie den Tag vergessen,
O ja, Herr!
Als Jesus abwusch meine Sünden,
O ja, Herr!
O, keiner kennt das Elend, das ich sah,
Keiner kennt die Sorgen,
Keiner kennt all das Elend, das ich sah,
Gloria, Halleluja!

3

Ein kleines Rad dreht sich
in meinem Herzen,
Ein kleines Rad dreht sich in meinem Herzen,
In meinem Herzen, in meinem Herzen,
Ein kleines Rad dreht sich in meinem Herzen.
O, ich fühl mich so froh in meinem Herzen,
Ja, ich fühl mich so froh in meinem Herzen,
In meinem Herzen, in meinem Herzen,
O, ich fühl mich so froh in meinem Herzen.
O, ich fühl mich nicht müde in meinem Herzen,
Nein, ich fühl mich nicht müde in meinem Herzen,
In meinem Herzen, in meinem Herzen,
O, ich fühl mich nicht müde in meinem Herzen.

4

Schweb herab, süßer Wagen,
Komm und bring mich nach Haus.
Schweb herab, süßer Wagen,
Komm und bring mich nach Haus.
Schweb herab, süßer Wagen,
Komm und bring mich nach Haus.
Schweb herab, süßer Wagen,
Komm und bring mich nach Haus.

Ich sah über den Jordan, und was sah ich da,
Komm und bring mich nach Haus,
Sah einen Chor von Engeln um mich,
Komm und bring mich nach Haus.

Bist du da, bevor ich komm,
Komm und bring mich nach Haus,
Sag' meinen Freunden, ich komme auch,
Komm und bring mich nach Haus.

O schweb herab, süßer Wagen,
Komm und bring mich nach Haus,
Schweb herab, süßer Wagen,
Komm und bring mich nach Haus,
Komm und bring mich nach Haus.

Der Kontrast könnte größer nicht sein: Da sind Menschen, die wissen, dass sie mit aller Sicherheit, nur schon weil sie eine schwarze Hautfarbe tragen, so etwas wie Freiheit nie kennenlernen werden, in keiner Form, sondern dass ihr ganzes Leben in Unterdrückung und Ausbeutung bestehen wird; und nicht nur sie, selbst ihre Kinder, selbst wenn sie noch nicht einmal geboren wurden, sind schon verkauft in die Unfreiheit; und das soll so weitergehen! Diese Menschen sollen nur da sein, um den Gewinn der Besitzenden zu vermehren! Aber doch hören sie Lieder wie diese Spirituals; sie erfinden sie selber im Gemeindegesang: Die Freiheit wird kommen, und es wird dasselbe sein, wie wenn Jesus wiederkommen wird. Die Zuversicht ist nicht, dass er einmal gekommen ist, sondern dass er kommen wird. Und was dieser Jesus zu sagen hat, ist eigentlich immer dasselbe: Gott ist groß. Ganz richtig hat MOHAMMED, haben die Araber im Islam das übersetzt mit: Gott ist (immer noch) größer – Allahu akbar. Genau das bedeutet's! Du kannst die Menschen kleinmachen, so niedrig du willst, du kannst ihnen Hindernisse vor die Füße stellen, so groß sie auch sein mögen – Gott ist größer, und das macht den Menschen groß, das macht ihn stärker als seine Widersacher und Zwingherren.

Wenn wir diese Überzeugung anwenden auf die Frage der Aufrichtung des Menschen zu seiner wirklichen Größe, in der Tugend, so erhalten wir in der Tat vorab eine ganz gute Umschreibung für das, was wir Tugend nennen, ist doch dieses Wort im Mittelhochdeutschen nichts weiter als die Bezeichnung für »taugen«, für »Tauglichkeit«. Ein Mensch, der das ist, wozu er geboren wurde, der geworden ist, was er seinem ganzen Wesen nach sein sollte, der sich mit sich eins fühlt, der ist »tauglich« von innen her. Das Christentum lehrt, im Unterschied vor allem zur griechisch-antiken Tugend- und Lasterlehre, dass man bei der Aufzählung der »Tugenden« nicht sogleich beginnen dürfe mit Haltungen wie Keuschheit, Mäßigung, Demut usw.; die christliche »Tugendlehre« beginnt eigentlich mit einem Paukenschlag: Gleich am Anfang stehen die christlich entscheidenden Haltungen bei PAULUS aufgereiht: *Glaube, Hoffnung, Liebe* (1 Kor 13,13). Jeder, der diese drei Begriffe hört, denkt wohl unwillkürlich an die Worte des Völkerapostels: All das vergeht, sogar der Glaube, sogar die Hoffnung, allein die Liebe bleibt, indem und weil sich alle »Tugenden« erfüllen in ihr.

Unsere Frage wird daher zunächst einmal lauten müssen, was es mit dem Glauben auf sich hat. Wieso besitzt er diese Energie, Hoffnung zu schenken und Liebe zu ermöglichen in einer Welt der Finsternis und der Lieblosigkeit? Wieso bringt der Glaube Freiheit in eine Welt der Entrechtung, der Ausbeutung und des Todes? – Im Neuen Testament gibt es eine Reihe von Erzählungen, in denen Jesus Menschen heilt und ihnen dann, wie zur Begründung, sagt: »Gerettet hat dich einzig dein Glaube.« Das Johannes-Evangelium hat daraus sogar eine Formel abgeleitet; es lässt Jesus sagen: »Wer an mich glaubt, der wird den Tod nicht kosten; selbst wenn er stürbe, – er wird nicht sterben.« (Joh 11, 25.26) Er steht, mit anderen Worten, durch den Glauben so sehr im Leben, dass der Tod keine Macht mehr über ihn hat.

Die Spirituals haben völlig recht: Glauben, das ist die Erfahrung, irgendwo im Leben gäbe es einen Ort, an dem jemand sagen würde: »Dein Leben ist in Ordnung, so wie es ist! Nicht als wenn das, was du wärest, in allem richtig wäre, oder als wenn das, was du tätest, besonders großartig wäre; doch dass es dich gibt, ist ein unglaubliches Geschenk für mich, für alle Welt! Gewiss, vieles, was du getan hast, bedrückt dich selbst, und du bist mit dir selber diesbezüglich nicht einverstanden, und doch zeigt sich an diesen Stellen, wenn wir sie nur richtig durchgehen, ganz deutlich, wie das, was du gegen deinen Willen zumeist sein musstest, durch Not, Aussichtslosigkeit, Eingeengtheit und Angst verbogen und verlogen wurde. Du wolltest so nicht sein, wie du dir da erscheinst! Es kann sogar sein, dass man dich stolz gemacht hat auf die Dinge, die du selber überhaupt nicht wolltest, und dass wir noch viele Wege gehen müssen, um überhaupt herauszufinden, was du ursprünglich einmal gewollt hast, aber schon dass wir damit beginnen, macht im Grunde alles gut. Drum lass uns beginnen, lass uns gehen!«

Für den Mann aus Nazareth jedenfalls war dies das wichtigste Erlebnis an der Seite seines Lehrers JOHANNES' DES TÄUFERS: die Vergebung der Sünden! Schon dass er sich ihm anschloss, war wie eine Absage und wie eine Zusage: – Es gibt die offizielle Religion im Tempel von Jerusalem; die Gruppe der Essener in Qumran will sie nicht, weil das, was die »Söhne Saddoks« dort treiben, zu sehr mit Macht verfilzt ist und zu korrumpiert ist durch Geld, – der sadduzäische Tempeldienst ist nicht so orthodox und »koscher«, wie Moses ihn gemeint hat; JOHANNES DER TÄUFER will die Priesterschaft in Jerusalern nicht, weil sie nicht begreift, wie ernst die Stunde ist; man glaubt da offenbar immer noch, so weitermachen zu können wie bisher. Wohl, Gott hält das alles noch aus in seiner Geduld, aber die Welt ist am Ende; es geht so nicht weiter; vor allem die Menschen brauchen etwas ganz anderes. Das meint JOHANNES: Nur eine Remedur in großem Stil bedeute eine letzte Rettung. Und genau diese Botschaft muss Jesus angesprochen haben. Das erste, was wir von ihm außerhalb der »Kindheitslegenden« im Neuen Testament zu hören bekommen, ist dies: dass die Gestalt JOHANNES' DES TÄUFERS ihn in Bewegung setzt eben durch seine glühende Unzufriedenheit mit all den Verhältnissen, mit den Menschen, mit dem, was Geschichte heißt; in der Predigt dieses Mannes wird alles auf den Kopf gestellt, wofern es nicht überhaupt zugrunde geht.

Jesus muss allen Ernstes geglaubt haben, dass in der Botschaft des JOHANNES Wahrheit stecke. Aber dann, wohl als Zusammenfassung von vielen Jahren des Ringens im Leben Jesu, gab es diesen Augenblick, der in der Legende des Neuen Testamentes schon bei Markus, im ersten Kapitel (Mk 1,9-11), sehr stark theologisiert, das heißt christologisch verbrämt wird: Jesus lässt in der Taufe am Jordan die »Sintflut« über sich ergehen, die Johannes predigte: alle Strafgerichte Gottes, alle Flüche, alle Schuldsprüche; aber dann, sagt die Erzählung, habe er sich aufgerichtet und aus den Wolken eine Stimme gehört; ist dies eine »Audition«, wie die Psychologen sagen, eine »Projektion«, wie die Tiefenpsychologen sagen, oder ist es nur ein plötzliches Gefühl für das, was ein Mensch hören muss, um überhaupt zu leben? Verdankt man sich, weitergefragt, jemals eine solche Einsicht selber, oder handelt es sich, wenn sie zustande kommt, nicht schon um einen Inhalt von Gnade? Erzählt nämlich wird, Jesus habe gehört, wie ihm gesagt ward: Du bist doch mein Sohn!

Genau das ist es, was er später weitersagen wird, es ist das einzige, was er zu sagen hat in den zwei Jahren seines öffentlichen Auftretens, bevor man ihn totschlägt: »Aber du bist doch mein Sohn!«

Wie ändert sich die Welt?

In diesem Wort liegt die Antwort: Menschen ändern sich in allem, doch sie können sich in allem nur ändern, wenn sie eine solche leise Stimme vernehmen, die ihnen sagt: Aber du bist doch, mein Sohn, meine Tochter, – ein Wort, in dem Gott wie mütterlich, wie väterlich erscheint. Erst wenn dieses Wort gilt, fände es ein Ende damit, sich Gott verdienen zu müssen durch Opfer, durch Priestervermittlung, durch theologische Traktate der Orthodoxie; vielmehr wüchse eine kindliche Unmittelbarkeit heran, die Gott nicht mehr zutraut, über die Hilflosigkeit der Menschen den Stab zu brechen und Gerechtigkeit aus ihnen herauszuwürgen, nur um ein abstraktes Gesetz zu erfüllen.

In erschütternden Gleichnissen wird Jesus später sich rechtfertigen für diese seine Überzeugung, Gott gehe insbesondere den Menschen nach, die allen anderen als »unzugehörig« erscheinen – gesellschaftlich, sozial, finanziell, psychisch, juristisch, religiös, konfessionell, auf jede Weise, all den Menschen, die immer nur alles falsch machen, und zwar nicht, weil sie es wollten, sondern einfach nur, weil sie so leben: in den Vorstädten, an den Rändern, hinter Schloss und Riegel manchmal, jedenfalls jenseits aller Grenzen, buchstäblich im Niemandsland des Daseins; gerade die suche er. Und so steht der Mann aus Nazareth, gleich am Anfang schon, nicht an, wie zum Programm zu erklären: »Ihr müsst nicht glauben, dass ich gekommen bin für die Gesunden; ich bin gekommen wie ein Arzt zu den Kranken!« (Mk 2,17)

Und so wird's bleiben.

Alle Leute, die da glauben, sie machten's doch im Grunde schon ganz richtig, sie seien zuverlässig, ordentlich, anständig, sie seien tugendhafte, gute Leute, zuverlässige Bürger, treue Seelen, prima Kameraden, all diese Leute werden Jesus nicht wirklich brauchen. Sie werden in ihm entweder eine feierliche Sonntagsangelegenheit erblicken oder eine orientalische Übertreibung, die man bei aller Geduld realistisch in den Alltag übersetzen muss; denn so, wie dieser Mann es predigte, geht es in den Augen aller ordentlichen Leute natürlich nicht. Wenn die Sache ernst wird, die Jesus verkörpert, werden sich all diese »guten Leute« zunächst gegen ihn wehren wie gegen eine Ruhestörung, dann wie gegen ein anarchisches Verbrechen. Nur die Menschen, die samt und sonders nicht weiterwissen, brauchen ihn, dann aber unbedingt, so wie Ertrinkende die letzte Planke eines Schiffes, das im Sturm scheiterte, umklammern. Für diese Leute bedeutet Jesus alles.

Und so setzt sich's fort: Was wir Glauben nennen, hat eigentlich diese zwei Seiten: Gott zu erblicken wie den Regenbogen nach der Sintflut, und an den Mann sich halten zu dürfen, der vor 2000 Jahren es wagte, in dieser Überzeugung von Gott als dem »Regenbogen« alles anders zu machen als gewohnt. Was wir in seinem Sinne Glauben nennen, ist nichts anderes als ein großes Vertrauen, als eine tiefe Überzeugung, die der menschlichen Existenz einen Grund unter den Füßen gibt, ein unerschütterliches Umfangensein in Armen, die sich um alle Armen legen, eine

Geborgenheit, die unerreichbar ist gegenüber jeder Drohung und Dreinrede.

Freilich, man hat aus diesem Vertrauen des Jesus von Nazareth theologisch das gemacht, was wir heute Glauben nennen, aber es wird uns eben deshalb nicht erspart bleiben, dieser Karikatur des Vertrauens bis zu dem Punkt nachzugehen, dass wir das Eigentliche wieder deutlich genug vor Augen haben.

Glaube, so erfährt jeder Theologiestudent der Römisch-Katholischen Kirche weltweit noch heute, seitdem THOMAS VON AQUIN es vor rund 800 Jahren so formuliert hat, sei ein Akt der Vernunft, des Verstandes, befohlen vom Willen. Wie das?, fragt man sich sogleich. Ein »Akt des Verstandes« beruht auf Wissen und Erkenntnis; was also soll da noch befohlen werden? Das Forschen nach Wahrheit im Sinne der Wissenschaft ist allemal frei; zu kommandieren ist da gar nichts: Entweder es zeigt sich für den Verstand, aus welchen Gründen er glaubt, oder es gibt keine solchen Gründe. »Glauben« in diesem Sinne bedeutet wirklich: Nicht-Wissen. Es scheint zwar für Theologen möglich, eine Wissenschaft sogar aus dem Unwissen zu machen, aus dem also, was der Grundlage nach gar nicht wissbar ist; doch der Trick dabei basiert auf reiner Doppelbödigkeit, indem bereits das Nicht-wissen-Können übersetzt wird in einen bestimmten Begründungszusammenhang: Zwar gibt es Wahrheiten, die so subtil, so erhaben, so transzendent jeder Erfahrung sind, dass man sie eigentlich nicht wissen kann; vielleicht lässt sich aber beweisen, dass sie nötig sind? Da eine solche »Beweisführung« erfahrungsjenseitiger Wirklichkeit nie so ganz aufgeht, muss man schon eine Menge guten Willens mitbringen, um in diesem Sinne »glauben« zu wollen. Das aber ist in der Tat nötig: Man muss wirklich glauben wollen! Dieses Wort »wollen« könnte so viel bedeuten wie existentiellen Entscheidungsernst, doch in der rein intellektuellen Fassung der Theologie geht es um etwas ganz anderes, – um die Zustimmung oder Ablehnung einer bestimmten Kirchendoktrin. Fortan liegt es demnach an dem bösen Willen, wenn jemand nicht glaubt: – dem ist beizukommen notfalls mit Folter, mit Kirchenausschluss und mit anderen Kirchenstrafen; oder der menschliche Verstand langt eben nicht aus, um zu begreifen, was die Theologen sagen; in diesem Falle muss man nur nachsagen, was sie vorsagen; dann ist auf den Verstand, der ohnedies nicht wissen kann, wenn es um »Glauben« geht, von vornherein nicht viel zu geben; schon deswegen gilt es, nur zu wollen, das heißt, sich dem kirchlichen Lehramt zu unterwerfen.

Wir sind jetzt bereits dabei, zu begreifen, dass diese Definition von Glauben nie etwas anderes werden wird als eine Legitimation, um die Sache Jesu in die Ideologie der Kirche zu überführen. Die Kirche weiß fortan, was man nicht wissen kann, und sie weiß es immer besser, als man es überhaupt nur wissen kann. Von Jahrhundert zu Jahrhundert hat diese »Kirche« immer recht, schreitet sie fort im Wissen über Gott, über den Menschen und über die Welt, und es wird keine Frage geben, die sie nicht im voraus zu beantworten vermag. Die Frage ist lediglich, wen man da fragen soll: Der einzelne Dozent an der Hochschule ist irrtumsfähig; es muss also ein Bischof sein, der von Amts wegen darüber wacht, dass die Theologen seiner Fakultät und aller Fakultäten im Glauben gründen; der einzelne Bischof aber hat erkennbar womöglich schon in seiner Amtszeit allerhand Falsches gesagt; drum muss die Gemeinschaft der Bischöfe es richten. Doch auch das genügt nicht. Aus Rom erfährt man, dass mitnichten eine Bischofskonferenz regional etwas gilt; sie kann nicht für sich selber sprechen, wenn auch nur ein Bischof eine Ausnahme bildet; mit anderen Worten: ein Opus-Dei-Bischof genügt, um die gesamte Bischofskonferenz in Brasilien oder in Deutschland zu boykottieren. Eine lokale Bischofskonferenz kann also nur in der Wahrheit sein, wenn sie verbunden ist mit dem Bischof in Rom; der allein weiß, so soll man glauben. Aber wieder auch nicht; auch er muss verbunden sein mit der Tradition des Lehramtes und mit dem, was alle glauben. Aber was glauben sie alle? Da es nirgendwo festzumachen ist, bleibt es dabei, dass die Kirche immer recht hat. Andererseits sind die Kirche wir selber. Nur: wer sind wir selber? Gehören zu der Kirche, die »wir« sind, die Protestanten etwa mit dazu? Das eben nicht! erklärt das katholische Lehramt. Protestanten glauben einige Dinge doch nicht so, wie man müsste. Die Orthodoxen der Ostkirchen auch nicht; sie glauben vor allem nicht an den Papst. Die Juden schon gar nicht; sie haben an Jesus als an den Messias noch nie geglaubt bis heute, und das muss man ihnen, Auschwitz hin, Auschwitz her, nun doch zum Vorwurf machen. Bei den Muslimen ist die Sache vollends klar. Mohammed ist nicht Jesus – vor solchen Gleichsetzungen muss man warnen.

Hindus, Buddhisten, asiatische Religiosität überhaupt – das liegt uns fern, und so soll es bleiben!

Mit einem Wort: wir haben unter dem Begriff Glauben nichts weiter vor uns als einen an den Himmel geworfenen Gruppenegoismus, als einen planungsvollen Terror zur Einschüchterung von Menschen; nicht Freiheit, vielmehr der Kampf gegen die Freiheit ist ein solcher »Glaube«; nicht Menschlichkeit, sondern der Ersatz der Person durch eine geistige, will sagen: ungeistige Behörde ist dieser »Glaube«. Er ist ein Begriffsfetischismus von Redensarten, die in sich selber wie magisch Gott herbeizaubern sollen. Ein solcher Glaube verwechselt die Hörsamkeit gegenüber Gott mit Gehorsam gegenüber kirchlichen Institutionen.

Von daher muss man die ersten drei Tugenden im Christentum vielleicht insgesamt anders übersetzen, als sie klingen: Es geht nicht um *Glauben, Hoffnung* und *Liebe*, es geht: um *Gehorsam, Treue* und *Pflicht*!

Du willst den Menschen *lieben*? Als Mann deine Frau? Das ist ein schwankendes Gefühl! Die Liebe ist subjektiv! Die Liebe ist lyrisch! Sie ist immer krisenanfällig! Man kann nicht verlangen, dass du einen bestimmten Menschen immer liebst, aber dass du deine Pflicht tust, das kann man erwarten. Übersetzen wir Liebe also mit Pflicht. Dann haben wir etwas Konkretes.

Und *Hoffnung* – wer will da wissen, was in Zukunft sein wird? Dass Zukunft zuverlässig ist, das macht allein die Treue; »hoffen« musst du da gar nichts; aber man kann versprechen, so zu bleiben, wie man ist. Jeder General z. B. will wissen, mit welcher Truppe er zu rechnen hat; eben drum verlangt er unter Eid die Treue. Die katholische Kirche will ganz in diesem Sinne wissen, was für Bischöfe sie hat, was für Leute sie an den Fakultäten hat; diese Leute müssen unter Eid geloben, dass sie immer sagen werden, was sie »lehramtlich« sagen sollen. Das ist ihre Treue, eben dass es überhaupt nichts mehr zu hoffen gibt, weil jede Änderung eine Gefahr für das Bestehende sein würde, ist der Inhalt dieser »Hoffnung«.

Und der *Glaube*? Man hat ihn gehängt an bestimmte Lehrinhalte! Die Geschichte der Perversion der Botschaft Jesu hat wahrscheinlich schon begonnen damit, dass man die Botschaft des Mannes aus Nazareth in die Kultur der Griechen übersetzte. Das Deutsche immerhin, das dem Altgriechischen näher steht als das Hebräische damals, kennt eine Reihe von Aussagen, die helfen können zu verstehen, wie die Ersetzung eines ursprünglichen Vertrauens durch diese Art von Kirchen»glaube« passiert ist. »Ich glaube dir das«, sagt man im Deutschen und meint damit: »Was du mir jetzt erzählst, kann ich nicht nachprüfen, will es auch nicht nachprüfen, aber ich bin überzeugt, es stimmt, weil du mir das so sagst, und du hast die Übersicht, das glaub ich dir.« Da hängt der Glaube an dem Vertrauen in die Person eines andern in bezug zu einem bestimmten mitgeteilten Inhalt. Aber es ist wichtig, dass man zu diesem Inhalt nur über die Person des anderen begründeten Zugang gewinnt. An sich wäre in diesem Falle das Verhältnis allerdings noch ersetzbar durch eine sachorientierte Kontrolle. »Ich glaube dir das, – weil ich mir die Mühe nicht machen will, nachzuprüfen. Aber theoretisch wäre es möglich!«

Einen Schritt weiter und wir sagen: Ich glaube dir. Das ist viel mehr, denn es geht jetzt gar nicht mehr darum, was der andere gesagt hat; er hat dies gesagt und das gesagt, und es war auch wichtig, aber man möchte ihm glauben. »Ich glaube dir« heißt soviel wie: »Ich glaube dir in diesem Falle und eigentlich immer. Auch was du noch sagen wirst, – es wird in meinen Augen stimmen, weil ich dich als diese Person erlebe und schätze, ja, weil ich dich liebe.«

Noch einen Schritt weiter betreten wir ein fast unheimliches Gebiet. Zwischen Menschen ist es möglich zu sagen: Ich glaube an dich. Das bedeutet: »Ich setze mein ganzes Leben aufs Spiel in der Liebe zu dir; ich gebe es dir in die Hände wie eine Kostbarkeit, wie eine chinesische Vase: Wenn du nicht sehr behutsam bist, wirst du sie fallenlassen, und sie zerspringt in tausend Stücke. Aber ich glaube an dich, und deshalb tu ich's.« Diese Formulierung muss man im Deutschen übersetzen mit: Du bist mein Halt, du bist mein Schutzbunker, du bist mein Versteckraum. – Das Hebräische vor 3000 Jahren kannte noch keine Bombenangriffe und keine »Bunker«, aber heute kann man die entsprechenden Bibelworte nicht mehr übersetzen mit: Du bist meine Burg. Wenn aber da etwas ist, worauf's prasseln kann, wie's will, und es hält, wo ein

Unterschlupf ist, an dem ich spüre, dass es an mich nicht herankommt und es mir ein Leben schenkt, jenseits der ständigen Angstsicherung im Überlebenskampf, dann finden wir den Sinn der Redewendung: *ich glaube an dich*. Die griechische Sprache des Neuen Testamentes variiert diese Redewendung oft, und man kann sie kaum richtig übersetzen. *Ich glaube an dich* – das gibt es wirklich im Johannes-Evangelium; aber *ich glaube dir* gibt es auch; *ich glaube dich* kommt sogar vor. Das sind Nuancen im Griechischen, die wir in den normalen Bibelübersetzungen überhören. Sie werden flachgeschliffen unter dem Begriff eines inhaltsbezogenen Glaubens, der uns die Vorstellung einer bestimmten Art zu sprechen, Erkenntnisse zu sammeln und zusammenzustellen, vermittelt.

Eben deswegen ist das, was wir Glauben im Sinne Jesu nennen, als ein großes Vertrauen, fast verdorben worden. Wer ist da Gott, wenn er derart verhüllt, statt offenbart wird von den Nebelwolken der orthodoxen Formeln? Wie viele Menschen heute gibt es, die ganz einfach erklären: »Ich glaube nicht an Gott« oder: »Ich glaube keinen Gott.« Doch wollen sie das wirklich so sagen? »Glauben« sie das womöglich nur, weil sie all dem widersprechen, was sie je kirchlicherseits gehört haben?

Dieser Tage sagte mir eine Frau: »Mein Mann ist ganz religiös großgeworden, und das ist der Grund unserer Trennung. Man hat ihn mit zwölf Jahren in ein Kircheninternat gesteckt, und nun ist es soweit – er kann das alles, was die Kirche sagt, nicht mehr hören. Aber ich habe Angst um ihn. Was soll werden, wenn er stirbt? Wo kommt er dann hin? Ich bin doch auch so großgezogen worden. Ich geh schon seit langem nicht mehr in die Kirche, aber ich habe Schuldgefühle. Manchmal habe ich bloß Angst; dann kommt das alles wieder aus Kindertagen.«

Ich versuchte in Antwort auf diese Not eine orientalische Geschichte zu erfinden: Denken wir uns einmal ein Land, sagte ich, das so groß ist, dass die zahlreiche Bevölkerung den König, der es regiert, noch nie gesehen hat und im Grunde überhaupt nicht kennt. Das einzige, was es von seinem König weiß, ist die Weisheit seiner Gesetze, nach denen das Land sich ordnet. Diese Gesetze aber sind von einer Art, dass man sie gar nicht geschrieben und vorgetragen bekommen müsste, weil im Grunde ein jeder von innen her sich die gleichen Weisungen zu geben vermöchte. Dieser Zustand währt nun schon viele Jahre. Da bricht in diesem Land eine Hungersnot aus. Sie ist so groß, dass die eingebrachte Ernte die Bevölkerung nicht ernähren kann. Viele alte Leute sterben, viele kleine Kinder verkümmern vor Hunger; drum verkündet in einer Stadt jemand als Befehl des Königs, man solle nicht länger die Untüchtigen miternähren, »das Boot sei voll«, – die Stadt überfüllt, die Nahrungsmittel begrenzt! Jetzt habe ein Recht zu leben nur noch, wer stark genug sei, sein Leben zu verteidigen. Und damit nicht jeder zum Räuber und Mörder an dem anderen werde, beschließe man und sei beschlossen, dass nur noch die starken und wehrfähigen Männer und die gebärtüchtigen Frauen, im Alter zwischen fünfundzwanzig und zweiundvierzig, ausreichend ernährt würden; alle anderen müssten halt sehen, wie sie durchkämen. – An dieser Stelle der Geschichte denken wir uns einen Mann, der an der Scheune und im Verwaltungsdepot tätig ist. Laut Order ist er gezwungen, unter Strafandrohung der Hinrichtung, sich an die Weisung des Königs zu halten, aber er tut es nicht; immer wieder gibt er hintenherum, »unverantwortlich«, wie man ihm warnend zuraunt, einem hungernden Kind, einer hungernden Frau, einem alten Mann so viel zu essen, dass sie für ein paar Stunden wenigstens sich sättigen können. Er streut manchmal sogar Körner aus für die Vögel, weil es Winter ist. Irgendwann ertappt man ihn bei diesem Treiben, man stellt ihn zur Rede, man erklärt ihn der Majestätsbeleidigung für schuldig; denn um sein Verhalten zu motivieren, sagt er, der Befehl, den der König erlassen habe, sei unsittlich, sei unmenschlich, und deshalb habe er die Pflicht, so nicht zu tun. – Wir denken uns, dass dieser Mann selbstredend hinter Schloss und Riegel kommt. Aber irgendwann dringt der Vorfall an den Königshof. Der Monarch hört, was sein Untertan in der fernen Stadt getan hat, und er ist bestürzt und erschrocken, nicht nur als er von den Zuständen in seinem Reiche hört, sondern vor allem, als er von jenem Befehl erfährt, der in dieser Stadt in seinem Namen erging; auf der Stelle lässt er den Mann zu sich bitten und sich alles aus seiner Sicht noch einmal erzählen. Wir nehmen an, dass dieser König wirklich ein weiser und gütiger Regent ist. Wird er dann nicht sagen: »Unter allen meinen Untertanen ist dies der einzige, der an mich geglaubt hat, weil er den Befehl, der in meinem Namen erlassen wurde, nicht befolgt hat. Weil er erklärte: ›Mein König kann so etwas gar nicht befohlen haben! Er muss gestorben sein, und ein Wüstling, ein Usurpator muss sich auf seinen Thron gesetzt haben! Anders ist dieser grausame Befehl gar nicht erklärbar. Vermutlich hat man meinen Herrn ermordet!‹ – Dieser mein Untertan hat an mich geglaubt, weil er nicht mehr denken konnte, dass ich überhaupt existierte, wenn solche Befehle in Umlauf seien!« – Der König, so denke ich, wird diesen »Ungläubigen« ganz sicher zu seinem Berater, zu seinem Wesir, zu dem höchsten Beamten in seinem Reich ernennen!

Und nun auf diese Frau hin versuchte ich zu sagen: »Ich kann nicht wissen, woran Ihr Mann glaubt, aber ich bin mir sicher, am Jüngsten Tage wird Gott Ihren Mann belobigen für all das, was er im Namen Gottes nicht glauben konnte – Gott zugunsten! Besser gar kein Gott als so ein Gott, hat er sich gedacht. Und das ehrt Gott, wie er wirklich ist! So sollten wir denken!«

Wenn wir nur einmal damit aufhören, Glauben mit einem bestimmten Lehrsystem zu identifizieren, mit einer Rhapsodie zum Auswendiglernen, mit einem ewigen Streitfall von Rechthaberei, was dann? Das Beste, was in theologischer Absicht über den Glauben gesagt werden konnte, wurde formuliert gleich am Beginn der Neuzeit, vor über 470 Jahren, von MARTIN LUTHER. Er strich die ganze christliche Lehre zusammen auf drei Worte: Allein *durch Glauben*, allein *durch Gnade*, allein *durch Jesus*, wie es in der Bibel steht. Mehr war in seinen Augen nicht nötig. Allein um diese Vereinfachung »allein aus Gnade, allein aus Glauben, allein aus der Schrift« zankt sich die Christenheit bis heute. Der Katholizismus will die lutherische Einsicht nicht wahrhaben, und wenn, dann in Kompromissformulierungen, die nichts bewegen dürfen, denn alles, träfen sie zu, würde sich ändern! Stimmte das, was die Reformatoren sich aus innerer Erfahrung und geistiger Konzentration mit Bezug zur Botschaft Jesu und zur Interpretation des Paulus ans Herz gelegt haben, so wäre es nicht mehr möglich, zwischen Mensch und Gott den gesamten Vermittlungsdienst priesterlicher Opfer, feierlicher Beschwörungen, heiliger, gottwohlgefälliger und vermeintlich von Gott angeordneter Rituale einzusetzen; vielmehr lebte die Kirche ganz und gar in den Menschen, in deren Seele Gott aufleuchtet; in der Lebensform dieser Menschen würde Gott gefunden, und eine »Vermittlung« des Glaubens bestünde in nichts anderem als in einer bestimmten Art, das Leben anzupacken. Das freilich wäre nur möglich, wenn Menschen glauben könnten, in ihrem ganzen Dasein umfangen zu sein und *akzeptiert* zu sein – mit diesem lateinischen Fremdwort ist das schöne deutsche Wort *Gnade* wohl am besten übersetzt. Allein daran zu glauben und daran festzuhalten, das änderte das ganze Leben!

Was in der Verkündigung Jesu bedeutet die Haltung des Glaubens? Sagen wir vorweg ein letztes Mal noch: Es ist im Namen des Glaubens an Gott soviel Furchtbares geschehen, gerechtfertigt und praktiziert worden, dass es fast unmöglich ist, ohne Verstellungen und Hindernisse von dem Einfachen der Botschaft Jesu überhaupt noch zu reden. Ein Beispiel dafür.

In der Zeit des HARRY TRUMAN und des DWIGHT D. EISENHOWER nach 1945 bis in die fünfziger Jahre hinein in den Vereinigten Staaten von Amerika war etwa die Atom-Rüstung ein Hauptproblem, das heißt genauer gesagt, sie hätte es moralisch sein müssen. Nach 1945 aber galt in der amerikanischen Selbstrechtfertigung die Atombombe über Hiroshima als so etwas wie ein heiliges Geschenk des Himmels. Gedudelt wurden unter HARRY TRUMAN Frontlieder der amerikanischen Soldaten, etwa des Inhalts: »Im Schützengraben gibt es keine Atheisten; im Prasseln der Bomben betet ein jeder. Soldaten mit blutunterlaufenen Augen richten ihren Blick zum Himmel. Ich möchte wohl glauben, die Atombombe war die Antwort Gottes auf unser Gebet.« – Gezeigt wurde damals ein amerikanischer Geistlicher vom Schlage eines BILLY GRAHAM, der darüber nachdachte, dass im Falle eines möglichen Atomschlags Leute, die keinen Bunker gegen die drohende Katastrophe eingerichtet hatten, schon weil sie kein Geld besaßen, ihn zu bauen, nun mit der Brechstange kämen, um in den Bunker eines guten amerikanischen Bürgers einzudringen. Was folgt dann? Wenn Selbstverteidigung bisher schon göttlich legitim war, so die Folgerung dieses amerikanischen Geistlichen, so wird es eben deshalb nötig sein, Handfeuerwaffen mitzunehmen und den Bunker zu schützen. Das also ist christliche Liebe zur Freiheit, zur Gerechtigkeit und zur Menschlichkeit. DWIGHT D. EISENHOWER erklärte damals allen Ernstes, die amerikanische Nation sei das Land, das Freiheit und Frieden der ganzen Welt schenken könne, und er fügte hinzu: »Ich sage: Wir werden es ihr schenken, im Namen Gottes!« – In dieser Art des Hurra-Patriotismus in God's Own Country hat sich in der menschlichen Geschichte bis heute überhaupt nichts »geändert«. Woran also soll man glauben, wenn von Gott die Rede geht?

Die Erfahrung Jesu ging tatsächlich dahin, dass Gott größer sei als jeglicher Missbrauch; jeder Mensch wisse irgendwo, wie sein Leben richtig verlaufe. Es gibt Menschen, die glauben – ja woran? An die Macht zum Beispiel! »Weh dem, der schwach ist!«, konnte ADOLF HITLER auf dem Obersalzberg 1938 sagen. Dieses Wort war die Zusammenfassung des Grundgefühls des gesamten Faschismus in den zwölf Jahren des Wahns in Deutschland. »Wenn du schwach bist, bist du nichts.« Weiß Gott, das hatte man vorgeführt, im Massenmorden des Ersten Weltkriegs ebenso wie im Ausbruch des Zweiten Weltkriegs, wo nur die Starken, nur die Siegreichen, nur die Grausamsten, nur die Skrupellosesten in dieser Welt eine Chance zum Überleben bekommen sollten. Es gibt keine Schwäche, die man in dieser Welt verzeiht; der Sozialdarwinismus wütet, der Nationalsozialismus wütet, der Kommunismus wütet, der Kapitalismus wütet, – alle haben sie ihre eigenen Ideologien, alle fordern sie Hekatomben von Opfern, doch die zählen für nichts. »Also musst du so stark sein, wie du irgend kannst, sonst bist du verloren in dieser Welt!«

Es war der Mann aus Nazareth, der es wagte, in diese unsere bis heute so bestehende und sich immer schlimmer weiterentwickelnde Welt vollkommen ungeschützt hineinzugehen. Im 13. Kapitel des Lukas-Evangeliums droht man Jesus mit Herodes Antipas; der, sagt man, laure ihm auf, aber Jesus, im 31. bis 33. Vers bei Lukas im 13. Kapitel soll gesagt haben: »Geht, erzählt dem Fuchs: ich heile die Kranken, ich treibe Dämonen aus, heute und morgen!« Sinngemäß also sagte Jesus: »Was geht mich Herodes an? Was gehen mich überhaupt all die Leute an, die da auf den Thronen sitzen und erklären, sie wüssten, wer ich zu sein hätte und was ich zu tun hätte? Ich sehe, was Menschen brauchen, – wie sie leiden, und ich frage mich, was ich dazu beitragen kann, ihr

Leben zu ordnen, ihnen ihr Ich zurückzugeben, die Fremdherrschaft auf dem Terrain ihrer Psyche zu beenden und all die Zustände der Entfremdung nach und nach aufzulösen; ich frage mich, wie es möglich ist, die Angst wegzustreicheln, die bis in den Körper hinein Krankheiten erzeugt, und ein Herodes wird mich daran nicht hindern, jedenfalls heute nicht und morgen nicht. Selbst wenn er mich verhaften lässt – ich werde so bleiben, wie ich bin!«

Es ist nur ein kleiner Satz, ein Wort, das in dieser Form übrigens nur bei Lukas überliefert wird, aber es zeigt bereits den ganzen Jesus: Er ist auf eine geradewegs absurde Weise nicht einzuschüchtern! Die griechische, die römische Philosophie hat daraus wieder eine ganze Tugendlehre gemacht. Die Stoa hat sich bemüht, den Menschen eine Haltung beizubringen, die in Worte gefasst lautet: Selbst wenn die Welt zugrunde geht, sollen ihre Trümmer einen Furchtlosen erschlagen; mit anderen Worten: du darfst dich nicht fürchten, du musst charakterfest durchhalten. (Si fractus illabatur orbis, impavidum ferient ruinae.)

Für Jesus aber ging es durchaus nicht um eine solche »Charakterfestigkeit«; ihm ging es einfach darum, die paar Dinge zu tun, die ihm in seiner Güte evident waren. Er ließ Angst nicht als Argument gelten, irgend etwas nicht zu tun.

Verstehen wir also, was im Namen dieses Mannes Glauben heißen müsste? Verstehen wir, wie sich das Leben von daher ändern würde? Wir hätten mit dem Wort Glauben eine Anwendungsformel zur Lösung so gut wie aller peinigenden Lebensumstände. Sie lautet in etwa: »Lass sie doch machen, was sie wollen! Tu das, was du innerlich im Angesicht der Not anderer Menschen für richtig findest. Niemand kann dich daran hindern, es sei denn, du selber nimmst das, was die andern wollen, unter dem Druck der Angst als Befehl in dich auf. Aber das muss nicht sein. Bleib bei dem, was du selber am deutlichsten fühlst.«

Im Grunde ist die Haltung eines solchen »Glaubens« die Beseitigung der sog. »Laster«. Wer die »Tugend« des »Glaubens« besitzt, der leidet z.B. nicht an Ungeduld und Zorn. Immer wieder etwa kann man sehen, wie sich Menschen aus lauter Angst, nicht zum Ziel zu kommen, ständig unter Druck setzen, wie sie sich voranpeitschen, wie sie leistungsbezogen über jedes Maß leben.

Jesus demgegenüber kann erklären: »Es hat ein jeder Tag schon soviel Plage; versuch ganz einfach, heute glücklich zu sein. Die Blumen können es dich lehren, die Vögel können es dir zeigen.« (Mt 6,19-34) Beim abendlichen Heimweg kann's dann der wunderbare zunehmende Halbmond am Himmel dir zeigen: Es ist soviel Licht im Dunkel, soviel Schönheit im Hellen! Und du selber mit deiner Gegenwart bist dem andern mehr als Sonne und Mond, mehr als Blume und Gesang! Du in deiner Person bist etwas so Wunderbares, dass es die ganze Welt zum Singen und zum Glück begeistern kann! Lebe du ganz einfach, was du bist, und zerstöre es nicht mit endlosen Zukunftsprojekten, mit immer verstiegeneren Versprechungen, die dich nur von Tag zu Tag mehr unter Stress bringen...

Vielleicht sind dies die schlimmsten Erinnerungen, die aus dem 20. Jahrhundert für die Nachwelt bleiben: wie verführbar Menschen sind, die nichts weiter wollen, als gut zu sein in den Augen der andern, die sich aber nicht fragen, wer sie selber sind. Wenn wir eben noch sagten, es könne so leicht aus »Glauben« unter Kirchenzwang und schließlich unter Staatsterror Gehorsam werden und aus Hoffnung ein Treuegelöbnis und aus Liebe eine pure Pflichterfüllung, hätten wir mühelos bereits die Gestalten der schlimmsten Perversionen der religiösen Sprache in die Dämonie der Angst durch Außenlenkung vor Augen.

Erschütternd ist es zum Beispiel, in alten Archivaufnahmen zu sehen, wie Hitlers Stellvertreter und Helfershelfer, Generalfeldmarschall ERNST KEITEL, im Prozess in Nürnberg verhört wird: Er hat all die Pläne organisiert, unterschrieben und durchgeführt, die den Tod vieler Tausender von Menschen bedeuteten, er war der Mann fürs »Praktische«, fürs Grobe, er war der Oberstratege der Großdeutschen Wehrmacht, er war der Unterzeichner eines Kriegs, der unter seiner Leitung über 35 Millionen Menschen getötet hat. Aber nun muss man es ihm glauben, wenn er unter Tränen in Nürnberg sagt: »Ich habe geglaubt! Ich habe an das Falsche geglaubt, und ich habe nicht verhindert, was man hätte verhindern müssen. Das ist meine Schuld!« Keitel wollte offenbar sagen: »Alles was ihr mir vorwerft, stimmt, aber darum geht es nicht! Das alles habe ich getan, aber das zu tun war nicht mein Motiv. Mein Motiv war ein Glaube, der sich mit dem Massengekreisch einer aufgewiegelten Menge identifizierte und hochputschte mit dem, was sie für den ›Führer‹ hielt. An ihn habe ich geglaubt.«

Glauben im eigentlichen Sinne müsste in der Möglichkeit bestehen, dass man in Widerspruch mit allem möglichen gerät, nur weil man eine bestimmte Evidenz wirklich lebt. Es genügt zum Beispiel, in dieser Welt ein paar klare Optionen zu haben – Antimilitarismus und Vegetarismus zum Beispiel. Es genügt, nicht länger zu wollen, dass man militärisch plant, wie man Menschen tötet, und dass man nicht länger agrartechnologisch plant, wie man Tiere quält und zugrunde richtet, – allein das reicht schon vollkommen aus, um sich mit dem Rest der Welt gründlich anzulegen. Plötzlich haben alle etwas gegen uns! Eine Gesellschaft ohne Militär, wird man sagen, das sei unmöglich; ohne Militärrüstung, – das habe es ja noch nie gegeben! Das sei unverantwortlich! Das millionenfache Quälen von Tieren muss offenbar sein zur Ernährung der Menschheit. Zwar: Jeder weiß eigentlich, dass gerade die Massentierhaltung dazu führt, eben die Mittel zu verfüttern, die die Menschen brauchen würden, um selber davon zu leben. Aber was soll's? Es war immer so, also muss es auch in Zukunft so sein. Es ruiniert die Wirtschaft, es ruiniert den guten Appetit, es ruiniert das Sicherheitsgefühl des guten Bürgers, dagegen etwas zu sagen.

Aber von der Art war all das, was Jesus machte! Begreift man plötzlich, dass das, was ihm Glauben hieß, sich überhaupt nicht daran festmachte, Bekenntnisse von seiner Person herzusagen? Seine Art von »Glauben« hatte es mit dem Problem zu tun, worauf wir uns beziehen, wenn wir uns fragen, wie wir leben sollten.

Das Furchtbare ist, dass wir genau wüssten, was richtig ist, aber dann kommt so etwas wie Angst daher und bringt alles durcheinander!

Deshalb muss man vielleicht, um zu glauben, ein bisschen schon doch »wissen«. Man muss zum Beispiel die Geschichte des JESUS VON NAZARETH erzählen. Es war ein einziges Mal in der Geschichte der Menschheit, dass jemand wie der Mann aus Nazareth versuchte, ob's nicht anders ginge. Und das wird nun die alles entscheidende Frage: ob wir es mit ihm für möglich halten, dass es tatsächlich anders ginge, denn anders ist es kein Leben! An Fragen dieser Art entscheidet sich's. Überhaupt nicht aber entscheidet sich der Glaube daran, ob wir in der Sprache der Spätantike, im Abstand von 1500 Jahren, den Kindern eintrichtern, dass Jesus die zweite Person der dreifaltigen Gottheit sei und dass er die göttliche und die menschliche Natur in sich geeint habe in seiner göttlichen Person; mit solchen Lehren kann man ein »sehr gut« als Note in jeder Religionsstunde erzielen und sogar in der Prüfung noch im Theologiestudium, doch hat es mit dem Leben nichts zu tun, – es soll damit überhaupt nichts zu tun haben! Wenn wir hingegen sagen würden: Wir glauben gegen all das, was wir morgen oder übermorgen wieder in der Zeitung lesen werden, zwischen den Zeilen und in den Zeilen, dass das andere Beispiel des Jesus von Nazareth Geltung haben kann; wir glauben: Geld ist nicht wichtig, Macht bietet keinen Schutz, die Massenmeinung hält keinen Unterschlupf bereit, aber ein paar richtige Dinge zu tun, das verändert die Welt! – das wäre Glauben im Sinne Jesu!

Es bleibt zu überlegen, ob es wirklich nötig ist, Jesus zu »glauben«, um ein Mensch zu sein. Oft kann man von Leuten lernen, die genauso, wie sie Gott widersprachen, um ihn zu finden, Jesus für uninteressant fanden, indem sie genau das lebten, was der Mann aus Nazareth tat! Ein solches erschütterndes Beispiel im 20. Jahrhundert stellt CARL VON OSSIETZKY vor, ein Kommunist, in dessen Tagen »Kommunist« zu sein soviel bedeutete wie international statt gruppenegoistisch-national zu denken; es bedeutete, Gerechtigkeit zu wollen, statt die kapitalistische Ausbeutung ganzer Arbeitermassen und die Verelendung ganzer Teile der »Dritten Welt« hinzunehmen; und selbst wenn es all das nicht bedeutet hätte, – es bedeutete für CARL VON OSSIETZKY, dass die Aufrüstung der Nazis zur Großdeutschen Wehrmacht nichts weiter beinhaltete als den Versuch, einen Revanchekrieg für 1914-1918 vom Zaun zu brechen. In jenen Tagen konnte der Mann, den die römische Kirche heute feierlich benennt als den »Löwen von Münster«, KARDINAL VON GALEN, kein Geringer also, 1939 noch erklären, dass dieser Krieg – gemeint war der Überfall auf Polen mit allen Folgen, war der Einmarsch in Frankreich, war der Überfall auf Skandinavien – den Deutschen »aufgezwungen« sei, und zwar eben durch den »Diktatfrieden« von Versailles, durch eben dieses Unrecht, das es jetzt, 1939, wiedergutzumachen gelte. Damals konnte BISCHOF GRÖBER in Freiburg sagen, dass die Frage, was ein »gerechter Krieg« sei, jetzt sich gar nicht stelle; jetzt gelte es, die Pflicht zu tun! Und man konnte mit KARDINAL VON GALEN sagen, dass ein Eid, geschworen auf den Führer ADOLF HITLER, ein Eid geschworen sei auf Gott! Also hatte man gehorsam sich zu fügen, und die »Christen« hatten zu beweisen, dass sie todesmutig sich bewährten als gute Soldaten.

Wenn eine ganze Kirche eine solche Unterwerfungsbereitschaft unter die Macht präsentiert und das »Glauben« nennt, ist es dann nicht richtig, zu sagen: »Dieser Jesus bringt uns auch nicht aus der Patsche?« Und doch: das, was Jesus gelebt hat und was er wollte, hätten all die Bischöfe damals lernen können von CARL VON OSSIETZKY! Man konnte an ihm sehen, dass es möglich ist, Menschen so weit zu foltern, dass sie am Ende selber kaum noch wissen, wer sie sind. Ein Mensch kann in nichts für sich garantieren; aber es gibt Stunden, in denen wir uns noch im Besitz haben und in denen es an uns liegt, das Wenige zu sagen, das uns noch klar ist. Diese Nacht ist historisch verbürgt: dass die SS-Schergen den Häftling OSSIETZKY antreten ließen, ihn allein, auf dem Appellhof; er solle die Hacken zusammenschlagen und das Horst-Wessel-Lied singen: »Die Fahne hoch, die Reihen fest geschlossen, SA marschiert in gleichem Schritt und Tritt; Kameraden, von Rot-Front und Reaktion erschossen, marschiern im Geist in unsern Reihen mit« – das Heldenlied auf die »Bewegung«! CARL VON OSSIETZKY indessen stand stramm, so wird überliefert, er machte den Mund auf, und er fing an zu singen: »Völker, höret die Signale, auf, zum letzten Gefecht! Die Internationale erkämpft das Menschenrecht!« – Kommunismus gegen Faschismus –, mehr stand da scheinbar nicht auf dem Spiel; aber wäre es möglich, dass es in einem solchen Augenblick überhaupt nicht mehr um Ideologie, um KARL MARX oder um irgendeinen Nazi-Ideologen, ALFRED ROSENBERG zum Beispiel, ginge, sondern im Grunde nur noch darum, herauszufinden, was ich für ein Mensch bin, und ob sie es schaffen werden, das zu verbiegen oder nicht? Da geht es allein um das Bekenntnis zur Person, – alles andere reduziert sich auf das Vorläufige und Relative. Selbst wenn Marx sich irrt, selbst wenn »die Internationale« ein Schwindel ist, der im übrigen in Moskau längst verraten wurde, selbst wenn es überhaupt keine Menschheitsgerechtigkeit gibt, im ganzen 20. Jahrhundert nicht und im 21. vermutlich auch nicht, so ist es immer noch nötig, zu sagen: »Diese Ziele aber sind das, was ich will und wofür ich geradestehe!«

So ähnlich verrückt oder richtig war das, was Jesus in Golgatha erlebte. Er konnte am Ende nur sagen: »Was immer jetzt passiert, – in deine Hände, Vater, geb ich alles, was ich bin, meinen Geist.« (Ps 31,6; Lk 23,46) Aus diesen Worten ist in Theologensicht die Lehre geworden, Jesus hätte die Kirche gegründet und den »Heiligen Geist« ausgegossen über die »Gläubigen« – das alles aber ist offenbar nur dogmatische Doktrin; doch wenn ein Mann angesichts seines Todes sagt: »Was immer ich bin und war, steht bei dir, – du musst es wissen, und du wirst es wissen; du bist meine Wahrheit, und selbst wenn das ganze Leben ein Irrtum war, – dies jetzt übergeb ich dir!« dann hätte man den ganzen Glauben des Jesus von Nazareth. Der ganze Rest ist nichts als Kommentar dazu.

Aber so entscheidet sich's nun wirklich. Zweitausend Jahre sind damit hingegangen, uns in violetten Stolen den Advent »näher«zubringen. »Jesus war der Sohn Gottes«, heißt es, aber dann hat er sich anscheinend im wesentlichen doch geirrt: Er hat gemeint, »das Reich Gottes ist da«, – *is coming* ist falsch, *has come* ist richtig, Markus 1,15! Es ist das erste Wort aus dem Munde Jesu, und es gibt in gewissem Sinn nur weiter, was sein Lehrer JOHANNES DER TÄUFER auch schon sagte, nur mit völlig anderer Richtung: Nicht mehr das flammende Gericht eines Gottes, der die Welt umkrempelt wie ein verlaustes und zerzaustes Gewand, steht hier zu erwarten, sondern ein Frieden und ein Glück unter den Menschen, dass es blüht wie am Paradiesesmorgen, gefunden in einem Vertrauen, in dem Menschen sich nicht mehr von anderen trennen lassen, in dem Not ein Motiv ist, Menschlichkeit nicht zu verkleinern, sondern zu erweitern, in dem vor allem Gott aufhört, eine lokale Größe zum Rechthaben gegeneinander zu sein, so als ob Theologie nichts weiter wäre als eine Ideologie zur Ausgrenzung und Absonderung, als eine Produktionsfabrik immer neuer Formen von Häresie und Tyrannei; vielmehr bestünde Glauben nun in der Weite des Herzens, in der Offenheit des Geistes, in der Intensität des Lebens, in Angstfreiheit in jeder Form. »Ich treibe die Dämonen aus, ich heile die Krankheiten« – Lk 13,31! Weiß Gott, wenn's das ist, gibt's keine Erlaubnis mehr, die Kirche weiter darauf zu gründen, dass Jesus in dem entscheidenden Punkte seiner Botschaft sich geirrt habe, denn das Reich Gottes sei ja noch nicht da – Gott habe sich verzögert! Wohl, das Reich Gottes soll auch nach Kirchenmeinung kommen, ja, es ist in gewissem Sinne in Jesus aufgrund seiner göttlichen Natur auch schon angebrochen, auch vielleicht unsichtbar schon präsent, es ist heilsmächtig sogar gegenwärtig, vor allem in den Sakramenten der katholischen Kirche, zeichenhaft, symbolisch, eschatologisch, nur »gekommen« ist es halt immer noch nicht; das zu glauben wäre anarchistische, utopistische Häresie, es wäre, kirchlich betrachtet, Unglauben, zu glauben, dass es möglich sei, die Bergpredigt zu leben! Es bräche ja alles auseinander, wenn das möglich wäre!

Die Perspektive Jesu indessen war genau umgekehrt. Das Dasein der Gottesherrschaft zu glauben war in seiner Botschaft nicht irgend etwas, dies war sein ganzes Glauben! Es ist wie in dem Gleichnis von Matthäus 22: Da hat ein König ein Gastmahl fertig vorbereitet, es fehlt nichts mehr; doch um so mehr ist es zum Staunen, was den Leuten alles einfällt, um sich an der Einladung zum König vorbeizumogeln: Der eine hat geheiratet, der andere hat ein paar Ochsen gekauft, – die Frage Jesu ist, was für Ausreden wir noch gelten lassen wollen, um das Wesentliche zu verpassen! Die ganze Meinung Jesu bestand in der Überzeugung, das Leben sei kein Wartesaal!

Je mehr wir vom »Advent« begreifen, lernen wir eigentlich, dass es eine solche »Ankunftszeit« nicht geben dürfte. Gott steht nicht aus, Gott wartet, dass wir endlich einstehen und anfangen! Nicht »Zuwarten« ist da angesagt, sondern Losmachen! Glauben ist keine Angelegenheit für die Zukunft, sondern für die Gegenwart. Auch das wissen die Exegeten des Neuen Testaments. Das »nun« – wie oft kommt es vor bei Lukas – und das »heute« – wie oft steht es in den verschiedenen Evangelien! Solche Worte sind die Ansage des Heils, die Präsentation des »eschatologischen« Heils in der »unüberbietbaren Gnadenfülle« Gottes »im Heute«. Aber wenn es denn heute ist, warum soll es dann immer morgen sein? Wie ein jüdischer Rabbi sagte: »Wann, wenn nicht jetzt? Und wer, wenn nicht ich?« Dies, dass wir selber »Ich« sind jetzt, das ist der ganze Glaube.

Hoffnung
oder: Ein Spannseil zwischen Zeit und Ewigkeit

Mærentes recreo, vitæ ne tædeat ægrę,
Adversæ præbens solatia dulcia sortis.

Abbildung vorherige Seite:
Spes – Hoffnung und Zuversicht. Auf dem Kupferstich sitzt die *Spes* mit sehnsüchtig zum Himmel gerichtetem Blick, in einem Kleid, das halbseitig ihre Brust sowie die beiden Arme freilässt; hinter ihr erhebt sich ein Felsentor, das, efeuumrankt, hinausweist zum Meer, über das, unter dem Schutz eines Gebirgszuges, ein Schiff (der Hoffnung) sich bereits dem Ufer nähert. Fest hat die Spes ihre Hände auf den Anker gelegt, den sie auf ihrer rechten Schulter trägt. Die lateinische Beischrift von CORNELIS SCHONAEUS lautet:

Maerentes recreo, / vitae ne taedeat aegrae,
Adversae praebens / solatia dulda sortis.
Ich bin Trauernden Trost, / dass niemand wegwirft sein Leben.
Widerwärtig war's, / doch lindernd gewähre ich Labsal.

Hoffnung hat mit einem Wechselspiel von Vertrauen in die Zukunft und dem Risiko möglichen Scheiterns zu tun. Es war RICHARD WAGNER, der von FREDERIC CHOPIN einmal sagte, seine Musik sei die Produktion eines lungenkranken Stubenhockers. Es mag indessen sein, dass das, was es musikalisch zu künden gibt, sich heute gar nicht mehr sagen lässt in großen, mythisch konzipierten Weltentwürfen, die daherdeklamiert werden mit dem Pathos einer großen wissenden Sicherheit; es kann auch sein, dass es sich religiös genau so verhält: Womöglich hat es sich längst schon ereignet, dass das, was wir Glauben nennen, sich nur noch in der notvollen und trostvollen Sensibilität Einzelner, im Innenraum der Seele, und ganz leise ausspricht. Was wir da Glauben nennen, erscheint weniger aufgewühlt und beunruhigt als die großen Tragödien, die vormals aufgeführt wurden, aber es geschieht in dem Bewusstsein, dass es keine fertige Lösung mehr gibt, es sei denn, eine solche Lösung zeige sich in dem verschwindend kleinen Raum möglicher Antworten im Herzen eines Einzelnen. Vor über 150 Jahren jedenfalls war dies die Einsicht des dänischen Religionsphilosophen SÖREN KIERKEGAARD. Er war wie ein Sturmvogel über der Brandung, als er meinte, das Zentrum der gesamten Krise des religiösen Bewusstseins der Neuzeit auszusprechen mit einer einzigen Entdeckung: das Christentum sei eine Form der Existenzveränderung, Glauben sei eine Form der Existenzmitteilung. Kirchlich freilich ist, wie wir sahen, ein System des Lehrens, der Doktrin, daraus geworden. KIERKEGAARDs Diagnose traf deshalb exakt, sie war messerscharf. Welch ein Unterschied etwa, wenn im Neuen Testament Jesus einen ehedem Verzweifelten durch sein Wort, durch seinen Blick, durch seine Berührung »rettet« und dann wie zur Versicherung und zur Zusammenfassung all des grad so wunderbar Geschehenen sagt: »Es ist dein Glaube, der dich gerettet hat« (Mk 5,34), – und man eine solche Szene vergleicht mit der Behäbigkeit einer Glaubensformel, die es unter lehramtlicher Aufsicht in orthodoxer Richtigkeit und monoton tradierter so und nicht anders überkommener Hersagbarkeit aufzusagen gilt! Was für ein Unterschied, wenn man, was ehemals Glauben hieß auf dem Boden des Neuen Testamentes und was doch wie ein Sich-Beruhigen sturmgepeitschter Wogen unter den Füßen verängstigter Menschen war (Mk 6,45-52), nun vergleicht mit der Formelsicherheit einer vermeintlich garantierten Wahrheit! Aus einem Vertrauen zwischen Person und Person ist die Deklamation eines Spruchs geworden, ein Stück Magie, das sich an die Stelle der Wahrheit setzt, indem aus der Wahrhaftigkeit der Existenz die Richtigkeit von Redensarten geworden ist. SÖREN KIERKEGAARD nannte dies einen Verrat in allem. Für ihn war Glaube eine Form der Unmittelbarkeit zwischen Ich und Du, und diese Unmittelbarkeit schien ihm gerade darin zu bestehen, dass alles andere, alles Zweideutige weggeschmolzen werden müsste im Feuer der Verzweiflung. Glaube, das war die »Definition« des dänischen Religionsphilosophen, sei die durch Verzweiflung vermittelte Unmittelbarkeit. Er wollte sagen: Wenn ein Mensch gar nichts anderes mehr hat als Gott, dann, am Rande des Abgrunds, sieht er dieses Licht, das aus dem Unendlichen ihn erreicht.

Wir können die Deformation des Glaubens am besten daran erkennen, dass man aus dem Glauben als einer Haltung, die wesentlich und grundlegend von Angst befreit, einen Glaubensgehorsam gemacht hat, der in der Knechtschaft des Geistes dogmatisch kaserniert verwaltet wird. Da wird sichtbar, wie aus einem Verhalten, das aus der Haltung des Vertrauens erwächst, eine moralische Zwangsanstalt wird. Praktisch, für das Bewusstsein des solchermaßen erzogenen »Gläubigen«, reduziert sich das Glauben unter solchen Umständen auf die Formel eines leeren, erfahrungshohl gewordenen »Bekennens« und einer nach Geboten in Auftrag gegebenen Form des richtigen Tuns. Da sind gewisse Statuten, die allgemein gelten, und daneben ist das Subjekt als das Besondere, das diese Reglements zu erfüllen hat. Die ganze Aufregung des menschlichen Daseins, das, was es heißt, ein Einzelner zu werden, reduziert sich mithin auf den bloßen Anwendungsfall des immer schon Gewussten. Im Grunde gibt es da gar keine Einzelnen mehr, sondern es gibt nur noch Exemplare des überhaupt immer schon Gültigen. Es ist die Norm, es ist die Macht des Lehramtes, es ist die Anweisung und die Aufführung der Amtsträger, welche die Wahrheit Gottes garantiert – mehr wird da durchaus nicht zugelassen als der Zustand dressierter Schafe an der Stelle freier Menschen. Je verängstigter die Einzelnen sind, desto tödlicher ist der Selbstkreislauf dieser Deformation des Religiösen: Am Ende erwartet man förmlich die Außenlenkung. Das Gezeter der offiziellen Behörde beginnt natürlich bei solchen Aussagen auf Schritt und Tritt: Wie kann denn ein Einzelner zum Gläubigen werden ohne die Kirche? Kaum spricht man das Wort »Kirche« aus, ist auch schon gemeint, man brauche ganz sicher eine ganz bestimmte Kirche, eben die, in der man als Kind schon gelernt hat, verängstigt sich zu klammern an die richtige Redensart. Sie ist just die Kirche dann, – die katholische, die protestantische Kirche oder eine sonstige Kirchengemeinschaft, denn ohne Gemeinschaft geht es gar nicht, soviel scheint festzustehen – kein Schaf ohne Herde, kein Wolf ohne Rudel! Der Einzelne ist da das Gefährliche, das heißt das Unmögliche. Wie denn auch? Es sollte der Glaube darin bestehen, zu zeigen, dass mit jedem Menschen etwas Neues beginne, etwas niemals Abgeleitetes, etwas höchst Riskantes, etwas in Freiheit nie noch Gewolltes?

So wie man den Glauben an die Orthodoxie und das Moralsystem verraten hat, bestünde die erste Aufgabe in der ganzen Diskussion um die Tugenden darin, den Glauben wiederzugewinnen, indem man ihn aus der Kirchendoktrin löst. Es gibt jedenfalls keine bessere Umkehrformel als diejenige SÖREN KIERKEGAARDS, als er meinte, Glaube sei nicht das Gegenstück zum Laster oder der Inbegriff der Tugend, Glaube sei das Gegenstück zur Verzweiflung. Drückt man es so aus, begreift ein jeder, was gemeint ist.

Selbst das Sprechen von Sünde ist zweideutig. Für die allermeisten bedeutet Sünde das Übertreten bestimmter Gebote, die man zwar gekannt, aber dann doch freiwillig nicht eingehalten hat. Die Sünde reduziert sich in dieser Sichtweise auf die Moral, die Moral aber wird identisch mit dem Willen Gottes, der die Gebote erlassen hat, und die Vernunft des Menschen wiederum hat zu begreifen, dass die Gebote Gottes immer schon vernünftig waren, – eigentlich identisch also mit dem, was man sich »vernünftigerweise«

auch selber hätte sagen können. Religion ist unter diesen Voraussetzungen im Grunde eine metaphysisch verbrämte Form der Ethik geworden, und das Beste an ihr bestünde denn auch gleich darin, das Bürgerliche Gesetzbuch und den Staat zu unterstützen, – dreißig Jahre nach der Aufklärung war der deutsche Philosoph HEGEL gerade dieser Meinung. Wie aber, wenn Religion mit Moral gar nichts zu tun hätte und es in erster Linie um die Rettung des Menschseins ginge? Wie, wenn Religion in dem Wissen bestünde, dass Menschen nur gut sein können, wenn sie mit sich selbst identisch geworden sind, und das nur möglich ist, wenn sie einer Güte begegnen, die sie selber will und meint, auf dass sie den Abgrund der Angst überschreiten können und einen neuen Boden unter ihren Füßen finden? Dann wäre Glauben wirklich das, als was das Christentum ihn der Doktrin nach ausgibt: Er wäre lebenrettend, er wäre erlösend, weil alle Angstumschnürung auflösend.

Aber erst wenn wir diesen Hintergrund sehen und begreifen, dass Glauben grad das nicht ist, wofür er verkauft wird, eben nicht eine »Tugend«, sondern die Voraussetzung von allem, was je im menschlichen Leben »tauglich« werden könnte, begreifen wir, dass wir auch über die *Hoffnung* anders sprechen müssen, als wie es für gewöhnlich geschieht. Sagen wir bereits zur Einleitung: So wie man den Glauben in Glaubensgehorsam deformiert hat, so hat man die Hoffnung auf eine fix und fertige Erwartung heruntergeschraubt. Beides geschieht dadurch, dass die Angst kirchlicherseits nicht wirklich aufgelöst wird, sie wird nur von außen her verwaltet und verschleiert, sie wird dem Einzelnen als Erlebnisraum genommen. Aber eben indem der Einzelne damit einverstanden ist, sich auf solche Art beruhigen zu lassen, ist er von sich selbst unendlich entfremdet! Nicht einmal mehr seine Hoffnung gehört ihm, denn man hat ihm die Zukunft gestohlen!

Der folgende Abschnitt ist im Markus-Evangelium so nicht entstanden, sondern wurde in das schon fertige Evangelium – weiß man, von wem? – hineingeschoben, als das 13. Kapitel. Es ist eine Apokalypse, die da geschildert wird; sie hebt historisch an im Jahre 70, als Jerusalem von den römischen Legionen in Brand gesteckt wird. Diese bestürzende Tatsache forderte die frühe Kirche damals heraus. Welch eine Antwort konnte sie darauf geben?

Die Antwort, die sie gab, ist historisch wohlgemerkt in dieser

Form nicht zutreffend, denn sie lautete: Hätte das Volk der Juden sich der Botschaft Jesu angeschlossen, würde es nicht auf den Kampf gegen Rom gesetzt haben, so wäre es gerettet worden; doch statt dessen musste es seine Freiheit verwechseln mit der Guerilla der Gewalt, selbst angesichts der sicher zu erwartenden Repressionen der Weltmacht. – In solcher Weise wird Jesus historisch die Alternative kaum gestellt haben, aber diejenigen, die an ihn glaubten, interpretierten ihn vierzig Jahre später so, – vielleicht nicht einmal ganz unzutreffend! Die Freiheit Jesu basierte jedenfalls nicht auf der Schärfe der hart geschmiedeten Schwerter, wie die »Zeloten«, die Freiheitskämpfer in Galiläa, meinten, soviel ist sicher. Jesus wollte nicht, dass man die Größe des Menschen an Machtfragen aufhängte, ganz im Gegenteil. Die frühe Jesusbewegung nun wollte wissen, was es mit der Vernichtung des jüdischen Heiligtums unter den Augen Gottes auf sich hatte. Aus Anlass des Untergangs Jerusalems im Jahre 70 n. Chr. hub aus der jüdischen Tradition selber für sie ein Flugblatt zu reden an, das die frühen Christen auf ihre Weise interpretierten und in das 13. Kapitel des Markus-Evangeliums einschoben (Mk 13,14-32):

Wenn ihr aber seht den Greuel der Verwüstung (Dan 12,11; 11,31; 9,27), aufgestellt, wo er nicht darf – wer immer es liest, merke auf! –, dann sollen die in Judäa fliehen in die Berge (vgl dagg. Ez 7,12-16), der auf dem Dach steige nicht hinunter, gehe nicht mehr hinein, noch etwas zu holen aus seinem Haus, und der auf dem Land kehre nicht noch zurück, seinen Mantel zu holen. Wehe aber den Schwangeren und Stillenden in jenen Tagen! Betet deshalb, dass es nicht winters geschieht. Denn jene Tage werden eine Drangsal sein, wie sie derart nicht war seit Anfang der Schöpfung, die Gott geschaffen, bis jetzt, noch jemals sein wird (Dan 12,1; Joel 2,2; Ex 9,18; Dtn 4,32). Ja, wenn nicht der Herr die Tage verkürzt hätte, kein lebend Wesen würde gerettet; doch wegen der Auserwählten, die er sich ausgewählt, hat er die Tage gekürzt. Und wenn dann jemand euch sagt: Sieh, hier, der Messias!, sieh, dort!, glaubt's nicht. Denn erstehen werden Lügenmessiasse und Lügenpropheten (Jer 6,13; Dtn 13,2), die werden Zeichen und Wunder bieten zur Irreführung, wenn möglich, (sogar) der Auserwählten. Ihr aber seht zu! Vorausgesagt hab' ich euch alles. Aber dann: in jenen Tagen nach jener Drangsal wird die Sonne sich verfinstern, und der Mond wird seinen Schein nicht geben, und es werden die Sterne aus dem Himmel fallen (Jes 13,10; Joel 2,10; 3,4), und die Mächte in den Himmeln werden erschüttert werden (Jes 34,4). Und dann werden sie schauen den Menschensohn, kommend auf Wolken mit großer Macht und Herrlichkeit (Dan 7,13f.). Und dann wird er die Engel aussenden und – seine – Auserwählten versammeln von den vier Winden (Sach 2,6), vom Erdrand bis zum Himmelsrand (Dtn 30,4). Vom Feigenbaum aber lernt das Gleichnis: Wenn sein Zweig schon zartgrün wird und Blätter hervortreibt, erkennt man: nah ist der Sommer. So auch ihr, wenn ihr seht, wie das alles geschieht, erkennt: er ist nahe am Tor. Wahrlich, sage ich euch: diese Art Mensch wird nicht vergehen, bis dass all das geschieht. Himmel und Erde werden vergehen, doch meine Worte werden niemals vergehen (Jes 51,6). Von jenem Tag aber oder der Stunde weiß niemand, nicht einmal die Engel im Himmel, nicht einmal der Sohn, nur der Vater. Seht zu! Schlaft nicht! Denn ihr wisst nicht, wann die Zeit ist.

Im Grunde ist Hoffnung nichts anderes als eine Haltung des Glaubens, hinausgeworfen in die Zukunft, eine Energie, nach vorn gedehnt über die Zeitachse.

Vielleicht gibt es kein besseres Bild für das, was Hoffen bedeutet, als das Auslaufen eines Schiffes. Nehmen wir die drei Segler, die im 16. Jahrhundert von der Torre de Belém in Lissabon die Tejo-Mündung entlangglitten, um unter ihrem Admiral MAGELLAN zum erstenmal mit einem kühnen Entschluss die gesamte Welt zu umrunden und nicht anders mehr zur portugiesischen Hauptstadt zurückzukehren als sozusagen von ihrer Rückseite her. MAGELLAN, so beschreibt es STEFAN ZWEIG in seinem biographischen Roman, hatte zur Vorbereitung der Fahrt an alles gedacht, woran ein Mensch nur denken kann: Was wird passieren, wenn die Planken im Sturm zersplittern? Man braucht genügend Teer und Werg, um zu kalfatern. Was wird passieren, wenn die Masten splittern? Man braucht genügend Bauholz, man braucht Ersatzteile, man braucht Geräte für den Schiffszimmermann, um alles an Bord wiederherzustellen. Was passiert, wenn die Wasserrationen ausgehen? Wie viele Gallonen Wasser sind nötig, um eine Mannschaft für vorhersehbar viele Tage vor dem Verdursten zu bewahren? Wieviele Nahrungsmittel müssen eingelagert werden? Wie hoch ist die Wahrscheinlichkeit ihrer Verderblichkeit? Was passiert, wenn Skorbut an Bord ausbricht? Wie viele lebende Tiere, wie viele Pflanzen als Nahrungsreserven müssen mitgenommen werden? Was ist zu tun gegen Fieber? Was ist vorzubereiten, wenn Überfälle beim Betreten eines Eilandes zu erwarten stehen? – Auf jede nur denkbare Eventualität kritischer Möglichkeiten hatte MAGELLAN sich vorbereitet. Er wollte nichts der ungewissen Hoffnung überlassen, sondern er verließ sich auf eine klare, verantwortliche Planung.

Deutlich bei diesem Projekt der ersten Weltumsegelung unterschied sich beides von einander: die Hoffnung und die Planung. Dennoch, natürlich, blieb ein erheblicher Prozentsatz des Einzuschätzenden damals dem Bereich des bloßen Hoffens und Wünschens überantwortet. Niemand mehr würde im 20. Jahrhundert eine derartige Reise antreten oder auch nur jemandem erlauben, dass er sie antreten ließe! Selbst die Fahrt zum Mond hat kein Abenteuer zu sein, sondern sie muss technisch exakt vorbereitet werden; es darf keine Unplanbarkeiten geben! Sämtliche Eventualitäten haben vorgesehen zu werden! Ungewissheit und Risiko ist mit mathematischer Gesetzmäßigkeit auszuschließen, das Risiko in jedem Falle auf ein Minimum zu reduzieren. Erst wenn nach menschlicher Vorhersicht gar nichts mehr passieren kann, ist selbst die Fahrt zur Rückseite des Mondes verantwortlich zu nennen. Wir leben in einer Welt, die der Hoffnung im Grunde nicht sehr günstig ist. Wir möchten, dass die Zukunft sich dem fügt, was wir in sie hinein an berechenbaren Erwartungen legen. Erwartung aber ist im Grunde das Gegenstück zur Hoffnung.

Was zum Beispiel passiert, um es mit einem ebenso simplen wie lehrreichen Beispiel zu versuchen, wenn ein Fußballverein einen neuen Trainer anstellt, womöglich den Trainer, der gerade von einem anderen Verein gefeuert wurde? Man wird von ihm nicht »hoffen«, dass er seinen neuen Verein in der Bundesliga voranbringt, sondern man wird das von ihm erwarten. Diese Erwartung ist gewissermaßen die Bedingung seiner Anstellung. Der kalkulierte Erfolg, den er einfahren soll, ist wie ein Zug, der fahrplanmäßig einlaufen wird, und der Trainer ist lediglich derjenige, der ihn abholt. Er hat gewissermaßen schon an der Bahnsteigkante zu stehen, um das für sicher Berechnete in Empfang zu nehmen. Das ist Erwartung. Die Zukunft bietet da nichts Neues, sie markiert lediglich den Abstand zwischen dem, was man als sicher zu erreichen wähnt, und dem Punkt in der Zeit, an dem man jetzt noch steht. Erwartung ist nichts weiter als ein Geduldspiel im bereits Sicheren. Das Kalkulierbare ist die Zeitwahrnehmung, zu der wir im Grunde unter den Bedingungen der Gegenwart, der Planbarkeit, vor allem in Wirtschaft und Industrie, die Zukunft gemacht haben. So und nicht anders wollen wir im Grunde auch, dass man mit Menschen verfährt. Wir leben in einer buchstäblich hoffnungslosen Zeit.

Zum Einpeitschen dessen, wozu wir die *Hoffnung* mittlerweile degradiert haben, gibt es vermutlich keinen klareren, zumindest keinen eindeutigeren Spruch als denjenigen, den Sie in jedem zweiten amerikanischen Spielfilm um die Ohren gehauen bekommen – als wohlmeinend, wohlgemerkt, als Erziehungsmaxime, als das Beste also, was ein Mensch dem anderen unter dem Stichwort »Hoffnung« vermitteln kann; auf amerikanisch heißt die Parole: »Du schaffst es!« Diese Phrase ist die Formel, mit der man einem verängstigten Jungen beibringt, dass er auf der Straße, wenn er sich nur »richtig« prügelt, doch gewinnen wird, – er hat keine Memme zu sein! Oder mit der man einem Baseball- oder American-Football-Spieler nach einem Beinbruch erklärt, dass, wenn er nur tapfer weitertrainiert, er sich wieder in die alte Position zurückspielen kann. Er wird es schaffen, weil er es schaffen kann, und er muss es schaffen können, weil es sonst nicht »amerikanisch« wäre. Alles muss möglich sein, was wünschenswert ist, und wenn es sein kann, wird man es auch tun müssen. Die Erwartung ist gewissermaßen die Pflicht. Die Zukunft ist das Erreichbare, das den Wünschen gegenüber Manipulierbare, die Zukunft als Knetmasse der Willkür, wenn man nur alle Kräfte anspannt, die man hat oder zu haben hat.

Solchermaßen richtet sich die Erwartung der anderen an das eigene Leben und wird schließlich verinnerlicht als Anspruch, den ein jeder an sich selber hat oder just zu haben hat, damit er anerkannt wird, damit er »gut« ist, damit er lobenswert und liebenswert wird.

Schließlich wird die Persönlichkeit identisch gesetzt mit all den verinnerlichten Erwartungen, die man an sie gerichtet hat und die sie nun von sich selber verlangt. Die Unsicherheit der Zukunft wird überbrückt durch die Spannung willentlich geschulter Anstrengungen.

Ähnlich wird die Ungewissheit des Zukünftigen in der Person jedes Einzelnen gebunden durch das mögliche soziale Versprechen der Treue. Es erwartet die Gesellschaft, es erwartet der Gesellschaftsvertrag, es erwarten die Institutionen auf der Basis eidlich zu sichernder Verträge, dass der Einzelne sich selbst mit seiner gesamten Persönlichkeit, mit dem Entfaltungsspielraum, der ihm eigen ist, dem anderen und den anderen als planbares Material garantiert. Man hat aus der Hoffnung eine ganz andere »Tugend« gemacht, eben die *Treue*! Ein Soldat etwa hat einen Eid abzulegen: Sein Leben wird sich darin verbrauchen, dass es im Notfall geopfert wird. Er hat unter Eid zu erklären nicht nur, dass er den Weisungen seines Vorgesetzten prompt und pünktlich gehorcht, sondern dass er »gehorsam« ist, er hat zu geloben, dass er ab sofort sein Leben für das Sekundäre hält gegenüber den gesellschaftlich vermeintlich höherrangigen Werten, als da sind: das Vaterland, die Gerechtigkeit, der Glaube, die Menschlichkeit, – was immer man als den nächsten Kriegsgrund ausgeben wird. Als Soldat repräsentiert er im Grunde schon die Idee des Opfers, längst bevor man ihn opfert. Schon während der »Ausbildung« hat er aufgehört, ein Selbstzweck zu sein. Denn das wäre das Gegenteil eines Soldaten: ein Individuum, das sich selbst entfalten will. Ein solches kann kein guter Soldat sein, es wird sich dagegen verwahren, zu einer Nummer in der Zahlenreihe der Kompanie oder des Regiments deklariert zu werden, es wird darauf bestehen, eigene Gedanken haben zu dürfen, statt nur noch als Rad im Räderwerk der Vernichtung zu dienen.

Aber auch im Privaten, im gewissermaßen die »Gesellschaft« Begründenden, in Ehe und Familie beispielsweise geht es scheinbar um den Preis eines Treuegelöbnisses. Man braucht dazu keine Rekruten mehr, die man vom zuständigen Regimentskommandanten vernehmen lässt, es genügt, dass ein Pastor dabeisteht oder zumindest ein Staatsbeamter, der protokolliert, wie hier der eine dem anderen seine Treue verspricht. So etwas muss sein, denn erst wenn das Versprechen der Liebe öffentlich geworden ist, nennt es sich Ehe. Aus der Liebe wird ein gesellschaftsrelevanter Vertrag, der die Öffentlichkeit interessieren muss. Man kann das Private nicht so privat lassen, als dass es nicht kontrolliert werden müsste vom Allgemeinen. Der Einzelne gilt da für das Unzuverlässige; erst wenn er über den Eid zur Treue verpflichtet wird, ist er einbezogen in den gesellschaftlichen Rahmen.

Aber was verlangt da die Gesellschaft?

Sie erwartet, dass der sensibelste Bereich menschlicher Gefühle, die Liebe, für alle Zukunft garantiert wird. Im Grunde erwartet sie etwas Unmögliches, und so setzt sie im Kampf gegen die Unzuverlässigkeit des Einzelnen die gesellschaftlich angeordnete Lüge: Ein Mensch hat zu erklären, dass er seine ganze Zukunft planen, gestalten, übersehen und versprechen könnte! Das kann kein Mensch! Er soll sein Versprechen im christlichen Kulturkreis im übrigen ablegen auf die Bibel, in deren Texten zweimal aus dem Munde Jesu das Schwören, das Gelöbnisablegen insgesamt vor Gott verboten wird (Mt 5,33-36; Jak 5,12). Jesus scheint zu wissen, dass ein Mensch sich nicht versprechen kann. Das einzige, was er sagen könnte, bestünde in einer Erklärung dieser Art: »Ich weiß, dass ich dich liebhabe, und alles, was ich fühle, spricht dafür, dass es mein ganzes Glück sein wird, bei dir zu bleiben, solange wir leben, und mein größtes Unglück wäre es, von dir getrennt zu werden. So bin und fühle ich jetzt!« Gerade weil ein solches Empfinden nicht moralisch verpflichtend zu machen ist, sondern von innen her stimmen muss, kann es überhaupt eine Gültigkeit besitzen. TANJA BLIXEN, der wir den Roman *Jenseits von Afrika* verdanken, hat schon in den dreißiger Jahren darüber nachgedacht, was die Verteidiger der ehelichen Treue alles für Argumente zugunsten der Unauflöslichkeit der Ehe vorbringen. Im Grunde, sagte sie, sind sie samt und sonders bereits fahnenflüchtig geworden, denn sie beweisen gar nicht die Notwendigkeit der Ehe, sondern sie argumentieren selber mit der Bindungsenergie der Liebe. Die aber braucht nicht eigentlich die Ehe. Ganz im Gegenteil! Wie man sieht, ist die Ehe gar nicht selten der Tod der Liebe, eben weil sie als eine ehedem lebendige zu Tode verwaltet werden kann, eben weil man sie einspannt in die Tyrannei einer vorweg schon festgelegten Zukunft. Das Leben auch nur unter zwei Menschen ist aber nicht zu garantieren wie ein Fahrplan. Die Deutsche Bahn AG verspricht, sie wolle pünktlich sein; doch dann genügt ein wenig Schneefall, um ihren ganzen Fahrplan durcheinanderzubringen. Die Zukunft bringt uns viel Unwägbares. Um so wichtiger wird die Frage: Was ist es dann mit der Hoffnung?

Man hat, solange Hoffnung im Grunde doch verstanden wird als eine Erwartung an die Zukunft, die Religion für etwas Unnützes zu betrachten. Alles, worauf wir uns im Umgang mit der Zukunft gründen, besteht dann darin, dass sie der Zeitraum ist, der Nutzen vermehrt, der die Produktion verbessert und der das Kapital steigert. Zeit ist zu einem Wirtschaftsfaktor geworden, time is money, wie man zu sagen pflegt; drum, dass die Zeiteinheiten immer kürzer werden müssen; der Konkurrenzkampf geht inzwischen buchstäblich um Nanosekunden, alles kommt darauf an, wie der Kapitalumsatz noch schneller erfolgen kann, mit welchem Computersystem, mit welchen Teams von Angestellten, wie sich noch rascher arbeiten lässt. Amerikanisches Management besteht seit den Tagen des HENRY FORD und des FREDERIC TAYLOR darin, möglichst für eine komplizierte Aufgabe gleich drei Teams anzusetzen und gegebenenfalls die beiden anderen Teams zu feuern, die nicht die beste und profitabelste Lösung anbieten. Man kämpft jederzeit um die eigene Existenz. ISAAC NEWTON war es, der lehrte, dass Leistung Arbeit in der Zeiteinheit sei, – also haltet euch dran, arbeitet – je schneller, desto besser; die Folge: wir kämpfen nach Hundertstelsekunden beim Ski-Abfahrtslauf um die erste Stelle. Eine Bodenwelle, ein kleiner Windhauch, die geringfügigste Veränderung der Mechanik, Faktoren weit unterhalb der Reaktionsmöglichkeiten unseres Nervensystems werden im Konkurrenzvergleich mathematisch-technisch erfasst, und sie entscheiden darüber, wie Hunderttausende von Euro in den Prämien, in den Werbegeldern vergeben werden, sie entscheiden über eine großartige Zukunft oder über einen baldigen Abstieg. Dies alles ist erkennbar unmenschlich, und dennoch scheint es so unausweichlich notwendig, dass kaum jemand dagegen zu murren wagt.

»Wie sollen wir unsere Kinder ausbilden?«, wird gefragt. Es wäre die Entscheidungsfrage für die Zukunft von uns allen, – Kinder sind die Zukunft der heute Lebenden. Wenn wir ehrlich sind, wollen wir indessen schon seit geraumer Zeit nicht länger, dass wir sie bilden, wir wollen sie wirklich nur ausbilden, wir wollen nicht Weisheit, wir wollen Wissen, wir wollen nicht Integration, wir wollen Perfektion, wir wollen nicht Pädagogik, wir wollen Schulung und Drill, wir erwarten möglichst abfragbare klare Antworten, immer schön nach Ja und Nein, wie vor einem amerikanischen Gericht. Wenn Hoffnung nichts weiter ist als die Erwartung bestimmter Standards, so liegt das menschliche Leben wie in der griechischen Mythe im Hause des Prokrustes fest: Es wird entweder gestaucht, wenn es ein bestimmtes Maß überwächst, oder es wird in die Länge gezerrt, wenn es unterhalb der Erwartungsmaße bleibt. In jedem Falle wird das menschliche Dasein so lange verformt, bis es der Passform passend wird. Hoffnung ist da eine tote Vokabel, gestorben am Gift der Planbarkeit.

Man muss zur Entschuldigung vielleicht, jedenfalls zum Verständnis dieses unseres Bewusstseinszustandes im Umgang mit Zeit und Zukunft freilich hinzufügen, dass die Religion bis in die Gegenwart hinein vieles getan hat, um eben dieses Desaster vorzubereiten. Sie wollte im Abendland permanent, solange sie existierte, irgendwie unter Beweis stellen, dass sie doch »nützlich« sei. Die Menschen machen alles mögliche, – aber dann kommt es zu Situationen, in denen man begreift, dass nichts mehr zu machen ist, – eine Krankheit zum Beispiel, die nach dem Stand des heutigen Wissens nicht zu kurieren ist, vielleicht in dreißig, vierzig Jahren, aber eben nicht heute, kann das sein – z. B. AIDS. Was ist zu tun, wenn wir dringend etwas machen möchten, schon aus lauter Angst und Not, und doch gleichzeitig wissen, dass wir gar nichts machen können? Just für diese Momente scheint die Religion wie geschaffen zu sein. Wenn nichts mehr zu »machen« ist, kommen die Priester, die Schamanen, die Magier und erklären, dass sie doch noch etwas wissen, das sich tun ließe, das heißt, nicht gerade sie selber können etwas machen, wohl aber der Allmächtige. Es gilt also, die Aufmerksamkeit des Allerhöchsten auf den Punkt zu lenken, an dem etwas zu »machen« ist. Zwar ist der Allmächtige an und für sich allweise und allwissend, so dass er wohl kaum unserer Nachhilfe bedürfte, – aber er könnte doch etwas übersehen haben! Die recht klein geratenen Bedürfnisse von Menschen wie wir – wie kann man Einfluss gewinnen auf den mit unseren Kleinigkeiten vielleicht doch nicht so aufmerksamen

Gott? Und wie ist es möglich, seinen Zorn mit uns durch ein Opfer zu versöhnen? Vielleicht war ja Gott gar nicht so unaufmerksam, er hat nur ein wenig von uns abgesehen, weil er zürnte; er hatte keine Lust mehr, sich mitanzusehen, was wir Menschen machen. Aber wenn wir nun seinen Blick ein wenig umwölken mit Opferdampf? Nicht gerade seine Optik, aber seine Nase würde dadurch positiv stimuliert, und dann könnte doch Gott eventuell seine Augen wieder öffnen und schauen, woher der Wohlduft kommt. Schon Noah, erzählt die Bibel, verbrannte ja Opfertiere am Ende der Sintflut, um die Gottheit mit der Welt wieder gnädig zu stimmen (Gen 8,20-22). Wenn wir zudem auch die Ohren Gottes erreichen könnten durch Opfer und Gebet, wir besäßen eine richtige Formel, zum rechten Zeitpunkt, in der richtigen Reihenfolge, mit der richtigen Gewandung, verknüpft mit den richtigen Riten, vom Priester gesprochen, dann doch müssten wir den Allmächtigen auf unserer Seite haben, und wir könnten ihn all das tun lassen, was wir selber nicht machen können, aber nur allzu gern machen möchten.

Diese Art von »Nutzen« hat die Religion bis in die Gegenwart hinein anzubieten gehabt. Sie wusste immer noch einen Ausweg in der Not, immer noch einen Schleichweg, wenn's nicht mehr weiterging, sie hielt immer noch etwas parat, wenn alles andere versagte. Sie arbeitete mithin wesentlich mit den Ängsten der Menschen, – die Religionskritik seit rund 200 Jahren, seit den Tagen der Aufklärung, als man überhaupt begann, sich für die Hintergründe menschlicher Verhaltensweisen zu interessieren, längst noch bevor es wirkliche Psychologie gab, hat diesen Zusammenhang ganz richtig erkannt. Schon im Raum der Philosophie ahnte man damals, dass Religion in dieser Form sich zentral auf die Angst der Menschen gründet, die sie beruhigen will. Weil die Religion auf diese Weise stets »nützlich« sein wollte, delegierte sie sich indessen zunehmend an das Wissen des Menschen von der Natur, wie sie wirklich ist, und an die daraus abzuleitenden praktischen Techniken. Ein bisschen ehrlich geworden, halten wir inzwischen auch der Tatsache stand, dass wir oft genug nichts weiter machen können, – bedauernd, ein wenig fatalistisch zwar, aber auch lernbereit, unsere Möglichkeiten in die Zukunft hinein erweiternd. Ein Arzt am Krankenbett wird weder Dämonen noch

Götter beschwören, – er würde, täte er so, seinem Berufsethos untreu, er müsste alles vergessen, was er jemals gelernt hat. Und so in allem.

Die praktische Religion wird ersetzt durch das, was praktisch wirklich taugt: durch Wissenschaft und Technik. Geistesgeschichtlich ist dieser Bruch gar nicht mehr zu kitten; doch um so wichtiger ist es, dass wir das, was Religion heißt, ganz anders definieren; nicht als das schlechterdings Nützliche, sondern als das buchstäblich vollkommen Unnütze. Religion erweist sich offenbar überhaupt nicht darin, dass sie irgendeinen Vorteil versprechen könnte oder dass sie Gott irgendwie dahin zu bringen vermöchte, dass er in der Welt, die er geschaffen, aber dann doch scheinbar nicht ganz vollkommen ins Werk geleitet hat, nachträglich für Ordnung sorgt. Die Religion sollte vielmehr darin bestehen, uns von der Welt der Zwecke und der Planungen zu entlasten.

Nehmen wir noch einmal den Fall, dass MAGELLAN in eine Situation kommt, die er nicht vorhergesehen hat; dann wird er gleichwohl tun, was er sich vorgenommen hat: Er wird im Taifun die Segel reffen, das Steuer halten, den Kurs so legen, dass das Schiff vor dem Sturm nicht kentert, und er wird warten, bis der Taifun vorüber ist. Doch hernach wird er in einen Ozean fahren, den die Menschen nie gekannt noch für möglich gehalten haben – den friedfertigen, den Pazifik werden sie ihn nennen, und sie werden ihn deswegen verfluchen, weil viele Wochen lang kein Wind weht. Tausende von Seemeilen wird vor ihnen nichts als Wasserwüste sich dehnen. Paradoxerweise fahren die drei Schiffe des MAGELLAN Insel an Insel vorbei, ohne sie sehen zu können, sie halten fast liniengerade genau den Kurs, der kein einziges Land auf Tausende von Seemeilen erkennen lässt; aber sie werden entsprechend dem Befehl ihres Kommandanten weiterfahren. In einem solchen Zustand ist nicht eigentlich Hoffnung enthalten, eher eine tapfere, teils stoische Erwartung dass man nicht aufgibt – never surrender! Das ist nicht eigentlich Hoffnung, das ist Starkmut oder Dickschädeligkeit, das ist der Wille, durchzuhalten. Im Grunde geht es dabei schon nicht mehr um ein bestimmtes Ziel, nicht um Sieg, nicht um Macht, nicht um Geld, es geht eigentlich nur noch um die Frage: Wer bin ich selber?

An genau dieser Stelle aber eigentlich beginnt die religiöse Thematik der Hoffnung. Was hat es mit ihr auf sich, wenn der römische Stoiker SENECA recht hat? Der meinte, das ganze Leben sei wie das Auslaufen eines Schiffes auf die hohe See, nur dass man schon wisse, wie der Hafen beschaffen sei, in dem man landen werde; dort lauere der Tod, und er werde ein schlimmer Würger sein. Dabei sei die Schiffsreise selbst unvermeidbar. Man könne langsam mit dem Schiff fahren, aber im Grunde nicht umsteigen, und selbst das Tempo der Fahrtgeschwindigkeit werde diktiert von den Winden, nicht einmal das Steuerruder gehöre uns. SENECA unternahm im 1. Jahrhundert n. Chr. am Hofe des Kaisers NERO alles, was er konnte, um die Menschen so weit zu enttäuschen, dass sie nichts weiter mehr besaßen als sich selber und ihre Tapferkeit. So die Lehre der Stoa. Man kann nicht sagen, dass sie das Christentum wenig beeinflusst hätte; ihre Tugendlehre ist vielmehr zentral aus dem antiken Rom in das Christentum eingedrungen; aber trägt sie, hält sie? Was hat Hoffnung für einen »Zweck«, und wo überhaupt soll sie herkommen?

Wir sagten am Anfang: Hoffnung sei nicht identisch mit Erwartung; sie sei auch nicht damit identisch, dass wir selber durch eigenes Fortkommen, durch eigene Leistung und Anstrengung etwas erreichen könnten; Hoffnung, sehen wir jetzt, ist das genaue Gegenteil: dass da etwas auf uns zukommt, das wir nicht erwarten können, und dennoch glauben wir, dass es kommt, und wir hoffen, wenn es komme, werde alles gut sein. Wir müssten noch genauer sagen: die Bilder der Apokalyptik, z. B. die aus Markus 13, sind vollkommen richtig: Es wird nur dann alles gut, wenn gar nicht etwas, sondern jemand kommt!

Die Frage stellt sich, wie man Bilder dieser Art interpretiert. – Eine Studentin fragte anlässlich einer Seminararbeit, wieso ich glauben könnte, dass Texte wie diese etwas mit Angst zu tun hätten. Es ist für Theologen scheinbar immer noch schwierig zu begreifen, dass biblische Texte im wirklichen Leben etwas zu sagen hätten; religionspsychologisch hat die Apokalyptik damit zu tun, dass Menschen an der ganzen Welt verzweifeln, nicht nur an etwas, sondern an allem. Man muss sich das Volk der Juden, zu welchem mittelbar auch die frühe Christusgemeinde gehörte, in der Lage etwa um das Jahr 70 vorstellen. Diese Menschen erlebten, wie alles zerstört werden kann, was sie bis dahin mit Gott identifiziert hatten. Ihr Glaube war es, in Jerusalem wohne Gott selber, und Jerusalem sei seine Stadt; aber diese heilige Stadt geht verloren an die Heiden. Das Heiligtum selber kann geschändet werden, indem man an die Stelle des unsichtbaren Gottes, der in der Bundeslade wohnt, ein heidnisches Götzenbild, einen Zeus oder Jupiter, setzt. Daniel (9,27; 11,31) schon hat diese Möglichkeit gesehen, aber man liest davon nur mit Schrecken, und man weiß: wenn es sich jetzt ereignet, so erfüllt sich offenbar Gottes Wille; allerdings, dunkel ist dieser Wille! Wenn man ihn überhaupt begreift, dann nur in völligem Widerspruch zu sich selber. Aber kann es denn anders sein? Die Welt ist alt, sie ist miserabel, sie ist krank, sie liegt auf den Tod hin, – das ist die Diagnose, die die Apokalyptik stellt. Und nun, wie manch ein Verzweifelter, der sieht, dass alles zu Ende geht, förmlich danach verlangt, dass das Ende bald kommen möge, so nimmt die Apokalyptik das Ende von allem, das Weltende selber, für ganz dicht bevorstehend.

»Diese Generation wird nicht vergehen, ehe sie's erlebt.« (Mk 13,30)

Diese Aussage steht mitten in diesen Texten. Dann aber steht da auch wieder: »aber kein Mensch, nicht einmal die Engel im Himmel, auch nicht der Sohn, können wissen, wann das sein wird.« (Mk 13,32) Es ist im Markus-Evangelium die einzige Stelle, an der Jesus von sich als dem »Sohne Gottes« spricht; aber diese einzige Stelle hier in Markus 13 erklärt gerade ganz anders als die Theologen, dass der »Sohn Gottes« nicht »alles« weiß, nicht einmal den entscheidenden Termin für das Schicksal der ganzen Welt! Mit einem Wort: es ist nicht möglich, das, was da kommen wird, zu planen, es ist ganz im Gegenteil, dass wir's prinzipiell niemals kennen werden. Wie aber lebt man mit der völligen Ungewissheit, wenn das stimmt?

Apokalyptische Vorstellungen kann man weitgehend mit den Weltuntergangsphantasien vergleichen, die manche seelisch sehr an den Rand gedrängte Persönlichkeiten bis zum tödlich Gequälten in der Psychiatrie erzählen. Sie sehen buchstäblich in ihren Alpträumen des Nachts, wenn sie am Fenster stehen, wie die Welt vor ihren Augen versinkt, wie nichts mehr ist, wie sie selber auf Flößen aus Eisschollen im Weltraum umhertreiben, wie kein

Gegenüber mehr existiert, wie alles wüst wird und leer, als kehrte die Welt an den Uranfang ihrer selbst zurück, im Taumel der Haltlosigkeit, – ein Ungegründetsein in allem, was sich festmachen möchte. Man lebt da, wo das Un-Leben ist, man haust da, wo das Unbehaustsein die einzig sichere Erfahrung bildet ... Das ist der Gefühlshaushalt, aus dem Apokalypsen geboren werden, inklusive des Wunsches, es müsste alles anders werden. Aber wenn alles anders wird, muss erst einmal alles zu Ende gehen, was ist! Apokalyptik, das ist Hoffnung als Antwort auf eine Verzweiflung, die total geworden ist!

Was »kommt« da eigentlich, das die Apokalyptik verheißt? Das Christentum erklärt bis heute in der Sprache der Dogmen: das »Weltende« bestehe darin, dass Jesus wiederkomme als der »Messias«. Aber wie »kommt« »er« »wieder«? »Auf den Wolken des Himmels«, heißt es (Mk 13,26). Das ist, wie wenn der Himmel sich herabsenken würde auf diese verloschene Erde und sie erneuern würde unter den Händen eines Gottes, der sie noch einmal von vorn schafft, diesmal aber »richtig«, ohne Tränen, ohne Qual, ohne den Tod, ohne die Nacht, – ganz so, wie wir am offenen Sarg für einen lieben Verstorbenen beten: »Jetzt möge ihm scheinen das ewige Licht.«

Jeder weiß, dass Bilder dieser Art zum Aberglauben werden, wenn man sie äußerlich wörtlich nimmt. Was soll »kommen« auf den »Wolken des Himmels«? Wer soll da kommen?

Das erste, was wir denken sollten, wäre: Hoffnung bestehe weit über die Stoa hinaus (oder in gewissem Sinne im Aufgreifen des Besten, was sie zu sagen hatte) eben darin, dass jemand in seinem eigenen Wesen zu sich selber reift. Er erreicht nicht etwas, sondern was da auf ihn zukommt im Bilde des Menschensohns, ist im Grunde er selbst in dem, wozu er gemacht ist.

Verdeutlichen wir das Gemeinte in einem Bild. Was würde es für das Leben einer Rose bedeuten, wenn wir sagten, sie als Lebewesen trage in sich »Glauben« oder »Vertrauen«, und wir müssten vom menschlichen Erleben ins Pflanzliche rückübersetzen, was wir da denken, um ein Bild für uns selber zu gewinnen? Wir könnten kaum anders sagen, als dass der »Glaube« einer Rose eben darin bestehe, sich auszuspannen in die Wärme der Sonnenstrahlen; ihnen vertraut sie, ihnen verdankt sie ihr Leben, nur in ihnen vermag sie zu wachsen. Was aber wäre dann ihr Hoffen? Wir müssten antworten: ihr Hoffen bestehe darin, dass sie die in ihr angelegten Kräfte sich in die Zeit hinein entsprechend den Gestaltungsgesetzen entfalten ließe, die in ihr angelegt sind. Das Hinausblühen zu ihrer Schönheit, das ist ihre Hoffnung. Was kommt auf diese Rose zu, außer das, was sie selber schon ist, indem sie es wird?

Anders sollten wir die Ankunft des Menschensohnes auch nicht verstehen, als dass wir gegen alle Verzweiflung würden, was wir sind. Hoffnung besteht in der Aussicht, dass das, was wir als ein Bild, als ein Ziel von uns selber bereits vor uns sehen, auf uns zukommt. Das Paradox dabei ist, dass alle Moral uns sagen wird: »Du kannst nur zu dir selber kommen, eben indem du dich anstrengst, indem du dich disziplinierst, indem du dich züchtigst und züchtest.« So aber ist nicht das Leben! So basteln wir an Kunstprodukten! Das Entscheidende, was uns leben lässt, ist tatsächlich allein das, was auf uns zukommt, und das ist, noch einmal: das Zweckfreie, das Nicht-Geplante, das in sich einfach Reifende!

So hat der historische Jesus denn wirklich seine Geschichten vom kommenden Himmelreich erzählt: als Wachstumsgleichnisse, wie Korn auf dem Feld wächst, – wie es heranreift, weiß der Bauer selber nicht, aber er kann es sehen und beobachten (Mk 4,26-29). Apokalyptische Aussagen wie die Darstellungen in Markus 13 waren Jesus eigentlich völlig fremd. Man muss schon mit sehr viel Angst aufgeladen die Jesusworte noch einmal hören, ehe einem Bilder dieser Art kommen.

Wo kommen wir an?

Wir müssten »apokalyptisch« unter dem Bild des Himmels, an dem der »Menschensohn« erscheint, sagen, es sei die Erfüllung des eigenen Wesens, wenn ein Mensch so reift, dass er die Gestalt, die er ist, auf sich zukommen sieht. Er erzwingt sie nicht, er ruft sie nicht herbei, er plant sie nicht, er macht sie nicht, ganz im Gegenteil; im Absehen von all den Leistungsforderungen, im Sich-Freimachen von dem herausgepeitschten Wollen für sich selber und die anderen, im Leerwerden von all diesen Zielsetzungen reift, wie eine Rose in der Sonne, das eigene Wesen in einem Raum der Güte, wenn man es lässt.

Augenblicklich werden an dieser Stelle manche Theologen natürlich einwenden: dann werde das Glauben mit nichts weiter – mit nichts weiter! – identifiziert als mit Selbstwerdung, dann werde die ganze Religion reduziert auf Psychologie, dann werde aus dem Gottmenschen Jesus Christus, der am Ende der Tage erscheine, ein Inbild der Seele, eine Wesenschiffre, dann sei Glauben am Ende nichts weiter als Selbstverwirklichung. Die Theologen, die so fürchten, meinen immer noch, dass Selbstwerdung identisch sei mit Selbstentwurf und Planung. Sie verwechseln im Grunde die Sprechweise der Existenzphilosophie, die unter MARTIN HEIDEGGER und JEAN-PAUL SARTRE so geklungen hat, mit der komplexen Psychologie CARL GUSTAV JUNGS, die, wenn sie von Selbstwerdung oder Selbstfindung spricht, etwas ganz anderes meint. Sie möchte mit Selbstfindung sagen, dass man gerade nicht etwas »entwirft«, gerade nicht etwas nach Plan und Maß gestaltet, sondern dass man leise auf sich zu horchen lernt, dass man geduldig wird, dass man Gehorsam buchstäblich nach innen gewinnt, dass man mit einem Wort Sensibilität für die eigenen Gefühle aufbringt. Und darein nun sollte sich die religiöse Überzeugung setzen: so spricht der Gott, der wollte, dass wir sind! Wer diese Stimme überhört, mag am Ende an Institutionen reden lassen, wen und was er will; das, was Gott jedem Einzelnen zu sagen hat, geschieht in dieser sanften, kaum hörbaren Sprache des Herzens, in den Träumen, in den Sehnsüchten, in den wirklichen, unverstellten und durch Angst nicht verbogenen und verlogenen Wünschen, in dem, was immer gerader wird, wenn es seine Ersatzformen langsam absprengt, wenn es seine Schutzpanzer zunehmend unnötig macht, – so wie ein Rosenblatt schließlich aus der Knospe heraus sich einfach freisetzt. Wir können schon ahnen, dass aus einem Vertrauen, das sich als Hoffnung in die Zeit hineinstreckt, wie von selber schließlich die Liebe wächst als eine Frucht, die die Zeit und ihre Begrenzungen überlebt.

Was aber, wird man sagen, ist es mit dem Tod, mit dem Moment im Leben, an dem gar nichts mehr zu hoffen ist? Was ist es angesichts all der Unfälle, die uns zugefügt werden, was mit den Absurditäten, mit denen wir uns jeden Tag konfrontiert sehen? Ein MAGELLAN mochte auslaufen mit einem relativen Selbstwertgefühl, mit einem Empfinden der Selbstsicherheit; er konnte denken:

»Ich habe gelernt, ein guter Seemann zu sein, und was immer kommt, irgendeine Antwort ist mir noch immer eingefallen, und sie wird mir infolgedessen auch in Zukunft einfallen; ich kann nicht alles wissen, was kommt, aber ich kann mich selber mitbringen, und dann werde ich wissen, dass es bisher noch immer eine seemännische Lösung gegeben hat; und das wird so bleiben, weil ich ich bin.« Aber irgendwann kommen die Momente, in denen wir uns so nicht durchhalten können, in denen die Frage im ganzen sich stellt, was aus uns wird. Und nun noch viel stärker gefragt: Wenn Hoffnung im letzten darin besteht, unter den Händen oder in den Augen oder in dem leisen Hauch der Worte Gottes auf sich selber zuzureifen, wem in den Tagen seines irdischen Lebens wäre es denn vergönnt, da anzukommen!

Begriffen haben wir, dass man IMMANUEL KANT im Grunde falsch versteht, wenn man Hoffnung mit »Tun« und »Machen« verbindet. KANT unterschied das sehr deutlich. Die Frage: »Was muss ich tun?«, sei eine Frage der Ethik, meinte er, doch die Frage der Religion sollte identisch sein mit der Hoffnung. »Was darf ich hoffen?«, das sei Grundlage der Religion; und er leitete aus dieser Frage die Zuversicht der Unsterblichkeit der Seele und der Existenz Gottes ab, schon damit »Gerechtigkeit« glaubhaft sei und subjektiv ein Motiv bilde, das Sittengesetz einzuhalten. Übersetzen wir im Abstand von über 200 Jahren IMMANUEL KANTS Gedanken in unsere heutige existentielle Erfahrung, so müsste man, ihm recht gebend, sagen: Kein Mensch wird Zuversicht in seine eigene Entfaltung setzen können angesichts der einzig gewissen Tatsache, dass sie irgendwo abgebrochen wird, von irgendeinem sinnlosen Zufall womöglich, eben vom Tod, der eintritt, wann immer er will; ja, es ist schon ein fast tröstliches Bild, die anonyme unpersönliche Gestalt des Todes zu personifizieren und »Gevatter Hein« mit einem eigenen Willen auszustatten. Irgendein mechanischer Unfall, irgendein sinnloses Ereignis rafft uns hinweg; irgendein Naturgeschehen zugunsten eines Einzellers wird die liebste Person an unserer Seite töten können. Was also ist es mit der Hoffnung, wenn sie als illusionär entlarvt, wenn sie Lügen gestraft wird als ein allzu unvorsichtiges und kühnes Sich-Hinaus-Spannen ins Ungewisse der Zukunft?

Es ist kaum anders denkbar, als dass der ganze Inhalt der religiösen Hoffnung in der einen Erfahrung besteht: »Eben weil es dich gibt, darfst du das Vertrauen haben, gemeint zu sein, nicht als ein x-Beliebiger, sondern als du selber. Das verleiht dir die Kraft wirklicher Hoffnung, in die Zeit hinein zu reifen und zu verwirklichen, was an Wesensauftrag, an Lebensinhalt, an Ton und Musik in dir liegt; und das zu spielen, zu singen, zu gestalten und mitzuteilen, das ist schon der ganze Inhalt des Lebens.«

Wie aber, wenn die Romantik, wenn in gewissem Sinn CHOPIN, ganz recht hat: Alles, was wir tun, sei nichts als ein Fragment, und zwar so, dass nicht das Ganze in einem Teil zu finden wäre, sondern so, dass da ein paar Glassplitter und Scherben sind, aus denen niemals mehr ein Kirchen- und Kathedralenfenster werden wird, ja, nicht einmal eine Ahnung dessen, was wir sein könnten! Schattenverwirrt treiben wir dahin, und es geht uns fast wie Schulkindern, die, wenn die Pausenglocke läutet, beim Schreiben des Deutschaufsatzes nun endlich zu ahnen beginnen, wie der Lehrer das Thema vielleicht gemeint hat. Würde man ihnen die Chance geben, noch einmal von vorne alles zu beginnen, so käme vielleicht etwas Sinnvolles dabei heraus. Doch die ganze Zeit, die man beim Schreiben aufbrachte, bestand darin, das Thema überhaupt erst zu suchen und den Sinn der Frage allererst zu verstehen, die das Leben an uns stellte. KANT bedauerte das mit einem Satz des HORAZ: das Misslichste am Leben sei, meinte er, dass wir zu wissen, wie man leben sollte, erst vermöchten, wenn es zu spät sei. Aber wenn es nun so ist, was macht der Tod dann für einen Sinn?

Als Antwort greifen wir das Wort des Jesus aus Markus 13 noch einmal auf. Schreckliches können Menschen über Menschen bringen oder kann die Natur den Menschen zufügen, – unerträglich viel Schlimmes, so dass man nur hoffen kann, es ginge bald vorüber. Doch gerade wenn es so ist, wenn man schon bald wünscht, es gehe vorüber, so sollten wir begreifen, wie wenn der Feigenbaum zu blühen beginnt, das sei nicht das Ende, sondern das sei wie ein zarter Neuanfang (Mk 13,28-29). Hoffnung ist nur möglich, wenn der Horizont der Zeit sich öffnet in die Ewigkeit. Anders ist Hoffnung ein leeres Wort. Gerade wenn sie darin besteht, uns anzueifern, wir selbst zu werden und uns zu wagen, braucht sie einen Erfüllungsspielraum weit über unser Leben hinaus. Das im Grunde ist es, was man Himmel nennt: ein langsames Wissen und Werden, was wir selber sind. Hölle ist ein Inbegriff für die Verzweiflung, dass Menschen nicht das sind, was sie sind, sondern aus lauter Selbsthass ganz anders sein möchten, als sie sind, oder dass sie zumindest nicht das sein möchten, als was sie sich erkennen; nie wollen sie sie selber sein, – das ist der Inbegriff aller Verzweiflung, der Gegenbegriff aller Hoffnung.

Merkwürdig sind dann nur die kirchlichen Lehren über all diese Bilder. Es gibt immer noch Theologen, die es fast schon wieder für fortschrittlich halten, nach RUDOLF BULTMANNS Entmythologisierungsversuch den Leuten »klarzumachen, dass die Bibel doch recht hat, wenn sie davon redet, wie Gott ein strafender Gott sei.« Der Mainzer Kardinal LEHMANN versichert noch im Jahre 1998 n. Chr., dass man nicht katholisch sein könne, wenn man nicht an die Hölle glaube, denn wohl bestehe das Christentum in der Verkündigung des Heils; Heil aber sei nur, wenn man wählen könne zwischen Heil und Unheil; also müsse es das Unheil geben, schon damit wir von Heil reden könnten. Außerdem: die Menschen seien frei; sie seien aber nicht frei, wenn es zu dem Guten, das sie wählen sollten, nicht auch das Böse gebe, das sie wählen könnten. Wenn sie also nun in Freiheit das Böse wählten und Sünder seien, so müsse Gott ihre Freiheit respektieren; wenn sie nun selbst nach ihrem Tode noch immer das Böse wollten, mit dem sie im Leben identisch verschmolzen waren, so könne Gott nicht anders verfahren, als sie in dem zu belassen, wie sie sind, und das sei die »Hölle«: sie sei die liebende Ernstnahme des Sünders durch den unendlichen Gott in alle Ewigkeit. – All diese Erklärungen laufen am Ende darauf hinaus, dass Gott offenbar ein ebensolcher Stümper sei wie wir auch. ADOLF HITLER zum Beispiel gehört diesen Vorstellungen zufolge in alle Ewigkeit verurteilt, er ist der Ausbund des Bösen, er ist ein Unmensch gewesen; er ist ein Teufel, er ist ein Ungeheuer, und das schon gilt als der Beweis dafür, dass es die Hölle geben müsse. Außerdem, sagt man, liebt Gott immer die Opfer, nie die Täter; die Täter hasst er, die Täter vernichtet er, so steht das in der Bibel, so ist es deshalb auch richtig, und so entspricht es auch unserer Auffassung von »Gerechtigkeit«. Wie aber wäre es, wir erinnerten uns, dass ein Mensch niemals das, was wir moralisch böse nennen, wirklich wollen kann? Das, was wir böse nennen, ist lediglich das Ergebnis einer Verzweiflung, in der ein Mensch durchaus nicht mehr weiß, wer er ist, in der er nicht mehr weiß, wofür er ist, in der er sich selbst so weit verloren hat und so tief an sich gescheitert ist, dass alles, was er sein könnte, ihm unerreichbar wird; alle Hoffnung bricht deshalb zusammen, alles, was Ich sein sollte, geht zugrunde. Doch daraus folgt gerade bei den starken Charakteren eine ganz eigentümliche Psychologie: Nur indem ich mich zerstöre, werde ich aus mir etwas Rechtes hervorbringen! Nach dieser Devise kann man den Entwurf von allem Terror, von aller Selbst- und Fremdvergewaltigung, von aller Selbstzerstörung und Fremdzerstörung definieren.

Es ist tatsächlich das Motiv des ADOLF HITLER: Zwar bin ich ein schwacher Mensch, aber wie wir schon hörten: »Weh dem, der schwach ist!« Also brauchen wir Hochrüstung, also brauchen wir perfekte Kampfesbereitschaft, also brauchen wir die Orgien der wechselseitigen Zerstörung, also müssen wir, um Menschen zu werden, Menschentiere bleiben!

Es gibt viele Formen von Verzweiflung, von Selbstmisshandlung, von Selbstruin, die wir beim besten Willen und Wollen weder therapieren noch, ehrlich gestanden, wirklich verstehen können. Es ist ein eitler Selbstbetrug, wenn unsere Gerichte sagen: »Diesen oder jenen Delinquenten übergeben wir jetzt pflichtgemäß zur Weiterbehandlung an die Psychotherapeuten«, – als sei da ein Spielraum: die einen bestrafen wir auf lebenslänglich, sie verdienen nicht einmal eine Therapie, vielmehr verfügt die »Gerechtigkeit«, dass sie einsitzen für lebenslänglich oder dass wir sie hinrichten, weil ihr Leben ohnedies zu verwirrt und verwirkt ist, und dann gibt es die anderen, die wir therapeutisch »hinkriegen« wollen und werden. Im ersteren Falle haben wir vermeintlich nichts weiter mehr vor uns als Menschenobjekte, die ihre Subjektivität vertan haben und die es nicht mehr verdienen, dass man sie als sich wandelnde Subjekte betrachtet. Lebenslänglich verurteilen bedeutet, nicht mehr zu glauben, dass ein Mensch ein Mensch werde – ein endgültiges Urteil; doch sollte man denken, dass Theologen immer noch diese Form des Umgangs von Menschen mit dem Menschen für richtig finden und sie ins Göttliche projizieren, indem sie nun auch den lieben Gott dazu bemühen, die Trennlinie zwischen Mensch und Mensch in alle Ewigkeit festzuzurren, ja, dass sie im Grunde ihre eigenen sadistischen Rachephantasien ins

Überirdische hineinlegen, um sie zu verewigen? Sollten wir nicht umgekehrt mindestens Gott zutrauen, dass er, der gewollt hat, dass es uns gibt, und von dem wir sagen, dass er uns geschaffen habe, die Möglichkeit besäße, all die Verwirrung, die in uns liegt, aufzulösen und aufzuklären?

Es gibt dazu allerdings keinen anderen Weg als die Liebe. Sie bildet das Thema im nächsten Kapitel; aber wir begreifen jetzt schon, dass einzig die Liebe die Macht hinter all dem darstellt, was Vertrauen schenkt und Zukunft bringt. Die Liebe ist Glaube und Hoffnung in einem. Sie ist die Fähigkeit zu hoffen, dass jeder Mensch bei sich selber ankommt und dass die »Ankunft des Menschensohnes«, dieses mythische Symbol der Selbstfindung, den Menschen nicht hinrichtet oder abrichtet, sondern aufrichtet. Nur das Maß der Verwirrung und des Leids mag Unterschiede unter uns Menschen bilden; doch diese Unterschiede gehören in den Bereich von Glück und Unglück, nicht von Verdienst und Leistung oder Missverdienst und Strafe.

Dann aber stehen wir alle vor Gott, und genau das ist es, was wir den Himmel nennen. Keine Aussicht auf irgendeine Hölle ist vereinbar mit dem, was Hoffen heißt; denn dass das Leben zerstört werden kann, ohne sich zu vollenden, ja, weiß Gott, das sehen wir in der irdischen Hölle oft genug. Das vielleicht Wichtigste ist zu verstehen, dass Menschen Leiden nur verbreiten, weil sie selbst gelitten haben, ohne aber an ihrem Leiden haben lernen zu können, daran als Menschen zu reifen. Sie möchten nur loswerden, was ihnen weh tat, wie ein Mensch, der sich den Magen verdirbt und die aufgenommene Nahrung ausbricht! Will er in seinem zu Hass verfestigten Leiden, dass der andere mit ihm zugrunde geht? Subjektiv wohl; aber gäbe man ihm selbst eine Chance zur Rettung, würde er es nimmermehr wollen!

Es hilft daher gar nichts, wir müssen die Begriffe, die die Religion uns bietet, aus den Tugendkatalogen herausführen. Wir müssen anfangen, das auch wirklich zu glauben, was die Religion sagt: der Glaube sei eine Erlösung von allem, er sei die Wiedergewinnung des Menschlichen aus all dem Unheilvollen; dann müssten wir sagen: Hoffnung sei nicht das Gegenteil zur Unzuverlässigkeit, – gegen die könnte man die Treue setzen, oder das Laisserfaire der Melancholiker, – dagegen könnte man die leistungsgebundene Erwartung setzen; wir sollten demgegenüber sagen: Hoffnung, das sei die Schönheit der Seele, die aufblüht, wenn die Strahlen der Liebe sie berühren. Hoffnung sei das, was das hebräische Wort dafür sagt; es spricht von *tiqwah*, das ist soviel wie die Ausstreckung. Wir könnten auch sagen: Hoffnung ist der rote Faden, den wir in die Zukunft sich entwickeln sehen. Das Leben des Menschen wird zu seiner Einheit nur gelangen, wenn wir, den Blick nach rückwärts, den Faden der Ariadne noch einmal aufgreifen, um nach vornehin ins Freie zu treten. Aber ob wir nun in das Labyrinth hineingehen oder aus dem Labyrinth heraustreten – in dem einen Fall ist es die Integration, die die Vergangenheit bietet, in dem anderen Falle ist es die Hoffnung in die Zukunft, die uns ganz werden lässt. In beide Richtungen verläuft im Grunde die Hoffnung. Irgendwo braucht jeder Theseus im Kampf mit dem Minotauros eine Ariadne, die ihm den Faden zeigt, der gewoben, gesponnen und sichtbar ausgelegt wird einzig vor den Augen der Liebe; doch anders als im Mythos der Griechen sollten wir nicht wie Theseus, gelandet in Naxos, die Liebe zu Ariadne gleich schon verraten.

Liebe
oder: Gott meint uns als Subjekte

Quatum vis magnos dulce est mihi ferre labores,
Quos flagrans amor edulcat, vehemensq; cupido.

Abbildung vorherige Seite:
Caritas – Liebe, Nächstenliebe. Die *Caritas* wird auf dem Bild als Mutter dargestellt, die ein kleines Kind stillt, – der Zusammenhang von Mutterliebe und Menschlichkeit besitzt auch für JACOB MATHAM eine psychologisch unwiderlegliche Evidenz. Gleichwohl bedarf die Tugend der Liebe in dieser Darstellung offenbar selber des Schutzes, der ihr durch Baum und Mauer, durch Natur und Kultur, gewährt wird, ist die *Caritas*, so betrachtet, doch selbst eine Grundkraft, die ebenso dem naturhaften Antrieb wie der gebotenen Moral folgt. Tatsächlich wirkt die Darstellung der *Caritas* durchaus profan, jedenfalls erscheint sie eher »heidnisch« als »christlich«: die beiden nackten Knaben, die mit einer Windmühle und mit einem Blumenstrauß die junge Frau umspielen, werden in der lateinischen Beischrift von CORNELIS SCHONAEUS gar als *Amor* und *Cupido*, als (geschlechtliche) Liebe und Verlangen, erklärt; es heißt:

Quantum vis magnos / dulce est mihi ferre labores,
Quos flagrans amor edulcat, / vehemensque cupido.
So viel du auch willst, / mir fällt es nicht schwer zu ertragen;
Süß macht mir Liebe die Last und / sehnsuchtsvolles Verlangen.

Wohl betont auch 1 Kor 13,7: »Sie (sc. die Liebe, d.V.) erträgt alles ..., duldet alles«; entscheidend aber an der Darstellung von MATHAM ist die humanistische Rückführung der »christlichen« *Nächstenliebe* auf natürliche Gefühle und Motivationen.

Unter den »Tugenden« des Glaubens, des Hoffens und des Liebens gibt es in keiner Menschensprache ein lieblicheres Wort als dieses: *Liebe!* In keiner Menschensprache fehlt es, in jeder Sprache verbindet es Zeit und Ewigkeit miteinander. Dieses Wort schenkt der Seele Flügel; es entreißt ein einzelnes Lebewesen seiner Beliebigkeit und Gleichgültigkeit. In der Liebe, so wissen die Menschen, seitdem sie über sich fühlsam nachzudenken beginnen, atmet etwas Göttliches. Ja, die Liebe, sagt das Neue Testament, ist selber Gott (1 Joh 4,16). Um so mehr Grund haben wir, darüber nachzusinnen, wie zwiespältig die Liebe beurteilt werden mag, wie ambivalent sie sogar selber mitunter wirkt und wie mühsam sie das wird, als was wir sie so gerne glauben und hoffen möchten: die Kraft, die, wenn sie uns gänzlich durchströmt, das ganze Glück auf Erden und die ganze Verheißung des Himmels ist. Was also ist Liebe?

Stets hat das Christentum zu unterscheiden versucht zwischen der Nächstenliebe und der Freundesliebe, zwischen amor und caritas, zwischen Eros und Agape, und stets zitierte es dabei eine Passage aus dem ersten Korinther-Brief, dem 13. Kapitel, aus dem *Hohen Lied der Liebe*, wie der Apostel PAULUS es gesungen hat. Das Hohe Lied der Liebe, wie es PAULUS niederschrieb, heißt so:

Wenn ich mit Menschen- und Engelszungen redete,
hätte aber der Liebe nicht,
wär' ich ein tönendes Erz oder eine klingende Schelle.
Und wenn ich prophetisch reden könnte
und wüsste alle Geheimnisse und alle Erkenntnis
und hätte allen Glauben,
so dass ich Berge versetzen könnte,
hätte aber der Liebe nicht,
so wäre ich nichts.

Und wenn ich alle meine Habe den Armen gäbe
und ließe meinen Leib verbrennen,
hätte aber der Liebe nicht,
wär's mir nichts nütze.
Die Liebe ist langmütig und freundlich,
die Liebe eifert nicht,
die Liebe treibt nicht Mutwillen,
sie bläht sich nicht auf.
Sie verhält sich nicht ungehörig,
sie sucht nicht das ihre,
sie lässt sich nicht erbittern,
sie rechnet das Böse nicht zu.
Sie freut sich nicht über die Ungerechtigkeit,
sie freut sich vielmehr an der Wahrheit.
Sie erträgt alles,
glaubt alles,
hofft alles,
duldet alles.
Die Liebe hört nie auf,
wo doch das prophetische Reden aufhören wird,
das Zungenreden aufhören wird,
das Erkennen selbst aufhören wird.
Unser Wissen ist Stückwerk,
unser prophetisches Reden Stückwerk;
wenn aber kommen wird das Vollkommene,
wird das Stückwerk aufhören.
Als ich ein Kind war,
redete ich wie ein Kind,
dachte wie ein Kind,
war klug ganz wie ein Kind.
Als ich aber ein Mann wurde,
tat ich ab, was kindlich war.
Wir sehen jetzt wie durch einen Spiegel
ein dunkles Bild,
dann aber von Angesicht zu Angesicht.

Jetzt erkenne ich stückweise,
dann aber werde ich erkennen, wie ich erkannt bin.

Nun bleiben Glaube, Hoffnung, Liebe, diese drei,
aber die Liebe ist die größte unter ihnen.

Wäre es so falsch, wenn man in den jubelnden Fragen und schluchzenden Klagen etwa der Musik von Brahms den Widerhall seiner unerhörten Sehnsucht nach Liebe um Clara Schumann hören wollte? Brauchten sie nicht alle, die Musiker, die Maler, die Dichter, die Liebe bis zur Grenze ihres Unglücks, um als Menschen schöpferisch zu sein, und stand ihnen ihr Leben lang nicht die sogenannte Vernunft und die bürgerliche Moral entgegen, so sehr, dass Leo Tolstoi schließlich, sein ganzes Dichtertum verratend, in der Kreutzer-Sonate Beethoven'sche Musik wie zur Anklage der Sinnenbetörung und Gefühlsverschwörung bezichtigen konnte; – gefährlich, weil zweideutig, sei die Musik für das Empfinden wie für das Leben!

Merkwürdig genug: dieselbe Liebe, die dem Namen nach mit Gott identifiziert wird, gilt wie etwas Dämonisches und Unheimliches, wie etwas den menschlichen Willen Übermögendes. Der Grund für diese Zwiespältigkeit ist sehr alt und reicht bis in die Wurzeln des Christentums: die Liebe nannte man groß, aber nur als eine moralisch kontrollierte Haltung; die Liebe wollte man wohl, aber nur wenn sie vom Willen beaufsichtigt blieb; die Liebe als Gefühl akzeptierte man, doch nur als vom Willen bestimmt, eben als »Tugend«.

So also steht es jetzt: der Glaube – ein Akt des Verstandes, befohlen vom Willen; die Hoffnung – ausgeworfen von der Kalkulation »vernünftiger« Planung; die Liebe – in Treue ordiniert und koordiniert von Institutionen, Beamten und Aufsichtsbehörden! Der Text des hl. PAULUS im ersten Korinther-Brief sogar galt wie zum Zeugnis all dieser Umprägungen. Schreibt etwa PAULUS von Lust, von Glück, von taumelnder Seligkeit, von orgiastischem Erleben? Er schreibt im Gegenteil von der Duldsamkeit der Liebe, vom Ertragen allen Leids in der Liebe, von einer ständigen Bereitschaft zum Verstehen. Aber versteht man PAULUS wirklich, wenn man ihn in diesen seinen schönsten Worten, die er in allen seinen Briefen uns hinterlassen hat, *moralisch* auslegt? Dann böte der Text des hl. PAULUS ein reines Tugendvorbild, das es unter allen Umständen zu erreichen gälte. Ein solches sittliches Ideal der Liebe könnte schon den Kindern gar nicht früh genug wie ein Wald von Schildern am Wegesrand aufgestellt werden, um sich »richtig« zu orientieren. Wenn sie schließlich jedes Gefühls entbehren und ihnen nur noch der diktierte Wille bleibt oder vielmehr schon gar kein eigenes Wollen, sondern nurmehr ein gehorsames Befolgen des fremden Diktats, dann endlich werden sie von der »richtigen« Liebe überzeugt sein.

Ein einfaches Beispiel: Die Liebe ist nur erlaubt in der Ehe, – so das Urteil des traditionellen bürgerlichen Verstandes über das wichtigste Gefühl des menschlichen Herzens; und weiter: weil nur in der Ehe erlaubt, ist eine Ehescheidung als Widerspruch zur Tugend der Treue abzulehnen. Dieser Standpunkt führt zu der Groteske, dass Menschen etwa in der Römischen Kirche nur »heiliggesprochen« werden können, wenn und weil sie sich als Mann und Frau niemals wirklich geliebt haben. Die Jungfrau Maria ist das Tugendvorbild, eben weil sie Joseph nie »erkannt« hat; oder auch HEINRICH und KUNIGUNDE, – auf dem Kaiserthrone wurden sie heilig, weil sie der ehelichen Liebe abgeschworen hatten. Unter dem Pontifikat Papst JOHANNES PAULS II. wurde am laufenden Bande heiliggesprochen: Wer da an Vergewaltigung starb, wer da im Kindbett verschied, wer immer unter den Folgen der Wollust zu leiden hatte oder sich sonstwie weigerte, auf normalem Wege glücklich zu werden, – der ist im Verdacht schon des Heiligmäßigen. »Liebe«, das ist allenfalls inkarniert in einer Ordensschwester wie MUTTER TERESA, die eben als Schwester Mutter war, aber nie Frau sein durfte.

Jeder begreift, wieviel untergründiges Misstrauen gegenüber dem fast anarchisch zu nennenden Gefühl der Liebe auf allen Ebenen waltet, solange es gilt, den Menschen von außen zu zügeln und zu züchtigen. »Die Liebe ist von Gott«, – wohl schon; aber man darf sie eben deshalb nicht missverstehen, sonst ist sie vom Teufel! Nur: wer entscheidet so praktisch zwischen dem einen und dem andern?

Spätestens seit dem Beginn der Neuzeit, nachdem die Römische Kirche in Europa dabei ist, ihre Macht, die sie im Mittelalter gehortet und gehütet hatte, zu verlieren, bewegt sich die Geistesgeschichte des Abendlandes auf einen Freispruch der Liebe hinaus. Alles beginnt sichtbarlich in den Museen der Welt mit den Bildern

BOTTICELLIS; so wie wenn die Malerei von Madonnen über Jahrhunderte hin nichts als eine Vorübung wäre, endlich die schaumgeborene Venus aus dem Meer an den Strand schreiten zu lassen, setzt sich BOTTICELLI frei. Wenn die Päpste und Kardinäle es wollen, malt er ihnen Madonnen, aber wenn er wirklich malen will, dann malt er den Eros, die Frau in Reinheit und Unschuld, so wie noch die Griechen sie sahen. Und die Dichter nicht anders. Sechzehntes Jahrhundert: SHAKESPEARE. »Sag mir, was Liebe sei«, fragt Phoebe in *Wie es euch gefällt* den Schäfer, und der antwortet für alle Zeiten gültig: »Liebe, das heißt, aus Seufzern ganz bestehen und klagen, es heißt, aus Phantasie bestehen und Sehnsucht und Verlangen, aus Anbetung und Unterwerfung und Gehorsam, aus Treue und Geduld und Ungeduld, aus Reinheit und Bewährung und ganz Dein-Sein.«

Da ist die Liebe alles; sie ist das Grundempfinden jeglicher Verehrung, so dass den meisten Menschen kein Gott mehr ist, wenn ihnen die Liebe zerbricht, und dass ihnen Gott gegeben scheint, wenn es möglich wird, auch nur ein Tier an ihrer Seite, geschweige einen Menschen, in ihr Herz zu schließen. Die Liebe ist der Konzentrationspunkt aller Aufmerksamkeit, aller Verwesentlichung, sie ist der Inbegriff von allem, was wir wünschen. Entweder senkt sich wie ein Regenfall aus den Wolken nach langen Tagen der Dürre die Erfüllung der Sehnsucht bis in die Wurzeln hinein ins Erdreich, oder umgekehrt, es erhebt die ausgestreuten Samen hinauf zur Sonne. Beides, die Begegnung nach oben wie die Bewegung nach unten, die Erhebung wie die Vertiefung, die vollkommene Verschmelzung und Vermählung ist die Liebe. So jedenfalls redet von ihr die Dichtung.

Und die Musik schon gar! Nie im Grunde von etwas anderem spielt sie als von den Klängen einer einladenden Sehnsucht. Die Mythen haben recht: der Klang der Flöte, meinte DSCHELAL ADDIN ARRUMI, der Begründer der tanzenden Derwische von Konja in der islamischen Mystik, singt die beschwörende Melodie von der Wiederkehr der in Liebe Getrennten und der in Liebe einander Suchenden. Der geschnittene Röhricht, wenn der Wind ihn durchweht, fasst sich in die Sprache von solchermaßen Suchenden.

Wie soll ein solches menschliches Gefühl umgeschmiedet werden in ein Tugendideal und in ein Verstandesdiktat des »Willens«?

Indem die Kirche in römischer Prägung bis heute darauf beharrt, die Liebe kontrollieren zu wollen, setzt sie letztlich nur ihr eigenes Possenstück frei. Was zum Beispiel soll man jemandem raten, der, angestellt in einer kirchlichen Anstalt, nur weil er auf der Karriereleiter immerhin hoch genug geklettert ist, es sich nicht leisten kann, von seiner Frau sich scheiden zu lassen und eine andere zu heiraten? Er darf sie lieben, sagt ihm die Kirche, doch nicht mit ihr leben; oder doch? Er darf, seien wir großzügig, mit ihr leben, doch nicht in Offenheit sich offenbaren in seiner Liebe, denn das machte Aufsehen, das wäre skandalös. Da müsste die Kirche einschreiten, damit den Seelen der Gläubigen kein Beispiel der Verwirrung und kein Anreiz zur Verführung werde. Soll man nun, zynisch geworden, sagen: »Wenn doch zusammenleben konnten in der Ehe, doch nicht ›ehelich‹, Joseph und Maria und HEINRICH und KUNIGUNDE, so sei auch euch das gleiche Recht, – lebt nur zusammen und erklärt der Kirche, ihr hättet's nach solchem Tugendvorbild selber vermocht, es sei euch das Kirchenwort zur Wahrheit gediehen und ihr hieltet euch daran? Welch Argwohn müsste der Kirche sein, ein anderes euch zu unterstellen, – ihr müsst nur, entsprechend den Heiligenlegenden, euch selber zur Schau stellen, dann wird man es euch glauben?« Ja, will man denn in einer solchen Moral statt der »Tugend« wirklich nichts als Heuchelei? Schon FRIEDRICH SCHILLER, wütend über die säkulare Adaption des Kirchenstandpunkts durch den Königsberger Philosophen IMMANUEL KANT, brachte es aus in zwei Versen: »Zwar liebe ich meinen Freund, doch leider tu ich's aus Neigung, und so schäm' ich mich denn, dass ich nicht tugendhaft bin.« – SCHILLER sprach in griechischem Versmaß, um an die klassische Unschuld des griechischen Denkens gegenüber der christlichen Verleumdung der Liebe zu gemahnen.

Was ist Liebe wirklich? Der schwedische Filmregisseur INGMAR BERGMAN, verwüstet genug als Pastorenkind durch die Greuelphantasien von Hölle und Leid, konnte am Beginn seiner Filmtrilogie, die mit dem Film *Schweigen* endete, unter dem Titel, der dem PAULUS-Zitat hier entnommen ist: *Wie in einem Spiegel*, das Schicksal eines Mädchens schildern, das in seiner Sehnsucht nach Liebe und in seiner Angst vor der Liebe wahnsinnig wird. Es verlangt nach Gott, aber es erlebt ihn schließlich, wie wenn eine

Spinne zwischen seinen Beinen emporkriechen würde. Der Vater versucht seinem Jungen begreifbar zu machen, alles sei Liebe, das Höchste wie das Gemeinste. In diesen Worten gewinnt man immerhin eine Ahnung von dem Wert der Liebe und verwahrt sich von daher gegen die Verleumdung der unschuldigen Gefühle im Herzen eines Mädchens oder eines Jungen, die wirklich möchten, dass ihnen die Liebe alles sei, – alles verstehend, alles umgreifend, alles vereinigend. Doch wie ist es dann möglich, dass wir, wie die Theologen im 19. Jahrhundert, Gott zu einem Erkenntnisgegenstand verobjektivierten, nunmehr in den bioneurologischen Labors die Liebe »objektiv« zu »erklären« versuchen? Der Folgezustand eines bestimmten Hormons in unserem Kopfe oder das Absinken eines bestimmten Proteins, die Überschüttung mit Stimulantien, damit verbunden der Abfall von Hemm-Mechanismen, aus diesen Prozessen schließlich ergebe sich die Liebe? Sollte es möglich sein, das subjektivste und lyrischste aller Gefühle auf diese Weise förmlich wegzuerklären? Fast wie unvermeidbar sind wir in unseren Tagen wissenschaftlich gerade dabei. Unsere Sprache ist nüchtern geworden. Vor ein paar Jahrzehnten noch war es die Verhaltensforschung, die man benutzte, um von Gefühlen eigentlich nur noch so zu reden, dass man sie sich vom Leibe hielt. Eine ganze – man darf nicht sagen: Sprachkultur in der Literatur, sondern eher Sprachverhunzung ging unter den Lobesprämien der Literaturrezensenten in die Bibliotheken und die Buchhandlungen, in welcher aus »Zärtlichkeit« nichts weiter wurde als eine »Streicheleinheit«, die man vergibt, eben weil der andere sie braucht, – ein bioneurologisches Bedürfnis, das man wie ein Therapeutikum medizinisch wohldosiert verordnet! Redet man da von Liebe oder macht man sich lächerlich über sich selber, dass man insgeheim je so etwas doch noch empfinden könnte wie Liebe? Genauer gesagt: Zelebriert man in solchen gebildet sich gebenden Phrasen nicht lediglich die Angst vor etwas, das im eigenen Inneren zu stark aufwachsen könnte? Nachdem scheinbar in der »Revolution« von 1968 die Sexualität freigegeben wurde, scheint sie uns noch viel mehr Angst gemacht zu haben, als sie unter moralischer Zuchtrute hätte machen müssen. Ehedem kontrolliert wie ein gefangenes Tier hinter Gitterstäben, schien sie domestiziert und harmlos; nunmehr aber, freigesetzt, knurrend und grimmig geworden, muss man sie anscheinend auf andere Weise sich vom Leibe halten. Die Seele jedenfalls darf sie nicht erreichen, selbst wenn der Körper ihr wie hemmungslos freigegeben wird. Wie viele Ausreden, welch sonderbare Fluchtmechanismen, welch schizoide Abspaltungen zwischen Gedanken und Gefühlen benötigen wir zur Zeit, um nur ja nicht glücklich zu sein in der Liebe! Dies wäre ja das Triviale, das fast Unanständige! Zu loben ist der Roman der ständigen Selbstzerfleischung, des Höhnens über sich selbst und den anderen, des Auseinanderwollens förmlich in der allseits bewiesenen Unmöglichkeit, es miteinander auszuhalten. Selten geworden sind die Bücher, in denen Menschen beschrieben werden, die nach einander suchen, um im anderen sich selbst zu finden; selten geworden auch die Bücher, die an die Liebe zumindest noch glauben möchten. Dabei gibt es kaum ein anderes Thema, das der Dichtung so wesentlich wäre wie der Antagonismus von Liebe und Tod.

Was eigentlich lieben wir, und warum hat die Liebe diese Macht über uns? Von den Neurobiologen und Verhaltensforschern hinuntersteigend zu den Zoologen und Genetikern wird man uns beizubringen versuchen, dass die Liebe ihren Sitz im Grunde im Informationsaustausch der Gene habe; später, evolutiv komplizierter, seien dann die Mechanismen der Reproduktion und der Vermehrung hinzugekommen; eben deshalb bedürfe man des Mannes und der Frau, und die nun drängten aneinander, um den biologischen Zwecken zu genügen; eben deshalb verstehe man, warum weibliche Wesen die Liebe anders empfänden als männliche Wesen: Allein schon die »Treueverhältnisse« zwischen Mann und Frau müssten als asymmetrisch beschrieben werden; denn die Frau sei immer dessen sicher, dass ihre Kinder ihre Kinder seien, den Männern aber bleibe dies stets ungewiss. Daran liege es, dass die letzteren ausschwärmten, um möglichst viele Kinder mit möglichst vielen Frauen zu zeugen, damit irgendwo eine Sicherheit denn doch sei, ganz bestimmt die eigenen Gene untergebracht und weitergegeben zu haben; die Frauen hingegen verlangten Treue; sie möchten eine Weile lang beschützt werden in ihrer Ungeschütztheit an der Seite eines Kindes, schon infolge der doppelten Aufmerksamkeit, die sie für sich und ein Kind aufzuwenden hätten. Aus solchen Theorien entsteht immer wieder die Begründung des Geschlechterkampfs in der Liebe: Gar zu verschieden, meinte schon ARTHUR SCHOPENHAUER, seien die Interessen von Mann und Frau, stets sei der eine der Feind des anderen. Auch andere Philosophen im 19. Jahrhundert dachten wie er darüber nach, ob nicht die Verbindung von Mann und Frau das fast Unmögliche sei, – Geist und Stoff, miteinander verbunden? Intelligenz und Gefühl als Einheit? Der Mann, natürlich, personifizierte in solchen Konzeptionen den Geist, wohingegen die Frau immer erdgebunden, die Mutter Erde, das Gefühlige, das mühsam nur mit dem Verstand zu Durchdringende zu verkörpern schien.

Vielleicht haben alle diese Theorien schon deshalb unrecht, weil sie voraussetzen, dass etwas noch gar nicht existiert, von dem die Liebe indessen wesentlich lebt: das ist die *Individualität* eines Menschen. Woran uns die Liebe wirklich glauben lässt, ist das in der Natur im Grunde gar nicht Vorgesehene, dass nämlich die Person eines einzelnen Menschen zum Inbegriff der ganzen Welt im Herzen der Person eines anderen, liebenden, werde. Das Personsein selbst wird buchstäblich geboren einzig durch die Liebe, so sehr, dass die Psychiatrie wohl recht hat, wenn sie meint, dass manche Formen der Schizophrenie sich direkt auf die Ungeliebtheit beziehungsweise widersprüchliche Geliebtheit der Kindertage zurückführen ließen. Die Identität des Bewusstseins setzt sich nicht zusammen, der Spiegel fügt sich nicht zur Einheit, wenn er zerrissen wird in ein Vielerlei von Erlebnisweisen, in denen das eigene Ich gar nie gemeint, nie wirklich angeredet ward. Wird aber das Personsein geboren aus der Liebe, so verlangt es umgekehrt mit einem Übermaß nach ebendieser Bestätigung und Wertschätzung, die nur die Liebe zu geben vermag. Die Person bedeutet von daher ein ungeheures Risiko im Schoße der Natur. Sie wird von ihr ermöglicht, aber nie gemeint, sie existiert, aber nie als berechtigt. Sobald ein Mensch zu seiner eigenen Personalität erwacht, entdeckt er sich in gewisser Weise als nicht-notwendig, als zutiefst überflüssig, als nicht-sein-müssend, als in keiner Weise unentbehrlich.

An diesem Punkt beginnt die eigentliche Frage aller Religion, aller Philosophie, aller wahren Kultur: Warum existiert ein Mensch als eine einzelne Person?

Die Versuche der Barbarei sind zahlreich, das Wagnis der Individualität sofort wieder einzuschmelzen – im naturhaften Dasein biologisch, im Kollektivpatriotismus politisch, im Kirchendogmatismus religiös. Der Gedanke FRIEDRICH NIETZSCHES im *Zarathustra* von der »Fernstenliebe«, die auf höhere Sachen und Zielsetzungen gehe, statt in kleinlichen Beziehungen zu versanden, ließ sich in diktatorische Formen der Fremdbestimmung hinein interpretieren. Der Verfahren der Außenlenkung, das Individuum einzuschüchtern und zurückzudrücken in das, was es schon immer war: eine Welle im Ozean, sind unendlich viele, und immer sind sie identisch mit Kulturverfall, mit der Zerstörung von Humanität. Das, was wir Menschsein nennen, erhält sich nur im Energieraum der Liebe selber. Von ihr wird die Person getragen, und die Person wiederum ist die Trägerin aller Kultur, aller Freiheit, aller Menschenwürde, aller wirklichen Größe. Doch die Nahrung der Person, ihre geistige Grundlage, ist die Liebe.

Der Bielefelder Soziologe NIKLAS LUHMANN hat auf seine Weise darüber nachgedacht, worin die Funktion von Religion in Gesellschaft bestehe: Er hat die Meinung vertreten, Religion diene dazu, die Kontingenzlücke im Wirklichkeitserleben zu schließen. Damit meinte er, dass jede Nachdenklichkeit eines Menschen über die Gesetze, über die Einrichtungen der Sozietät dahin fuhren müsse, zu erkennen, dass nichts absolut notwendig sei, ja, dass es in einer anderen Gesellschaft durchaus auch anders zugehen könne, – zu vergangenen Zeiten war vieles gewiss schon einmal anders, und in Zukunft drängt es sogar dahin, sich zu verändern. Die Religion aber solle den Zweifel beschwichtigen, den die Nichtnotwendigkeit mit sich führt. Die Religion erklärt und verklärt mehr oder minder alles, was im Moment als wünschenswert erscheint, für den göttlichen Willen selber; doch die entscheidende Frage stellt in seinem Funktionalismus NIKLAS LUHMANN nicht: Kann man eine solche Theorie wirklich behaupten, ohne als ein solchermaßen wissend Gewordener zum Zyniker zu werden? Die Religion rechtfertigt und bestätigt als göttlichen Willen alles, was wünschenswert wird? Ja, du liebe Zeit, hätte sie das nicht besser sein lassen? Wenn etwa der Kaiser den Krieg erklärte oder der deutsche Führer, so erschien das damals offenbar als sehr wünschenswert, und schon war die Religion dabei, diese Wünsche für Gottes Willen zu erklären! NIKLAS LUHMANN hat dem Eindruck der tatsächlichen Geschichte nach sehr recht, aber man möchte weder in menschlicher noch in religiöser Absicht, dass er länger recht behielte! Man möchte, dass man Gott reklamierte für die Liebe. Sie wäre das allein Wünschenswerte! Aber dann wäre die Ebene der Diskussion als allererstes gar nicht die menschliche Gesellschaft, sondern jeder Einzelne. Die Liebe ist nicht zu verordnen im Kollektiv, sie ist nicht Teil einer »Tugendlehre«, sie wird nicht produziert durch Gesetzgebung und Willensmanipulation, sie wächst auf als Bedürfnis in einem Einzelnen. Der freilich fühlt sich unendlich verloren im ganzen All, sobald er seiner bewusst wird, und er fühlt sich nur »gefunden« und gebunden im Hause der Liebe.

Leider reden wir im Raum der Liebe nach wie vor am liebsten Medizinerdeutsch, aus lauter Angst vor den Gefühlen, die lyrische Begriffe vermitteln könnten, und so sprechen wir von dem Zustand, der vielleicht in den Reifungsschritten eines Menschen den größten Sprung hervorruft, nicht als von der Zeit des Erwachens, von der Zeit des Reifens oder, glückseliger noch, als von der Phase der Mondträume, sondern wir nennen eine Zwölfjährige, einen Dreizehnjährigen mitten in den Aufregungen des Gestaltwandels ihres Körpers und des Gefühlsstrudels ihres Herzens »pubertierend«. Mit einem solchen Wort wissen wir als Erwachsene Bescheid, wir haben die Etiketten parat – wachsende »pubes«, das kann man feststellen; aber was erlebt denn ein solchermaßen »Pubertierender«? Doch nicht, dass ihm die »pubes« werden! Was er erlebt, besteht darin, dass er aus der Ordnung herausfällt, in der man ihn erzogen hat, dass er aufhört, ein Kind zu sein, dass die Frage, wer er ist, sich nicht länger mehr damit beantwortet, dass mein Vater so und meine Mutter so war oder dass die Lehrer mich bis dahin so wollten. Plötzlich geht ein Riss durch das Gefüge des Erlebens. Man ist herausgesprungen und weiß gar nicht, wie. Von einem bestimmten Morgen an, bei der Lektüre eines bestimmten Buches, bei einer plötzlich zugeschlagenen Tür begann dieses Erdbeben, und man spürte genau: es wird nie mehr aufhören! »Du musst selber wissen, wer du bist«, – das ist die Erfahrung. »Aber du kannst gar nicht wissen, wer du selber bist«, das ist ebenfalls die Erfahrung; und mit diesen beiden Ideen gleichzeitig im Kopf kann ein Mensch nicht leben.« Um dich selber zu finden, musst du einen anderen Menschen suchen, der sich findet in dir«, – das ist das wirkliche Drängen eines Menschen, der reift in der Liebe.

Was Wunder deshalb, dass uns die Literatur von früh an drei Aspekte auf dem Wege der Liebe wie Bilder und Schilder bereitstellt.

Das eine ist zum klassischen Terrain der Psychoanalyse geworden. Wir schlagen Erzählungen auf, wie uns HOMER sie bereits erzählt: Da kämpft der größte Held auf den Feldern von Troja, Achill, Kind nicht eines gewöhnlichen Menschen, sondern der Meeresnymphe Thetis, wie Jung-Siegfried unverwundbar und gepanzert am ganzen Körper, bis auf die Ferse; er streitet als Preis um die Liebe der geraubten Briseis. Sie wurde ihm von Agamemnon versprochen als Lohn allen Mannesmuts, und wahrlich, er hatte sich bewährt; doch kaum wollte er die Geliebte sein eigen nennen, da trat der Völkerherrscher Agamemnon ihm entgegen und enthielt ihm die Kampfesbeute Briseis vor. Darüber ergrimmte Achill und schaute sich grollend mit an, wie das Heer der Achäer vor der Burg von Troja Niederlage auf Niederlage erlitt. Psychoanalytiker, die diesen Text lesen, OTTO RANK z. B., Schüler SIGMUND FREUDS, glaubte sich sicher: Wonach Achill wirklich strebte und was ihm verweigert ward durch den »Völkerführer«, war, wenn es einen Mann so tief verletzen kann, gar nicht so sehr eine Sklavin als Kriegsbeute, denn vielmehr die Sehnsuchtsgestalt seiner eigenen Mutter. Diese Frau in der Tiefe der »See«, in der Tiefe der Seele ist es, nach der er wirklich verlangte, und der Mann, der sie ihm vorenthielt, war im Grunde eine Nachfolgegestalt seines eigenen Vaters. Was Menschen in der Liebe suchen, meinte deswegen die Psychoanalyse, sei immer die Rückkehr in den Schoß der Mutter, sei der Wille, mit dem Ursprung selbst, aus dem man kam, zu verschmelzen. Alle Liebe, so sehr sie nach vorn dränge, sei im Grunde der Wille nach Rückkehr, nach endgültiger Ruhe, nach endlosem Versinken, ein Verlangen, nichts länger mehr tun zu müssen, sondern einfach nur zu sein in Frieden, Geborgenheit und Obhut.

Andere Geschichten sind so verschieden davon nicht. Wir erleben, wie Tristan und Isolde einander lieben, und es fällt über sie die Zuneigung zueinander wie ein Gifttrank, wie ein Zauber, für den sie nicht können. Sie sind, obwohl der Moral nach Schuldige, in Wirklichkeit dem Herzen nach freigesprochen – Unschuldige! Wieder aber ist es, dass der Oheim Marke von Tintajol Tristan in seiner Liebe zu Isolde entgegentritt; es ist seine Frau, in die Tristan sich verliebt hat, und nur in Heimlichkeit darf er deshalb mit ihr Verkehr haben; drum dass sich das Bild Isoldes selber aufspaltet und verdoppelt. Wen liebt Tristan unter diesen beiden Frauen, und wem begegnet er, als er Marke zuliebe schließlich in Britannien die bretonische Isolde in die Arme schließt, voller Verlangen aber denkend an jene andere, die ihm erst wieder begegnen wird, als er auf dem Sterbelager liegt, und die ihn nur noch als Verstorbenen erreichen wird? Wieder würde OTTO RANK sagen: Die Suche der Liebe geht nach der Verschmelzung mit der Mutter, und sie nimmt den Tod selbst dafür in Kauf; der Wunsch nach Verschmelzung selber ist wie ein Abschied vom Leben. Aus solchem Stoff scheinen die Träume der Liebe gewebt zu sein.

Nehmen wir noch aus der mittelalterlichen Dichtung hinzu den Ritter an der Tafelrunde, des Königs Artus Gefolgsmann, Lancelot vom See; auch seine Mutter, wie ihr Name Viviane vom See schon sagt, ist eine Meerfrau, eine Fee drunten im Wasser. Kein Wunder deswegen, möchte man psychoanalytisch meinen, dass augenblicks, da Lancelot am Hofe Königs Artus der Königin ansichtig wird, ihm der Speer aus den Händen gleitet und in das Gewand der Königin fällt. Lancelot ist vom ersten Moment an in die Königin verliebt, ganz als wäre sie seine Mutter. Und wieder begeht er ein Unrecht, indem er die verheiratete Frau seines Königs mit allen Sinnen und mit aller Sinnlichkeit umwirbt und umwebt, sie, die ihm mehr eine Gestalt der Phantasie als der Wirklichkeit ist; doch das Erstaunliche: der König selber, als Hüter aller Moral, als Verkörperung des Sittlichen, ist der Legende nach weise genug, um das Geschehene zu wissen, ohne einzuschreiten! Erst der im Ehebruch gezeugte Halbsohn Mordred wird das Tun der Königin und des Ritters, wird das Verhältnis Ginevras und Lancelots offen aufdecken und damit blutigen Krieg und den Untergang der Tafelrunde beschwören.

Wäre es möglich, so der Gedanke der Psychoanalytiker, dass alle Liebe gar nicht so sehr dem wirklichen Gegenüber gilt als vielmehr der Rückerinnerung des Kinds an seine Eltern? Dann sollten wir glauben, alles, was die Liebe möchte, sei darauf ausgerichtet, dass ein Mensch gewissermaßen ein zweites Mal zur Welt käme; das Ziel sei nicht, wie Freud meinte, zu versinken im Anorganischen, sondern das Ziel sei, wiedergeboren zu werden in seinem geistigen Ich, in seiner wirklichen Person; doch dazu bedürfte es noch einmal einer Erlebnistiefe, wie sie in Kindertagen einmal bestand. Die Eltern damals mögen uns gezeugt haben, aber ihre Liebe war nichts als eine Vorahnung dessen, wonach wir heute, erwachsen geworden, verlangen. Der Unterschied ist deutlich. Ein Kind *ist* einfach, es kennt diesen Zweifel nicht an sich selbst; der Jüngling, das Mädchen unbedingt! Sie spüren eine Angst, die nur beruhigt zu werden vermag in der Liebe eines anderen. Was aber soll dieser andere an uns lieben?

Wir sind, erwachsen werdend, bereit, alles zu tun, um die Liebe eines Menschen, der uns lieben könnte, zu erringen; bis zur Bewusstlosigkeit werden wir versuchen, uns anzustrengen und alles mögliche zu unternehmen; bis zum Verbrecherischen womöglich würden wir gehen, bloß um die Achtung einer bestimmten Bezugsgruppe zu erlangen. Besser sogar, sich selber zu verlieren, so scheint es, als des Beistands der Gefährten verlustig zu gehen. Wonach wir in Wirklichkeit aber verlangen, ist nicht die Anerkennung für das, was wir tun, sondern für das, was wir sind. Entscheidend indessen ist: wir möchten nicht geliebt werden für unser Menschsein als solches; eine solche Abstraktion der Liebe ins Generelle oder Universelle ist gerade das nicht, was uns als Individuen beruhigen könnte.

An dieser Stelle ist es durchaus nicht mehr möglich, mit der christlichen *Caritas* zu antworten. Dieser »Tugend« gelten im Grunde alle Menschen gleich; eben weil sie Menschen sind, haben sie alle dieselbe Würde; eben weil sie Menschen sind, verdienen sie alle dasselbe Mitleid – eben weil sie als Menschen Leidende sind. Dieser Typ von Caritas bleibt der konkreten Person gegenüber fremd. Was wir demgegenüber als Personen brauchen, ist eine Liebe, die nicht unser Menschsein als solches, sondern unser So-Sein als Menschen bestätigt, möchte, unterstreicht und für notwendig erklärt, indem es behauptet, gar nicht anders sein zu können, »ohne dass du so bist, wie du bist«! Das genau ist das einzige, was wir hören möchten, und was, wenn wir es nicht hören, all unsere Qual nur vermehrt. Wir fühlen uns dann wie abgelehnt, meist durch die Gegenwart eines Dritten, auf den all unsere Eifersucht sich richtet; gerade dieses Gefühl, das bis zum Äußersten gehen kann, ist nichts weiter als ein Randwirbel in der Turbulenz dieses Verlangens, hören zu mögen: »So wie du bist, ist es für mich notwendig!«

Natürlich wissen wir, dass kein Mensch einen anderen Menschen »notwendig« machen kann, indem auch der andere genauso überflüssig ist wie man selbst. Eben daran aber liegt es, dass die Liebe der erste und einzige Spiegel des Göttlichen in unserem Leben zu sein vermag. Wenn irgend wir etwas Himmlisches ahnen, liegt es in diesem Wort: »Du aber bist für mich notwendig!« Obwohl kein Mensch es uns endgültig sagen kann, es sei denn, wir wollten den anderen gegen jedes bessere Wissen selber vergöttern, so ist doch seine Liebe die geheime Leiter, die uns zum Himmel hinaufführt. Gerade deshalb aber hat das Christentum darin wohl vollkommen recht, wenn es behauptet: an Gott zu glauben, das mache es überhaupt erst möglich, einander ohne ständige Vergöttlichung oder Verhexung zu lieben.

Die Griechen und die Römer hatten ihre eigene Art, sich über die Liebe lustig zu machen. Sie taten's weniger moralisch als vielmehr ästhetisch; sie betrachteten die Liebe – Realisten, die sie manchmal sein konnten – als eine Art Satyr-Spiel, und sie erfanden sogar einen eigenen Gott dafür: Eros. Ursprünglich muss er einmal sehr stark gewesen sein; die Griechen glaubten daran, dass Eros die Verbindung zwischen Endlichkeit und Unendlichkeit sei, so wie es PLATON im Gastmahl ausführt. Für die Römer wurde daraus der Gott Amor, ein kleines Kind, das immer zu spielen liebt. Glücklicherweise – oder unglücklicherweise – hat es einen Bogen in der Hand, der aus der Keule des Herkules geschnitten wurde. Herkules war ein Heros von Kraft, ein Halbgott, der im Feuer zum Himmel aufstieg, des Nessos-Gewands seiner Geliebten Deianeira wegen. Aus der Keule dieses Mannes wurde der Bogen des Eros geschnitzt, und so kommt's: Wenn er damit schießt, so sind seine Pfeile unwiderstehlich. Keine Waffen helfen dagegen. Amors Pfeil durchdringt alles, doch da er nie genau zielt, sondern einfach behende, wie es ihm gerade kommt, zu schießen pflegt, so läuft das Leben so sonderbar ab, wie es ist.

In psychoanalytischer Betrachtung macht dieses mythische Motiv Sinn; denn natürlich möchte man, dass die Liebe irgendwie glücklicher gerate, weniger wahllos zumindest, weniger schicksalhaft, und doch scheint bis heute kein Kraut gegen sie gewachsen. Psychoanalytisch müssen wir sagen, dieser Amor, dieses kleine Kind mit seinem Bogen, sei im Grunde die kindlich gebliebene Seele eines Menschen. Immer »schießt« dieser Amor, wenn jemand den Geliebten, die Geliebte mit Vater und Mutter verwechselt. Der Geliebte, die Geliebte ist gewiss nicht mit den Gestalten von Vater und Mutter identisch, und doch heften sich an sie oft genug uralte, unerfüllte kindliche Wünsche, die in aller Regel enttäuscht werden müssen. Doch liegt darin auch die Chance, die Eltern endlich hinter sich zu lassen; nur so entdeckt man den anderen in seiner Wirklichkeit. Und nur so werden wir fähig, einander das zu schenken, was wir wirklich brauchen: der andere in seinem Verlangen, in seiner Sehnsucht, mit seiner Person möge uns in dem bestätigen, was wir wirklich sind. Denn das setzt ja voraus, dass wir die Wirklichkeit des anderen überhaupt zu erkennen vermögen, dass wir ihn so wahrnehmen, wie er ist, jenseits der Projektionen, jenseits der Übertragungen, jenseits des Verwechslungsspiels von damals und heute.

Wie stark die alten Elternbindungen sein können, zeigt sich religiös daran, dass viele Menschen sich sehr schwertun, auch nur das christliche Vaterunser zu beten, denn gleich fällt ihnen ihr Vater dabei ein; mit diesem Wort können sie Gott nicht benennen, mit diesem Wort können sie niemanden benennen, dem sie ihre Gebete und ihre Sehnsucht weihen. Aber wenn das so ist, wird man den Vater andererseits auch wieder suchen. Und genauso mit der »Mutter Gottes«. Wie viele Großen hat es gegeben, die madonneminnend waren, von dem Kreuzzugsprediger BERNHARD VON CLAIRVAUX angefangen bis zu dem Faschisten FRANCO, bis hin zu ESCRIVA, dem Gründer des Opus Dei; – andere »große« Beispiele seien dahingestellt. Es genügt, dass Kinder in ewiger Sorge an ihrer Mutter hängen, die sie als leidvoll erleben, und sie werden mit Leichtigkeit eine Philosophie oder Theologie in die Welt bringen, in der Frauen ihr Leben lang nichts Besseres zu tun haben, als zu leiden – sich etwa im Kindbett zu opfern oder an gebrochenem Herzen zu sterben. Wenn solche Menschen wirklich eine Frau liebgewinnen, dann muss sie eine Ähnlichkeit mit dem Vorbild ihrer Mutter aufweisen, und zwar, je nachdem, in Hinwendung oder Abwendung; stets wird da die Vergangenheit zur Gegenwart, wird das, was war, zum Schicksal dessen, was werden könnte. Dazwischen in das Heute hineinzufinden setzt eine Durcharbeitung all der alten Gefühle voraus.

Eben darin kann der Anfang von wirklicher Frömmigkeit, von wirklicher Poesie liegen, und die innere Befreiung kann groß sein. Dann beginnt die Welt zu singen, dann verströmt sie ihre ganze Faszination, dann fügt sie sich so, dass es stimmt und die Gestimmtheit und Stimmung aufwachsen lässt zu einer reinen Seligkeit. Aber man muss sie hinter sich bringen, – die dunklen Schatten von damals, so verzaubernd oder bezaubernd sie auch sein mögen.

Man kann sie in ihren Schwingungen zumeist leicht daran erkennen, dass sie abbruchartig eben noch Seligkeit zu verheißen vermögen und jetzt plötzlich Schrecken und Angst; eben noch fühlt eine Frau sich ganz und gar angenommen und gleich darauf vollkommen abgelehnt; ein Mann denkt eben noch sich unendliche Treue, unendliches Glück in den Armen seiner Geliebten aus, und dann genügt es, dass sie in den Spiegel schaut statt in seine Augen, und es ist alles dahin, – er könnte sie umbringen vor Neid und Eifersucht. Wenn bestimmte Gefühle derart rasch verändert werden können, dann dürfen wir uns ganz sicher sein, dass wir es nicht mit dem gegenwärtigen Erleben zu tun haben, sondern mit Einbrüchen der Vergangenheit.

Aus diesen Zusammenhängen ergibt sich ein zweites Problem im Umgang mit der Liebe, das ist die mögliche Spaltung der Person in der Liebe. Bei Tristan und Isolde klang diese Problemstellung bereits an. Ein Mann, der im Schatten seines Vaters (beziehungsweise seines »Oheims«) lebt, wird auch die Frau, die er liebt, zwiespältig erleben: einerseits als eine Verbotene, die er gleichwohl ersehnt, und als eine andere, mit der er zwar leben muss, die er aber nur in »Treue« liebt, als ein »anständiger« Mensch, der doch im Untergrund gepeinigt und geplagt wird von ganz anderen Wünschen, – ein »Verbrecher«, wenn er seinen Wünschen folgte, grau geworden und alt geworden aber, wenn er tut, was er soll; zwischen beidem wird er selber ebenso zerrissen wie das Bild seiner Geliebten. Auch so erzählt sich die Geschichte von Tristan und den beiden Isoldes.

Andere Spaltungen werden uns überliefert, zum Beispiel im *Nibelungenlied*. Da ist eine Frau von großem Stolz, Brunhild mit Namen, aus dem dunklen Island nach Worms gekommen, aus einem Land, wie CHRISTIAN FRIEDRICH HEBBEL schreibt, »da die Steine funkelnder leuchteten als das Sonnenlicht«. Diese Frau aus dem ewigen Eis, aus dem ewigen Dunkel, aus dem ewigen Kampf hat gelernt, stark zu werden, – eine Walküre, die man bewundert für ihre die Männer übermögende Kraft. Sie aber wird nur denjenigen lieben, der stärker ist als sie selber. Das wäre einzig Siegfried. Verlobt werden soll sie aber mit König Gunther, einem männlichen Schwächling, einem Durchschnittsgouverneur. Aus diesem Eheplan würde nie etwas, besäße nicht Siegfried, der Drachensieger, eine Tarnkappe aus dem Rosengarten des Zwergs Alberich. Mit Hilfe dieser Tarnkappe gelingt es dem Helden, die tollkühnen Übungen an der Seite Brunhilds zugunsten Gunthers zu bestehen. In der Brautnacht freilich muss Gunther sich offenbaren, und da Brunhild erkennt, wie schwach ihr Gatte ist, hängt sie ihn buchstäblich an den Nagel, – aus eben diesem 10. Kapitel des Nibelungenliedes stammt die deutsche Redensart: »an den Nagel hängen«. Da zappelt der arme Gunther eine Nacht lang an der Wand! Psychoanalytiker haben viel Grund, über dieses Motiv nachzudenken, was da mit »Nagel« und »Wand« gemeint sei. Jedenfalls wurde Gunther aus seiner misslichen Lage nur befreit, weil Siegfried an seiner Statt die Walküre bezwang. Erneut spaltet sich da das Bild des Mannes in die Ambivalenz eines schwachen Versagers und eines übermächtig Kräftigen. Als schließlich Brunhild erfährt, wen sie in der Brautnacht in die Arme geschlossen hat, im Wahn, ihren Mann zu lieben, kommt es zum Mord, da gerät die Kränkung einer betrogenen Liebe zur Rache. Siegfried muss sterben, der Starke muss ermordet werden, damit die Stärkere wieder zu leben vermag. Und die Rache an der Ermordung Siegfrieds wiederum wird zum Untergang eines ganzen Volkes führen. Solches vermag Eifersucht aus gekränktem Ehrgefühl, aus tief verletztem Narzissmus.

Die Psychologie des Nibelungenliedes läuft darauf hinaus, dass man nur denjenigen lieben kann, in dessen Augen man seine Selbstachtung bestätigt findet. Die Liebe steht in Funktion eines eigenen Stolzes, eines eigenen Selbstwertgefühls. Von einem für »unwürdig« Gehaltenen kann man keine Selbstachtung beziehen. Aber die Frage bleibt: Sieht man unter solchen Umständen den anderen wirklich, wie er ist, oder nur als Wunschfigur? Wann darf ein Mensch in der Liebe ehrlich sein, und wann muss er ein ständiges Tarn- und Versteckspiel vor den Augen des anderen aufführen, nur damit ihm die nötige Gefälligkeit zuteil wird?

Wenn die Liebe nicht dazu beiträgt, den anderen so sein zu lassen, wie er wirklich ist, wenn es nicht möglich ist, den anderen unverhüllt in unschuldiger Nacktheit, ohne Verhüllungen, ohne Verstellungen zu lieben, handelt es sich nicht um wirkliche Liebe. Möglicherweise hebt die Liebe alle Komplexe, ein Versager zu sein, alle Ängste, als Schwächling zu erscheinen, noch einmal hervor, aber doch nur, um davon Abschied zu nehmen und um sie zu überreifen; am Ende ermöglicht es nur die Liebe, einander gegen die kindlichen Befürchtungen und schließlich sogar gegen den Tod immer tiefer ins Herz zu schließen.

All die Geschichten, die da aus mythischer Überlieferung erzählt werden, haben nur das eine Ziel: uns zu beschwören, auf dem Weg der Liebe trotz allem weiter voranzuschreiten. Das aber ist das *dritte Motiv*. Die Liebe, sagen uns alte Geschichten, ist ein endloses Reifen. HOMER erzählt neben der Geschichte des Achill auch und vor allem von dem listenreichen Odysseus, der auf der Suche nach der geraubten mondschönen Helena selber zum Suchenden und Wandernden wurde, um heimzukehren zu seiner eigenen Gemahlin. Wie findet ein Mann, was er im Grunde längst erobert zu haben meint? Wie ist es möglich, dass Odysseus Penelope wiederbegegnet nach so vielen Jahren des Ringens und Kämpfens? Die ganze List des verschlagenen Odysseus liegt zufolge der Poesie des HOMER darin, viele Stufen durchlaufen zu müssen, ehe er als Mann seiner Frau langsam adäquat wird. Auf dem Weg nach Hause wird Odysseus verlockt von der Nymphe Kirke, welche über die Macht verfügt, mit ihrem Zauberstab seine Gefährten in Tiere: in Schweine und Hunde und Schafe, zu verwandeln. Auch das kann die Liebe bewirken, dass sie aus einem Mann etwas Halbmenschliches oder sogar Unmenschliches in allen Formen hervorbringt. Positiv ausgedrückt, ist die Liebe entweder eine Energie, die alles, was vom Tiere in uns liegt, zu integrieren und zu vermenschlichen vermag, oder sie wird durch lauter Abspaltungen sich verselbständigen und uns um den Verstand bringen. Es ist Odysseus schließlich, welcher der Nymphe erklären muss, es koste ihr eigenes Leben, wenn nicht die Liebe sich vermenschliche und die Gefährten des Odysseus ihre humane Gestalt zurückerlangten. – Daneben gibt es eine andere Nymphe, die safrangewandete, schönlockige Kalypso, die Odysseus erklärt, er könne an ihrer Seite in den gewölbten Höhlen unsterblich werden wie die Götter selbst, er könne aus der Zeit heraustreten und die Vergangenheit vergessen, um nur noch in seliger Gegenwart genießend zu schlummern. Es gibt kaum eine Stelle der antiken Dichtung, die man als menschlich derart rühmen muss wie jene im 5. Gesang der *Odyssee*, als der Held – der Mythe nach auf der Insel Ogygia – erklärt, nichts weiter sein zu wollen als ein Mensch; doch das bedeutet für ihn, weiter auf die Suche zu gehen nach seiner geliebten Gemahlin Penelope, sie wiederzufinden und in ihr sich selbst. In einem wilden Sturm, den Poseidon entfacht, wird Odysseus an die Küste der Phäaken getrieben und nackt, als ein frierender, zitternder Mann vor den jungen Mädchen an der Seite Nausikaas, der Tochter des Phäakenfürsten Antinoos, auftauchen. Auch diese Begegnung mit dem jungen Mädchen bildet offenbar eine Vorstufe, um der erwachsenen, der alt gewordenen Frau zu begegnen. Wann erkennt der Fremdgewordene die Fremde als die immer schon Vertraute?

Die Begegnung zwischen Odysseus und Penelope in Homers Odyssee hat man stets gerühmt als das hohe Epos der Gattenliebe; aber was man selten dabei erwähnt hat, ist die Notwendigkeit so vieler langer gefahrvoller Reifungsschritte beim Erlernen der Liebe. Wann eigentlich darf sie geübt werden? Wieso immer schon ist sie als fertig zu setzen? Wer hat erklärt, dass Zwanzigjährige, wenn sie einander »christlich« heiraten, entsprechend den Gesetzen der römisch-kirchlichen Moral, zusammen bleiben müssten, bis dass der Tod sie scheide? Ist nicht die Moral der orthodoxen Kirche sehr viel weiser, wenn sie sagt: das Zusammenleben zweier Menschen dauere bis zum Tod der Liebe? Mehr kann kein Mensch einem anderen versprechen, als dass er aus Liebe und in Liebe des anderen Glück sein möchte und sich's anders auch gar nicht vorstellen könne. Aber wenn durch Gründe, die wir in all den genannten Zusammenhängen wesentlich unbewusster Prozesse der Psyche gerade kennenlernen, die Liebe zerbricht, wieviel Macht und Verpflichtungscharakter hat dann ein gegebenes Versprechen noch? Ist es nicht identisch mit den Bedingungen, aus denen heraus es sich formuliert hat, und kann es eine größere Tragweite haben, als es in diesen Bedingungen selber eine tragende Basis besitzt? »Bis dass der Tod euch scheidet« – soll das heißen, man müsse wirklich erst das Sterben des anderen wünschen, um schließlich die Freiheit der Liebe und des Glücks wieder erfahren zu dürfen? Was macht die römische Kirchenordnung mit ihren absonderlichen Anweisungen aus dem Herzen von Menschen? Wieso weiß sie von außen her alles besser? Und soll es wirklich ein Trost sein, wir richteten uns darauf ein, ein späteres Jahrhundert werde kommen oder auch ein Jahrzehnt, wo just dieselbe Kirche erklären werde, all die alten Regeln gälten natürlich weiter, eine Ehe, geschlossen als Sakrament, sei und bleibe unauflöslich für alle Zeiten, aber man wisse nicht so wohl, wann denn die Ehe als Sakrament geschlossen sei? Sollen die Liebenden tatsächlich darauf warten, dass irgendwann auch ein Kardinalskollegium der Römischen Kirche, erleuchtet vom Geist, nun endlich dahinterkommt, dass diese sich heute Liebenden denn doch wohl zusammengehörten, – als Geschiedene und Wiederverheiratete?

Aber es geht nicht nur um die Kirche und ihre Ordnungen. Die Liebe ist furchtbar für alle Regierenden, weil sie uns lehrt, einzig Gott zu fürchten. Der aber redet sehr leise und sanft in unsere Herzen. Er möchte, dass wir »gehorsam« sind ganz nach innen und zugleich den anderen nehmen wie ein Spiegelbild unseres Selbst. Die Liebe ist am Ende die einzige Kraft, die macht, dass wir den Mut gewinnen, selber zu sein.

FRIEDRICH NIETZSCHE, der in seinem *Zarathustra* über die Liebe zwischen Mann und Frau ungeheuerliche Sätze des Zynismus schreiben konnte, war in vielem genial. Zum Beispiel konnte er auch notieren: »Wenn du ein Sklave bist, kannst du ein Freund nicht sein; wenn ein Tyrann du bist, kannst Freunde du nicht haben« – und wollte sagen: »Solang du dich herumquälst an deinen Minderwertigkeitsgefühlen, wird Liebe dir unmöglich sein; wenn du den andern aber benutzen musst, gewissermaßen um dich aufzurichten und deine Ehre zu bilden, deinen Stolz, deinen Erfolg, so werden alle Menschen, die frei sind, dich meiden.«

Das Paradox liegt gänzlich darin, dass einzig die Liebe uns dahin führt, dass wir uns selber lieben können, dass sie aber irgendwo einen Funken der Selbstachtung schon voraussetzt, um der Liebe fähig zu werden. Dieser Kreis der Seligkeit ist das, was wir als das Göttliche bezeichnen, indem wir in der Liebe zum Menschen das Absolute, das Göttliche selbst stets schon voraussetzen. Alle Psychoanalyse ist in diesem Sinn nur ein nacharbeitender Dienst am Göttlichen, und alles, was wir einander hier auf Erden schon schenken können, wenn wir so sagen: »Mein ganzes Glück ist, dass du bist als ein wirkliches Geschenk, so dass ich die ganze Welt erlebe wie die Gabe eines guten Gottes, wie eine Schöpfung, die sich selbst zu Füßen legt«, ist gelegen im Empfinden der Liebe.

Der libanesische Dichter KHALIL GIBRAN, selber in jungen Jahren ein unglücklich Liebender, konnte in seinem Bändchen *Der Prophet* von der Liebe schreiben:

Winkt dir die Liebe, so folge ihr,
Sind auch ihre Wege hart und steil.
Und umfangen dich ihre Flügel, ergib dich ihr,
Mag auch das unterm Gefieder verborgene Schwert dich
    verwunden.
Und redet sie mit dir, so trau ihrem Wort,
Mag auch ihre Stimme deine Träume erschüttern wie der
    Nordwind den Garten verwüstet.
Die Liebe drischt dich, um dich zu entblößen,
Sie siebt dich, um dich von Spreu zu befreien.
Sie zermalmt dich, bis du weiß wirst.
Sie knetet dich, bis du geschmeidig bist,
Und dann beruft sie dich an ihr heiliges Feuer, auf dass du
heiliges Brot werdest
zu Gottes heiligem Festmahl.
Liebe genügt nur der Liebe.
Wenn du liebst, so sage nicht: Gott ist in meinem Herzen; sag
    lieber: ich bin in Gottes Herzen.
Und denk nicht, du könntest der Liebe Lauf lenken, denn
    Liebe, so sie dich würdig schätzt, lenkt deinen Lauf.
Liebe hat keinen anderen Wunsch, als sich zu erfüllen.

Doch so du liebst und noch Wünsche haben musst, seien dies deine Wünsche:
Zu schmelzen und zu werden wie ein fließender Bach, der sein Lied der Nacht singt.
Zu kennen die Pein allzu vieler Zärtlichkeit.
Wund zu sein von deinem eigenen Verstehen der Liebe und zu bluten willig und freudigen Herzens.
Zu erwachen beim Morgenrot mit beschwingter Seele und Dank zu bringen für einen neuen Tag der Liebe.
Zu rasten um die Mittagsstund und nachzusinnen über der Liebe Verzückung,
Heimzukehren in Dankbarkeit, wenn der Abend graut,
Und dann einzuschlafen mit einem Gebet für dein Lieb im Herzen und einem Lobesang
auf deinen Lippen.

Es gibt erstaunliche Zeugnisse für eine solche Liebe. Eines ist entstanden in den Tagen, da JESUS VON NAZARETH zur Welt kam, in den Tagen des Kaisers AUGUSTUS. Damals gab es einen jungen Mann, dessen Leben wir im Grunde kaum kennen, PROPERZ mit Namen. Er ist einzig berühmt geworden durch die Liebeslieder für seine CYNTHIA. Seine Gedichte wurden sehr schnell in Rom verbreitet, solcherart, dass Kaiser AUGUSTUS ihm antrug, er solle endlich über etwas »Ordentliches« schreiben, über den Ruhm Roms zum Beispiel. Die Antwort dieses jungen Mannes, der eine glänzende Karriere am Kaiserhof hätte machen können als Prophet der Größe des Augustus, als Hofliterat des Kaisers, steht im zweiten Buch der *Elegien*:

Fragt ihr, warum ich so oft das Erleben der Liebe besinge?
Wie mein zärtliches Buch Ruhm bei den Leuten erlangt?
Nicht Kalliope kündet mir solches und auch nicht Apollo,
Facht die Geliebte doch selbst meine Begeisterung an.
Wünschst du die Strahlende wandeln zu sehn im koischen Kleide,
Stoff für das ganze Buch gibt das Gewand mir von Kos.
Seh ich vereinzelte Locken auf ihre Stirn sich verirren,
Freut sie sich über mein Lob, stolz auf die Fülle des Haars.

Wenn sie ein Lied auf der Lyra schlägt mit den Elfenbeinfingern,
Staun ich, wie sie mit Kunst regt die geschmeidige Hand.
Oder wenn sie die Augen, die Schlaf verlangenden, abkehrt,
Einfälle tausenderlei hab ich als Dichter sodann.
Liegt, des Gewandes beraubt, mit mir die Nackte im Kampfe,
Dann gar schwillt der Gesang zu Iliaden mir an.
Ja was immer sie auch getan hat oder gesprochen,
Aus einem Nichts entsteht mir ein gewaltiger Sang. –

… und eben nicht ein Lobpreis auf den Kaiser AUGUSTUS! Wollen wir aber wissen, wie die Liebe die oder den Geliebten anredet, um ihr oder ihm zu beteuern, welch eine Bedeutung ihre oder seine Zuneigung für die Wahrnehmung der eigenen Person besitzt, so hat wohl niemand dafür schönere Worte gefunden als FRIEDRICH RÜCKERT in einem seiner Gedichte der Sammlung *Liebesfrühling*; er schreibt:

Du meine Seele, du mein Herz,
Du meine Wonn', o du mein Schmerz,
Du meine Welt, in der ich lebe,
Mein Himmel du, darein ich schwebe,
O du mein Grab, in das hinab
Ich ewig meinen Kummer gab!
Du bist die Ruh, du bist der Frieden,
Du bist der Himmel mir beschieden.
Daß du mich liebst, macht mich mir werth,
Dein Blick hat mich vor mir verklärt,
Du hebst mich liebend über mich,
Mein guter Geist, mein bess'res Ich.

Ist da die Liebe eine »Tugend«? Sie ist die Ausstrahlung eines Menschen in vollkommenem Selbstbesitz aufgrund einer angstfrei gewordenen Fähigkeit vollkommener Selbsthingabe. Ein solcher Zustand ist nicht herbeizubefehlen; er ist nicht mit moralischen Mitteln erzwingbar; aber alles, was jemals »tauglich«, also »tugendhaft« ist an einem Menschen, entstammt und verdankt sich einzig solcher Liebe.

Weisheit
oder: Zur Einheit von Gedanken und Gefühlen

Arcanas rerum scrutor Prudentia causas,
Preterita ancipiti vultu, vidéoq; futura.

Abbildung vorherige Seite:
Prudentia – Klugheit. Die Tugend der *Klugheit*, die *Prudentia*, kehrt in der Darstellung von JACOB MATHAM dem Betrachter ihren schulterfreien Rücken zu; dafür verdeutlicht ihr janusgesichtiges Kopftuch die Fähigkeit, nach rückwärts wie nach vorwärts, in die Vergangenheit wie in die Zukunft zu sehen. Der eigentliche Blick der *Prudentia* aber gilt der Selbsterkenntnis in dem Spiegel, den sie in der linken Hand sich vorhält und in dem sie sich selber anschaut. Das Schlangenpaar, das sie in ihrer rechten Hand hinter dem Rücken hält, schaut, einander umwickelnd, ebenfalls in die jeweils entgegengesetzte Blickrichtung von Vergangenheit und Zukunft; die Fähigkeit, aus der Kenntnis der Vergangenheit die Zukunft zu gestalten und aus der Planung für das Künftige die Bedeutung der überkommenen Geschichte zu begreifen, erweist sich diesem Bild zufolge mithin als die selbstverständliche »Rückseite« rechter Einsicht in das eigene Wesen. Die lateinische Beischrift von CORNELIS SCHONAEUS übergeht diese zentrale Bedeutung der Selbsterkenntnis, wenn sie lediglich das Motiv des Januskopfes aufgreift:

Arcanas rerum / scrutor Prudentia causas,
Praeterita ancipiti / vultu videoque futura.
Was verborgen ist, / erforscht ursächlich die Klugheit.
Was da verging und was kommt, / erschau ich in beiderlei Hinsicht.

Weisheit gilt seit den Tagen des Alten Orients nicht minder als in der antiken philosophischen Überlieferung Griechenlands und Roms für eine ausgezeichnete, überaus lobenswerte Haltung des Menschen. Aber was ist Weisheit? Gibt es etwas Gemeinsames, das zwischen den verschiedenen Kulturen unter diesem Begriff vermitteln kann? Oder ist sie womöglich nur das Spiegelbild einer wünschenswerten Durchschnittshaltung in der jeweiligen Kultur? Gibt es etwas, das von allen Menschen gemeinsam bezeichnet werden kann als vernünftig, »weise«, besonnen, – wie man's auch nennt?

Zu tun hat die Haltung der Weisheit offenbar mit der Fähigkeit, die richtige Wahl im richtigen Zeitpunkt für das richtige Ziel zu treffen. Aber was ist das: ein richtiges Ziel und ein richtiger Zeitpunkt? Mit all diesen Fragen wollen wir uns beschäftigen. Das Gegenstück der Weisheit ist übrigens nicht die Dummheit. Dummheit scheint etwas Schicksalhaftes zu sein, noch nie hat man sie als ein moralisches Gebrechen gebrandmarkt; das Gegenstück der Weisheit ist die Torheit, die Narretei, dass jemand all seine Intelligenz für unsinnige, schädliche Ziele nutzt. Fragen wir also: wieso kommt die Weisheit dazu, eine Tugend zu sein, und was ist ihr merkwürdiger Schatten, worin besteht die Narretei?

In dem Buch der Sprüche, im 1. Kapitel, wird die Weisheit mit folgenden Worten gelobt:

Die Furcht des Herrn ist der Anfang der Erkenntnis, die Toren verachten Weisheit und Zucht. Höre, mein Sohn, die Belehrung deines Vaters und verwirf nicht die Weisung deiner Mutter; denn sie sind deinem Haupte ein lieblicher Kranz und ein Geschmeide für deinen Hals. Mein Sohn, wenn die Sünder dich locken, so folge nicht; wenn sie sagen: »*Geh mit uns, wir wollen dem Frommen auflauern, wollen dem Unschuldigen nachstellen ohne Ursache; wir wollen sie lebendig verschlingen wie die Unterwelt, die Gesunden denen gleich machen, die zur Grube hinabfahren; da gewinnen wir allerlei köstlichen Reichtum, füllen unsere Häuser mit Raub; wirf dein Los unter uns, wir alle wollen einen Beutel führen!« – mein Sohn, dann gehe nicht ihre Wege, halte deinen Fuß zurück von ihrem Pfade. Denn ihre Füße laufen zum Bösen und eilen, Blut zu vergießen.*

Und weiter, Kapitel 20: *Ein Spötter ist der Wein, ein Lärmer der Rauschtrank; keiner, den er taumeln gemacht, wird weise. Wie Knurren eines Jungleuen ist des Königs Drohen; wer ihn reizt, sündigt gegen das eigene Leben. Dem Streite fernzubleiben, ist dem Mann eine Ehre; ein jeder Tor aber bricht los. Der Faule mag zur Herbstzeit nicht pflügen; sucht er dann in der Ernte, so ist nichts da. Ein tiefes Wasser ist das Vorhaben im Herzen des Menschen; ein kluger Mann aber weiß es zu schöpfen. Manch einer heißt ein gütiger Mann; einen getreuen Mann aber, wer findet den? Der Fromme geht unsträflich seinen Weg; wohl seinen Kindern, die nach ihm kommen! Ein König, der auf dem Richterstuhl sitzt, findet mit sichtendem Auge alles Arge heraus. Wer darf sagen: »Ich habe mein Herz geläutert, bin rein geworden von meiner Sünde«? Zweierlei Gewicht und zweierlei Maß, das ist beides dem Herrn ein Greuel Schon an des Knaben Tun lässt sich erkennen, ob sein Charakter rein und gerade sei. Das hörende Ohr und das sehende Auge, alle beide hat sie der Herr gemacht. Liebe den Schlaf nicht, dass du nicht verarmest; tue die Augen auf, so hast du genug zu essen. Schlecht! schlecht! sagt der Käufer; ist er aber weg, so rühmt er sich. Hat man auch Gold und Korallen die Menge, das köstlichste Gerät sind doch verständige Lippen. Wer für einen andern bürgt, dem nimm den Rock, und um Fremder willen pfände ihn. Süß schmeckt dem Menschen erschlichenes Brot; hinterher aber hat er den Mund voll Kies. Wenn man Rat einholt, haben Pläne Erfolg; nur unter kluger Lenkung führe Krieg. Wer als Schwätzer umhergeht, plaudert Geheimnisse aus; drum lass dich nicht ein mit dem, der viel redet. Wer seinem Vater und seiner Mutter flucht, dessen Leuchte erlischt in der Zeit der Finsternis. Ein Erbe, das anfänglich erhastet worden, wird hinterher ohne Segen sein. Sprich nicht: »Ich will das Böse vergelten«; warte auf den Herrn, er wird dir helfen. Zweierlei Gewicht ist dem Herrn ein Greuel, und falsche Waage ist nicht vom Guten. Die Schritte des Mannes lenkt der Herr; wie könnte der Mensch seinen Weg verstehen? Es ist für den Menschen ein Fallstrick, unbedacht zu geloben und erst nach dem Gelübde zu überlegen. Ein weiser König worfelt die Gottlosen und lässt das Rad (des Dreschwagens) über sie hingehen. Der Odem des Menschen ist eine Leuchte des Herrn; sie durchspäht alle Kammern des Leibes. Güte und Treue bewahren den König, durch Gerechtigkeit stützt er seinen Thron. Der Jünglinge Zier ist ihre Kraft, und der Schmuck der Greise das graue Haar. Blutige Striemen treffen den Bösewicht und Schläge das Innerste des Leibes.*

Dies ist ein heiliger biblischer Text, und dennoch muss man ihn nur zum erstenmal hören, und man wird das Gefühl nicht los, es könnte hier endlos so weitergehen, – man würde nicht einen Punkt klüger dabei! Weisheit: Wer sie nicht befolgt, gerät ins Unglück, und wer sie befolgt, gerät ins Glück; man darf sich nicht verführen lassen, nicht mit den bösen Buben gehen ... was soll der ganze Aufwand an Rederei für ein so Weniges an Inhalt? Es muss an Texten wie diesen liegen, dass man zu dem Buch der Sprüche nur noch ein Verhältnis hat wie bei Sprüchemachern sonst: Man wird nervös und dessen überdrüssig allzubald. Es sind mindestens drei Eindrücke, die man sofort erhält und die man erst einmal abladen muss, ehe man zu dem Thema Weisheit als einem Inbegriff biblischer »Tugend« Zugang finden kann.

Das erste ist: Man wird hier in der Tat mit erhabenen Redensarten konfrontiert. Ganz deutlich tragen Texte wie diese das Zeichen einer anderen Zeit an sich. Im Alten Orient vor dreitausend Jahren, in vielen Teilen der Erde noch heute, gilt es für ein unschätzbares Glück und Geschenk, den Alten im Rate zuzuhören. Ihre Lebensweisheit gilt für unübertrefflich, ihre gesammelte Einsicht verdient der heranwachsenden Generation vermittelt zu werden. Der Jugend kommt es daher zu, den Alten in Respekt zuzuhören und weise zu werden an den Anweisungen der Alten. Man mag eine solche Einstellung loben, aber feststellen muss man doch, dass sie sich sehr im Kontrast zu der Grundhaltung unserer Tage und unserer Kultur befindet. Ist es für uns Heutige nicht tatsächlich ein großes Problem, dass den Heranwachsenden das Sprüchedozieren ihrer Eltern auf die Nerven geht, vor allem wenn es vermittelt wird in der Attitüde des: »Wir wissen's, wir haben's, wir sind die Träger erzieherischer Verantwortung«? Die Frage stellt sich: Was haben die alten Leute nun wirklich zu sagen und wie passt das, was sie sagen, in die Gegenwart? Ist es womöglich nur eine Weltsicht von vorgestern, die sie vermitteln, durch Sturheit und Traditionalismus verfestigt, aus lauter Angst in Unbelehrbarkeit aufbehalten? Ändern sich nicht mittlerweile alle fünf bis zehn Jahre die Moden, aber auch die Paradigmen des Erkennens? Sollten nicht inzwischen die Alten lernen von den Jungen?

Und dann *als zweites* die Art und Weise, situationsbezogene, sprichwortähnliche Aphorismen zu bilden! In jeder beliebigen Lage hat so ein vermeintlich Weiser seinen Spruch zu machen. Er kennt ja die Lage schon, bevor man sie überhaupt kennenlernen konnte, und er beherrscht auch die Lösung im allgemeinen schon im voraus, – man hätte nur zur rechten Zeit auf ihn hören sollen!

Sprüche wie die hier vorgetragenen bilden zudem niemals irgendeinen kohärenten Zusammenhang. So disparat wie das Leben erscheint eine solche Ansammlung von Sprüchen; sie lässt sich endlos fortsetzen, und sie gewinnt dennoch, trotz aller quantitativen Fülle, nie eine geistige Geschlossenheit. Im Gegenteil, widersprüchlich wie das Leben sind denn auch im einzelnen ihre Inhalte. Eine gewisse Treffsicherheit in der Darstellung, bestimmte im Volk verankerte, über Generationen weitergegebene Formulierungen, die scharfsinnig und witzig sein können und wohl auch zum Nachdenken anregen, – das ist schon fast alles, was man lobend darüber vermerken kann. Ansonsten geht es fast zu wie bei der Bauernregel: »Kräht der Hahn auf dem Mist, ändert sich das Wetter oder es bleibt, wie es ist.« Man kann das eine Sprichwort nehmen, aber auch das andere, im Zweifelsfall wird jedem, der so gebildet wurde, etwas aus dem Zitatenschatz einfallen. Dass Weisheit überhaupt entstehen soll aus dem Kommemorieren von Weisungen und Anweisungen, ist als Prinzip schon etwas, das uns nicht mehr nur gefallen will. Dabei haben wir es in der Bibel noch mit einer Kultur zu tun, die sich weitgehend mündlich tradierte und die in der Breite des Volkes nicht an Schriftkultur gebunden war. Wir aber lesen das Buch der Bücher natürlich als Buch. Uns fällt, wenn wir von wissenden, weisen Leuten hören, als erstes der Stand der Wissenschaftler ein, der Wissensproduzenten unserer Tage, doch sind ausgerechnet diese Wissenden weise? Schon die Idee, dass Ausbildung identisch sein könnte mit Bildung, dass Schulung des Intellekts menschlich an und für sich etwas Wertvolles darstellen sollte, lässt uns misstrauisch werden. Dies ist nun wirklich ein Sprichwort im Volke: »Je gelehrter, desto verkehrter.«

Im 16. Jahrhundert ärgerte sich schon MONTAIGNE über die »Gelehrten« unter seinen Zeitgenossen. In seinen Essais schreibt er sinngemäß:

Wenn so ein Gelehrter kommt und will sagen, dass er die Krätze im Hintern hat, braucht er als erstes ein Lexikon, um nachzusehen, was »Krätze« und »Hintern« ist. Solche Leute kommen nicht aus ohne Bücher, um sich verständlich zu machen, und es ist ihnen kein Wort beglaubigt, ehe sie's nicht schriftlich dokumentiert belegen können. Ihr ganzes Leben scheint nur noch aus Zitaten zu bestehen, statt selber zu denken.

Dies ist tatsächlich ein ärgerlicher Punkt an all den Weisheitstraditionen, dass sie gar nicht so sehr von innen her erleuchten wollen als von außen her Lichter aufstecken, die nie die eigenen werden; am Ende ist die Welt voller Leuchttürme, doch niemand weiß noch, wohin das Schiff steuern soll. Denn es gibt keine innere Richtungsanweisung, es fehlt der rechte Kurs an Bord. Den Verdacht hat man bei diesem Buch der Sprüche in der Bibel allemal: Wenn man jemandem Ratschläge geben muss wie diese: »Geh nicht mit den bösen Buben« – ist einem solchen denn wirklich zu helfen? Ist die Nichtigkeit und der Aufwand, mit dem hier »Weisheit« getrieben werden soll, nicht in sich schon erdrückend und erstickend in einer Fülle rhapsodischer Tautologien?

Es kommt *zum dritten* und übelsten eigentlich hinzu, dass im Schatten solcher »Weisheit«, assoziiert mit Gelehrsamkeit und Vernunft, der Schatten stets gesehen wird in der Torheit im Sinne von Unwissenheit und Ungebildetheit. Über sie sich zu mokieren, ist ein Pläsier in jeder gelehrten Herrenrunde von Professoren und Dozenten. Man schaut herab auf das einfache Volk, auf das »Volk vom Lande« in den Tagen Jesu, auf die Ungebildeten, auf die Deppen. Auch die wieder haben ihre Art, mit dem Problem Dummheit und Klugheit umzugehen. Es gibt, wenn man so will, den Ruhrgebietsverstand. Er besteht in aller Regel darin, den anderen zu fragen: »Ja meinste denn, eih« – und dann kommt irgend etwas ganz »Bescheuertes«. Z.B.: »dass ich hier nur rumsteh aus Lust und Laune«, soll heißen: »Ich bin ja schon ›bescheuert‹, aber wenn nicht mal du mich verstehst, musst du noch viel doofer sein als ich.« Auf diese Weise kann man sich immerhin arrangieren; man ist unter seinesgleichen, und man hat eine gemeinsame Sprache mit eih! und mit dem Rippenschubsen, man befindet sich also unter Kumpanen. Es gibt solch eine »Weisheit« in vielerlei Form als eine einfache Kunst, zu überleben und mit dem Leben umzugehen.

Aber womit haben wir es jetzt wirklich zu tun? Wir setzen einmal, dass Torheit das Gegenstück von Weisheit ist. Dann aber dürfen wir sie nicht bestimmen nach dem Intelligenzquotienten, dann hat sie nichts zu tun mit biologischer Vererbung, dann ist sie keine Naturtatsache; dann müssen wir das Problem der Torheit psychologisch statt biologisch formulieren, und erst dann gewinnen wir womöglich die Lust, uns auch mit der Weisheit wieder ernsthaft zu beschäftigen, denn dann ist sie kein fertiger Habitus, dann wird sie nicht im Rahmen der Kultur an einige wenige, näherhin an eine besondere religiöse oder ethische Elite delegiert, sondern sie ergibt sich als Resultat bestimmter zu vermeidender, durch Einsicht abzuarbeitender Fehlhaltungen.

Im 20. Jahrhundert ist es in diesem Zusammenhang immer wieder die Psychoanalyse gewesen, die uns gezeigt hat, wie Menschen geistig eingeschränkt werden können. Wäre es da nicht möglich, dass ein mangelnder oder falscher Gebrauch der Intelligenz, in welcher Form auch immer, dass eine bestimmte Art von Selbstverdummung durch Angst und Schuldgefühle ein wirkliches psychisches Problem darstellen würde? Weisheit jedenfalls gründete dann darin, eben diese Einschränkungen des Denkens beziehungsweise der Geistigkeit abzuarbeiten, aufzusprengen und in Freiheit zu verwandeln.

Wie leicht hatte es scheinbar IMMANUEL KANT vor zweihundert Jahren noch, als er schrieb: »Aufklärung ist die Herausführung des Menschen aus selbstverschuldeter Unmündigkeit.« Das Problem liegt in dem Wort »selbstverschuldet«. Dem Philosophen in

Königsberg schien es sonnenklar: Wer nicht das Denken ergreift, trägt selber die Schuld daran, geistig unmündig zu bleiben. Aber so einfach liegen die Dinge offenbar nicht. Denkverbote sind kulturell zweifellos etwas wirklich Schlimmes, doch hat die Tabubildung des Denkens so viele Seiten, dass wir sie ein Stück weit durchgehen müssen, indem wir charakterspezifisch im Sinne der Psychoanalyse ihre Nuancierungen, ihre Artikulationen, ihre Symptombildungen uns verdeutlichen.

Beginnen wir mit der einfachsten Frage: Wie unterdrückt man die Neugier eines Kindes, wie lenkt man seine Versuche, die Welt selber zu erkunden? Wie sabotiert man sein Vermögen, aus eigenen Erfahrungen Rückschlüsse zu ziehen und aus Versuch und Irrtum selber zu lernen?

Der unmittelbare Weg, Intelligenz in Dummheit zu verwandeln und angeborenen Scharfsinn abzustumpfen bis zur Stupidität, besteht gesellschaftlich in dem direkten Denkverbot. Jede schwache, aber nach außen hin stark sich verteidigende Autorität wird darin gründen, allen Zweifel an ihren Weisungen zu unterdrücken. Die katholische Kirche etwa hat bis in die Gegenwart hinein unter den Rubriken ihrer Sündenkataloge vermerkt, dass Zweifel an ihren Lehren zu hegen vor Gott als eine schwere Verfehlung gebeichtet, bereut und gebüßt werden müsse. Mit einem Wort: Wenn einem Zwölfjährigen, Fünfzehnjährigen bestimmte Punkte der kirchlichen Lehre, zum Beispiel wie eine Jungfrau gebären oder wie Brot sich in Fleisch verwandeln kann, als höchst sonderbar, als zumindest der Nachprüfung bedürftig erscheinen, so ist allein schon der Wunsch nach Nachprüfung derartiger Doktrinen aufgrund des willentlich gehegten Zweifels für unbotmäßig gegenüber der Weisung Gottes zu halten, welche wesentlich durch die Kirche den Menschen zuteil wird.

Der intellektuelle Zweifel als moralische Schuld – dahin wird es kommen, meinten Psychoanalytiker wie THEODOR REIK vor über achtzig Jahren bereits, wenn ein System jegliche Infragestellung an sich selber ersticken muss; denn irgendwie weiß das System natürlich auch, dass eine ehrliche Nachprüfung seiner Lehren vermutlich ins Leere greifen und dass eine tiefere Erforschung der Gründe, aus denen heraus etwas behauptet wird, die ganze Doktrin für null und nichtig entlarven würde. Da nun aber lehramtlich ständig in

Sachen Gottes etwas behauptet wird, das schlechterdings nicht beweisbar ist, so muss man es jeder Nachforschung entziehen, indem man es für unbezweifelbar erklärt. Erlaubt ist da nicht einmal mehr der methodische Zweifel, den RENÉ DESCARTES in die Wissenschaft einführte: Jede wissenschaftliche These, meinte er, muss bezweifelt werden können, ist sie in sich doch nichts als eine Aufforderung zur Nachprüfung, bis sie zweifelsfrei erhärtet wird oder sich neue begründete Zweifel an ihr einstellen. In Glaubensfragen hingegen, wo gar nichts zu »beweisen« ist, sondern wo die Situation, wie manche Zyniker gemeint haben, der Lage eines Mannes ähnelt, der in einem schwarzen Zimmer bei Nacht eine schwarze Katze suchen will, von der er nicht weiß, ob sie überhaupt vorhanden ist, muss man die Behauptung aufstellen, dass es gewissermaßen zu hell ist, um etwas zu sehen, und dass man die Katze schon in der Hand halte, nur dass man es noch nicht richtig merke. Wer ständig gegen die Evidenz seines eigenen Urteils genötigt wird, das Gegenteil dessen, was er eigentlich denken möchte, zu denken, der muss seinen Verstand zermartern und ihn sich förmlich aus dem Gehirn pressen, um mit einem bestimmten autoritären System der Außenlenkung übereinstimmen zu können. Unter solchen Umständen wird Selbstverdummung zum Attribut göttlicher Weisheit.

Wie hörten wir doch eingangs? »Die Furcht Gottes ist der Anfang« der Weisheit« »Mein lieber Christ«, kann das heißen, »wenn du Gott fürchtest, dann als erstes hast du zu fürchten die Kirche, die ihn verkörpert, und aus lauter Ehrfurcht vor dieser Kirche hast du treu auf das eigene Denken Verzicht zu tun.« In Wahrheit ist der erste Satz hier im *Buch der Sprüche* das Musterbeispiel einer Fehlübersetzung, die sich ergibt, wenn man Worte aus einem fremden Kulturraum Punkt für Punkt lexikalisch korrekt, doch ohne inneres Begreifen in das Verständnis eines anderen Kulturraums übersetzt.

»Die Gottesfurcht ist der Weisheit Anfang«? Soll wirklich das Verhältnis zwischen Gott und Mensch gründen auf Angst, eben auf »Furcht«? Soll Gott wirklich ein Zwingherr sein und bleiben, der Inhaber schrecklicher Strafgewalten? Und was den Menschen nötigt, sich ihm zu unterwerfen, soll wirklich darin gründen, dass er sich den Ahndungen und den Fahndungen dieses seines obrigkeitlichen Herrn nicht ausgeliefert sehen möchte? Allein dass hier die Rede geht von Gottesfurcht, ist ein schlimmes sprachliches Missverständnis des hebräischen Textes. Es sollte freier und richtiger übersetzt heißen: »Allein Gott ernst zu nehmen«, und es würde soviel bedeuten wie: vor nichts anderem Respekt zu haben und nichts anderes für letztgültig zu erklären außer allein Gott! Alle anderen Dinge verdienen in diesem Sinne nicht, dass man sich von ihnen ins Bockshorn jagen lässt, denn einzig wichtig und einzig notwendig als Maßstab des Lebens, als Garant von Vertrauen, als Rückhalt im Dasein ist Gott allein. Statt mit »Gottesfurcht« sollte man das Wort deshalb übersetzen mit: »sich festzumachen allein in Gott«.

Ist das aber nun *der Anfang* der Weisheit? Natürlich nicht! sondern der »Anfang« ist im Hebräischen soviel wie das Prinzip, der Inbegriff, nicht der zeitliche Beginn, so dass danach noch eine Folge anderer Dinge kommen könnte, anstelle der Gottesfurcht z. B. die Gottesliebe; es ist ja gar nicht möglich, mit Furcht zu beginnen und dann aus der Schreckensgewalt Gottes am Ende die Liebe zu Gott zu läutern. Wenn man aber sagen würde: »sich allein in Gott festmachen«, so bildet eine solche Haltung in der Tat *die Grundlage*, das *Prinzip* von allem, was einen Menschen richtig leben lässt; dementsprechend hätten wir in einer solchen Paraphrase den Inhalt dieses Satzes gewiss einigermaßen richtig wiedergegeben.

Bliebe nur noch zu erklären, was unter Gott zu verstehen ist, worin dieser Punkt einer möglichen Einheit des menschlichen Daseins eigentlich liegt. Das freilich müssen wir erläutern und wollen einfach einmal nur durchgehen, wovor Menschen in ihrem Leben eine derartige Angst empfinden können, dass sie wirklich weit unterhalb der Intelligenz, zu der sie eigentlich fähig sein könnten, sich aufzuhalten scheinen. Was für ein »Gottesverlust« ist dann »Torheit« und was für eine Form von Gottvertrauen »Weisheit«?

In der Psychotherapie, in der Psychiatrie stellt sich immer wieder die gar nicht so einfach zu beantwortende Frage: Sind Leute wirklich so dumm, wie sie erscheinen? – dann ist ihre Behandlung naturgemäß schwierig, denn man kann mit ihnen nicht wirklich reden, so dass es zu verändernden Einsichten führte; – oder ist ihre

»Dummheit« nur eine Art Maskerade, ein Überlebenstrick, aus Furcht, falls sie ihren funkelnden Verstand aufleuchten ließen, auf der Stelle »hingerichtet« zu werden, so dass sie das Licht ihres Lebens gewissermaßen immer in verdeckten Gefäßen tragen mussten? Manche Psychologen neigen dazu, sogenannte »Intelligenztests« durchzuführen, doch zählt es mehr oder minder zum Aberglauben der Psychologen, man könnte mit einer Kette von ausgeklügelten Fragen dahinterkommen, was in der Psyche eines Menschen vor sich gehe. Nichts ist leichter, als Psychologen, die mit solchen Tests herausbekommen wollen, wer ein Mensch wirklich ist, hinters Licht zu führen; nicht, als geschähe das absichtlich: Ein bestimmter Patient wird auf die gestellten Fragen ganz einfach nur so reagieren, wie er auf hundert andere Situationen zuvor auch reagiert hat: Er wird einfach nicht verstehen, wonach man ihn fragt! Eine »Intelligenzfrage« zum Beispiel in solchen Tests lautet: »Ist Kohle ein Naturprodukt oder ein Kulturprodukt?« Jemand erzählte einmal, dass er auf diese simple Frage prompt falsch geantwortet habe. Als Sohn eines Bergarbeiters war Kohle für ihn natürlich ein Kulturprodukt. An solchen Fangfragen aber kann am Ende durchaus eine Empfehlung für einen bestimmten Beruf, zum Beispiel Schornsteinfeger zu werden, herauskommen!

Tatsächlich erscheinen viele Menschen als weit dümmer, als sie in Wirklichkeit sind; aber warum? Woran liegt das? Fragen wir uns einmal, entlang der psychoanalytischen Neurosenlehre, nach den neurotischen Intelligenzeinschränkungen, mithin nach der »Unweisheit« des Lebens im Gebrauch unserer Vernunft.

Ein wirkliches Zeitübel, eine förmliche Kulturkrise lässt sich im Stil unserer Erziehung und in unserem Verhalten gewiss *im Bereich der Schizoidie* ausmachen. Gemeint ist mit dieser Bezeichnung eine Verstandestätigkeit, die von Gefühlen nicht mehr »gestört« wird. – Die *Leipziger Stadtzeitung*, von den Leuten auf der Straße gemacht, schrieb einmal in einer Glosse, in Deutschland lernten die Kinder heute vielleicht als erstes noch das Wort »Mama«, aber als zweites Wort, um die Mama zu beschreiben, lernten sie ganz sicher das Wort »cool«. Die Stadtzeitung meinte damit, es sei für ein »modernes« Kind, für ein »Kid« also, offensichtlich am meisten bewundernswert, wenn die Mutti gar keine Gefühle mehr verrät, sondern wenn sie völlig emotionslos die Übersicht in allem behält. Dabei meint »cool« in der üblichen Verwendung meist schon längst nicht mehr so viel wie emotionslos, es meint meist genau das Gegenteil von dem, was das Wort sagt, – es bedeutet zumeist so viel wie »faszinierend«, »toll«, »wahnsinnig gut«, doch wird dieser Zustand in Scheinsouveränität »cool« genannt. Die Gefühlsaustrocknung, die Enthitzung aller Affekte, der vollkommene Ausfall von emotionalen Regungen und begleitenden Schwingungen scheint uns allmählich so erstrebenswert zu sein wie ein Wert an sich.

Manche Forscher sind inzwischen dabei, zu untersuchen, wie der Dauergebrauch von Fernsehen und insbesondere von Computerspielen auf die Seele von Kindern wirkt. Was passiert, wenn man gehäuft sogenannte Entscheidungsbäume den Kindern zum Spielen gibt? Dies wird ausgeschaltet, das wird eingeschaltet, und am Ende bleiben nur noch wenige Möglichkeiten bestehen. Was da ausgeschaltet wird, spielt eigentlich gar keine Rolle. Kinder handeln in solchen »Spielen« bereits so ähnlich wie die »Fachleute« am Computerschirm irgendeiner Bank: Sie stellen genauso seelenruhig fest, welche Anlagen ihrer »Einleger« verschwinden werden, welche in ihrem Aktienindex steigen werden, und es spielt für diese »Banker« absolut keine Rolle, wovon wirklich die Rede geht, geschweige denn, dass gefühlsmäßig begleitet würde, was da geschieht: – die Zerstörung eines Urwalds ist als Inhalt ihrer Kalkulationen durchaus nicht sichtbar oder wie das Bürokratendeutsch neuerdings sagt: es ist nicht »nachvollziehbar«.

Auch das ist so ein Wort! Da ist im Leben eines anderen etwas Wichtiges geschehen, aber natürlich glaubt man oder tut man so, als ob man es »unter Kontrolle« hätte und als ob aus der Vergangenheit die Gegenwart rekonstruiert werden könnte; »nachvollziehbar« ist durch eine ganze Welt getrennt von dem ursprünglich guten deutschen Wort verstehen. Verstehen meinte einmal: »Du begreifst etwas, wenn du dich an die Stelle des anderen stellst, wenn du die Welt aus seiner Perspektive wahrzunehmen versuchst, wenn du nur einmal probeweise dich in das Leben eines anderen nicht nur hineindenkst, sondern viel eher hineinfühlst; wenn du in gewissem Sinne er wirst, dann verstehst du ihn, dann versteht ihr euch.« Nachvollziehen ist etwas völlig anderes; es ist ein Vorgang, der absolut wertneutral abläuft. Dieser Ausdruck entstammt reinem Aktendeutsch; im Grunde benötigt man zum »Nachvollzug« nur noch die Zettel der Buchführung, die von damals zu jetzt die Brücke schlagen sollen. Gefühle sind bei all dem unerwünscht, – etwas Störendes!

Man betrachte, wie zum Beleg dieser Tatsache, nur einmal irgendeine beliebige Bundestagsdebatte – sie wird geführt voller kleiner Reibereien und Gehässigkeiten; ständig spielen unterschwellige Aggressionen dabei eine Rolle, ständig geht es um Machtkämpfe, also um die Frage, wie man den anderen demütigt, wie man ihn bloßstellt, wie man ihn verhöhnt, wie man ihn absichtlich missversteht. Derart gestaltet sich bereits der Austausch der Worte an der Oberfläche, doch bemerkenswerterweise haben keine Gefühle bei all dem vorzukommen. Wollte jemand seine Sache wirklich existentiell engagiert vertreten, so dass man spüren könnte, er sei mit seiner ganzen Person dabei, er leide ersichtlich an der Frage, die er verhandelt, für ihn selber hänge erkennbar etwas davon ab, ob die getroffene Entscheidung so oder anders fällt, so wird der ihm nachfolgende Redner gewiss augenblicklich erklären, dass er zu emotional gesprochen habe, dass seine Ausführungen zu subjektiv gewesen seien, dass seine Sicht der Dinge zu persönlich sei; statt dessen brauche man jetzt einen übergeordneten, einen objektiven, einen sachlichen Standpunkt, die ganze Diskussion sei thematisch nüchtern und rein rational zu entscheiden.

Eine solche Art von emotionsloser Intelligenz pflegen wir heute geradezu, und sie hat damit zu tun, dass die Menschen seelisch immer abgespaltener werden. Tatsächlich unterliegt die schizoide, gefühlsenthobene Intellektualität gleich zwei Gefahren.

Die erste: sie kennt sich selber nicht, sie begreift subjektiv nicht mehr, von was für Affekten sie selbst eigentlich gesteuert wird, und das bedeutet, dass ihr eigenes Unbewusstes eine ungeheure Macht über alle Gedankentätigkeiten bekommen kann. Denn wohlgemerkt schafft der Intellekt keine Werte, er ist gewissermaßen nur wie ein Spürhund, dem man ein Ziel vorgeben muss. Wenn man ihm sagt, er solle einen Knochen suchen, wird er einen Knochen suchen; wenn man ihm sagt, er solle nach Verschütteten buddeln, wird er nach Verschütteten buddeln; aber er wird nicht selber wissen, was er tun soll. Der Intellekt ist ein ausgezeichnetes Mittel zur

Forschung nach vorgegebenen Zielen, aber er dient nicht selber zum Setzen von Werten. Werte wollen empfunden werden im Gefühl. Wenn aber das Gefühl verdrängt ist, sind die Wertsetzungen selber unbewusst. Mit einem Wort, wir haben es bei so erzogenen Menschen mit einer Schicht von Intellektuellen zu tun, die im Grunde völlig wurzellos sind und die den unbewussten Motivationen schonungslos und hoffnungslos unterliegen. Genau betrachtet, verfügen sie über keinerlei hemmende Selbstkontrolle. Ihr Machtanspruch zum Beispiel wird in keinem Punkt gefiltert. Intelligent wie sie sind, werden sie natürlich sofort gute Gründe sich zurechtlegen, warum sie dies und das machen müssen, etwa dass sie auf just diesen Posten kommen müssen: Aus absolut notwendigen Gründen nicht nur der Hochschulverwaltung, sondern des Gemeinwesens an und für sich, ja, der Kultur Europas insgesamt wegen müssen sie dieses oder jenes Amt bekleiden. Auch wie sie es zu Hause halten, muss so sein, – schon aus Gründen der Arbeitsersparnis etwa hat ihre Frau die Pflicht, an der Seite und auf Seiten ihres Gatten jede Art von Egoismus, Faulenzerei und Parasitentum zu fördern. Eine Persönlichkeit, so kostbar wie diese, muss ja auf Händen getragen werden; das ist klar. Auch die Kungeleien hinter den Kulissen sind nicht als einfache Schmierereien zu betrachten, sondern es handelt sich um Usancen, die nun einmal üblich und unerlässlich sind, geheiligt vom Zweck zudem.

Ein halbwegs intelligenter Kopf wird immer Gründe finden, um sich selbst und anderen plausibel zu machen, dass es anders, als es geht, gar nicht gehen kann, ja, dass es eine höhere Pflicht gegenüber der (All)Gemeinheit gibt, als einfach sich nach den bindenden Vorstellungen von Gut und Böse zu richten; es sind schlechtweg objektive »Sachzwänge«, die zum Lügen, zum Austricksen, zum Mehrheiten-Schaffen nötigen.

Am meisten imponieren muss, wie Menschen dieser Art wendig genug sind, buchstäblich alle zehn Minuten einen völlig konträren Standpunkt sich selbst und anderen gegenüber einzunehmen. Viele Jahre über habe ich mich gefragt, wie es möglich war, dass die Intelligenzia in Deutschland in den zwölf Jahren des braunen Spuks so unglaublich versagen konnte: die Richter, die Pastoren, die Beamten, – die Lehrer – wo waren sie? Wo waren diejenigen, die das Denken gelernt hatten, als es drauf ankam, zu denken? Wie konnte es passieren, dass selbst Leute wie MARTIN HEIDEGGER im Braunhemd 1933 Reden hielten, wie sie sie hielten, wie war es möglich, dass in Paderborn Kirchenrechtler der römisch-katholischen Kirche im Braunhemd Prüfungen abhielten? Natürlich kann man sagen: Sie standen unter Angst, sie wurden von der Gestapo kontrolliert, sie waren in der Diktatur gleichgeschaltet, – das alles ist wohl wahr; aber bis es dahin kam, war eine lange Zeit verstrichen, und als es soweit war, spätestens da hätte die Stunde der Bewährung schlagen können, schlagen müssen! Die tiefste und unheimlichste Erklärung für das offenkundige Versagen der Intelligenzia vor und nach 1933 wird darin bestehen, dass eine bestimmte Form von schizoider Intellektualität wie Treibsand unterm Wind ist: Je nach den Umständen, atmosphärisch geradezu, wird sie hierhin oder dorthin verweht; denn sie gründet in nichts, sie ist in sich vollkommen hohl.

Und nun muss man die Gefährdung dieses Typus von intellektueller Ausbildung, die wir mit Bildung verwechseln, sich nur recht klarmachen, um zu begreifen, was für ein Menschentyp hier dominiert und produziert wird. Wem in der Lehrerausbildung etwa wird man die Frage vorlegen, wer er selber ist, welch eine Persönlichkeit in ihm wächst, was von innen her er irgendeinem Kind als wesentlich auf seinem Lebensweg vermitteln möchte? Interessiert zu zeigen hat man sich für bestimmte rein intellektuell als Wissen zu lernende Inhalte; aber soll die Weitergabe dieser Inhalte das Hauptanliegen der Schule sein? Dann könnten wir wirklich die Lehrer ersetzen durch irgendein Fernsehprogramm, in das die einzelnen Klassen sich je nach der Stundenfolge einschalten; wir brauchten dann offenbar überhaupt keine Persönlichkeiten mehr. Gerade die Ruhe, mit der ein Apparat zu sprechen vermag, müsste dann als das didaktisch Wertvolle, als das Coole, als das durch nichts mehr zu Erschütternde erscheinen, und wirklich, wir würden als eine neue Tugend die Unerschütterlichkeit kennenlernen, bei den Griechen schon gerühmt als die *Ataraxia*, als die von Emotionen unverwirrte Reaktionsfähigkeit. Was wir mithin vor uns haben, ist eine bestimmte Form von Geistigkeit, die für sich selber stumpf geworden ist, eine Verdumpfung im Wesen.

Fragen müssten wir uns deshalb, wie sich soviel Angst vor dem eigenen Fühlen regenerieren lässt, wie ein solches Eis abzutauen ist, auf dass Gefühle wieder zu fließen beginnen, wie die Furcht vor dem Untergrund aufzulockern ist, so dass ein Mensch begreift, in welch einer Gefährdung er lebt, wenn es Gefühle in seinem Leben nicht länger mehr gibt noch geben darf.

Man hat vor allem nach dem Desaster des »Dritten Reiches« immer wieder darauf hingewiesen, dass es äußerst gefährlich sei, sich unkontrolliert bestimmten Gefühlen auszuliefern. Irrationalität könne in Wahnsinn und Untergang führen; Menschen könnten um den Verstand gebracht werden, wenn ihr Ich von schweren Triebdurchbrüchen überschwemmt werde. Das alles ist sehr wahr, aber die umgekehrte Gefahr ist in gewisser Weise noch viel größer: Die Abspaltung des Geistes vom Gefühl, diese schizoide Selbstverblödung ist in sich selbst das Gegenstück von aller Weisheit, Besonnenheit und Klugheit. Die schlimmsten Verbrechen im 20. Jahrhundert konnte man begehen mit subjektiv gutem Gewissen unter dem Titel von Befehl und Pflicht, emotionslos und kalt! Immer noch haben wir weltweit Trainingslager eben dafür, – für anerzogene Grausamkeit, für gefühlsmäßige Abspaltung, für die Selbstverhöhnung weicherer Gefühle. Wir nennen das dann einfach die militärische Erziehung oder den männlichen Drill, wir betrachten es respektvoll als Courage und Schneid, die wir angeblich brauchen, um richtige männliche Taten zu vollbringen. Doch stets sind wir dabei in der Gefahr, emotionslose, kalte Psychopathen zu erziehen, deren Vorbilder reine Gedanken- und Exekutionsmaschinen sind.

Diese Gefahr ahnen und davor warnen konnten wirklich weise Leute schon im alten China. Es gibt Texte aus dem 3. Jahrhundert v. Chr., in denen zum Beispiel ein Taoist sich weigerte, eine »Maschine«, in diesem Falle einen Hebebaum zum Wasserschöpfen, zu gebrauchen, weil er der Meinung war, dass die Verwendung von Maschinen durch Menschen schließlich Maschinenmenschen hervorbringen werde; die Mechanisierung von Arbeitsabläufen bis zur mechanischen Routine lasse am Ende keinen Spielraum mehr für in sich stimmige Verhaltensweisen. Es fällt schwer, die Berechtigung dieser Einstellung zu bezweifeln. Wenn wir in unseren Tagen den ganzen Intellekt nur nach dem Modell des Computers formen, hören wir auf, Menschen zu sein.

Vielleicht ist in diesem Zusammenhang ein kleines Beispiel nützlich, um zu zeigen, was gemeint ist. Berühmt vor rund dreißig Jahren war der Schachweltmeister BOBBY FISCHER. Kaum bekannt, ist sein Werdegang. Er war als das Kind armer Leute großgeworden und so gut wie ohne Vater und Mutter aufgewachsen. Der einzige Mensch, der ihm etwas näher stand, war seine Schwester, die, bemüht, ihn zu unterhalten, mit dem Fünfjährigen ab und an Schach spielte. Und dieses Spiel wurde zu der einzigen ganz schmalen Tür, durch die der kleine Bobby in die Welt eintrat. Er wurde genial im Schachspielen. In der Schule tat er eigentlich nichts anderes, als unter der Bank diesem Spiel zu frönen, bis ihm die Schachfiguren weggenommen wurden. Doch diese »Strafe« war der eigentliche Beginn der weltmeisterschaftlichen Ära des Bobby Fischer; denn achtjährig fing er nunmehr an, sich das Schachbrett vorzustellen; er brauchte keine Figuren mehr, um Schach zu spielen; auf der geistigen Leinwand konnte er alle Züge und alle Stellungen sich einprägen und nach Belieben visualisieren. Er lernte die Schachbücher auswendig, er projizierte sie in den Schulstunden sich selber zur Unterhaltung an die Wände seines Geistes, und er fing mit zwölf Jahren an, Russisch zu lernen, um »die Russen« auf dem Schachfeld zu besiegen. Die »Philosophie«, die Geisteshaltung von Bobby Fischer war die eines typisch schizoiden, mit zwanghaften Anteilen versehenen Charakters; doch bedeutete es für ihn eine Erleichterung, nur noch Probleme dieser Art lösen zu müssen: Wie lässt sich das Schachspiel von der unglaublichen Fülle der Anfangsmöglichkeiten immer weiter im Spielverlauf auf bestimmte Stellungsvorteile reduzieren? Schach kann man bekanntlich nur durch die Fehler gewinnen, die der andere macht und die man schrittweise konsequent ausnutzt. Der kleinste Fehler beim vierzehnten Zug wird Folgen haben vielleicht beim fünfunddreißigsten oder fünfundsechzigsten Zug, man muss nur Zug um Zug an der Stelle, wo sich eine kleine Abweichung von der einstudierten Regel der Lehrbücher zeigt, herausfinden, ob es sich dabei um eine Unachtsamkeit des Gegners oder um eine neue, womöglich geniale Variante handelt, die man nur noch nicht kennengelernt hat; man muss es geistig durchprobieren und zu beantworten versuchen; mit einem Wort, es ist unerlässlich, den möglichen Entscheidungsraum »erlaubter« Züge einzuengen und den Gegner zu strangulieren, man muss ihn weiter einkreisen, man muss die Schlinge um seinen Hals zusammenziehen, – man muss den Kampf Amerikas gegen den Bolschewismus ausfechten und ihn auf den Brettern gewinnen, die die Welt bedeuten, auf den 64 Feldern eines Schachspiels. An einer solchen Aufgabe kann man zum Paranoiker werden, und Bobby Fischer ist es daran geworden. Er wurde ein Intellekt, der nichts weiter mehr dachte, als wie man computergenau einen anderen Intellekt vernichten könnte. Sein ganzes hilfloses Leben offenbarte auf tragische Weise eine hoch berühmte und doch unglaublich reduzierte Form von Menschlichkeit.

Wenn Sie sich nun vorstellen, dass wir mittlerweile die wichtigsten Entscheidungen, ob Krieg sei oder Frieden, ob einem Land wirtschaftlich zu helfen sei oder nicht, wie eine Firma zu leiten oder »feindlich zu übernehmen« sei, nicht mehr Menschen überlassen, sondern Computern, die dann entscheiden, welche Bomben in welches Zielgebiet zu bringen sind, welche Börsentransaktionen zu tätigen oder zu unterlassen sind und welche Wirtschaftsmaßnahmen jetzt zu »greifen« haben, so gewinnt man sehr bald ein fast karikaturhaftes, aber nicht ganz weit von der Wirklichkeit entferntes Modell für das, was uns an Unweisheit droht; und wir begreifen im Umkehrschluss zumindest ahnungsweise bereits, was Weisheit denn sein könnte. – Im folgenden gehen wir die Formen der Zerstörung von Menschlichkeit im Rahmen der Neurosenpsychologie einmal etwas rascher, doch nicht minder stringent durch.

Die depressive Form von Selbstverdummung und -verdumpfung lässt sich mitunter schon daran erkennen, dass Leute das dringende Bedürfnis äußern, von sich zu sprechen, aber ihnen keine Sprache zum Sprechen geschenkt scheint. Sie kommen, und man spürt ganz deutlich, wie sehr sie sich danach sehnen, von sich selber Mitteilung machen zu können, irgendwo einen Menschen zu finden, dem sie sich anvertrauen dürften, doch dann darf offensichtlich kein Wort über ihre Lippen kommen. Eine halbe Stunde lang womöglich erlebt man ein völlig krampfhaftes Schweigen, ein Ringen um ein Wort, das sich nicht getrauen will. Von außen her hat man sogar den Eindruck, als sei inwendig alles wie taub, wie hohl, als sei da überhaupt gar nichts zu erwarten. Tatsächlich aber herrscht inwendig ein reiner Tumult, der nur nicht offenbar zu werden wagt.

Es kann aber auch sein, dass es dem Betreffenden wirklich so ergeht, als ob da gar nichts mehr sei. Da war einmal eine Schultafel randvoll beschrieben, aber nun ist es, wie wenn ein Riesenschwamm alles weggewischt hätte, und man steht wie ein Kind vor der Tafel und kann nichts mehr lesen, – es ist alles fort! Soeben noch stand da so viel, und jetzt: gar nichts mehr! Dazwischen liegt ein Alptraum von Angst. Diese Angst hat damit zu tun, dass jemand für sich selber schon wohl weiß, was er denken könnte und möchte, doch das Problem stellt sich ihm jetzt, dass er für sich selber eigentlich nie denken durfte. Die ganze Geistestätigkeit eines Depressiven besteht in der Frage: Was möchtest du von mir? Und in dieser Frage liegt das Geheimnis seines völligen Sprachabbruchs. Er kommt mit dem Vorsatz, von sich zu reden, – schön und gut; aber nun sitzt er da entsprechend der Haltung, in der er großgeworden ist: er muss und möchte herausfinden, was der andere hören will. Normalerweise, so hat er gelernt, kann er das auch; an jedem Stammtisch wird ein anderer das Gespräch mit irgendeiner Nichtigkeit eröffnen – wie das Wetter ist oder wie die Züge der Bahn fahren – schon ist der Depressive gerettet! Er braucht ja nur noch auf den fahrenden »Zug« zu springen, das Thema, in das er sich einklinken kann, existiert schon. Freilich, er selber kommt auf diese Weise niemals zur Sprache; dafür aber hat er das Problem, wie er von sich spricht, schon gelöst, – er braucht gar nicht von sich zu sprechen!

Nun aber will er ja von sich reden, und das bringt ihn in die Zwickmühle, denn eigentlich darf er nur das sagen, was der andere hören möchte. Aber was möchte der andere hören? Also sitzt er jetzt da wie eine Buddhastatue, weil der Psychotherapeut ja auch nichts sagt außer bestimmten formalen Bemerkungen, die durchaus nicht verraten sollen, was er hören will. Wenn man aber nur reden darf in bezug auf das, was von dem anderen her erwünscht ist, ist man unter diesen Umständen vollkommen verunsichert. Tatsächlich erst wenn dieses Problem wirklich zur Sprache gebracht wird, geht in aller Regel der Gesprächsfluss mit einem Depressiven weiter.

Eine andere Unterbrechung möglicher Gespräche, auf die schon

SIGMUND FREUD hingewiesen hat, besteht gerade darin, dass Gefühle sehr intensiv werden können, aber unaussprechlich sind, weil man fürchtet, im Falle ihrer Zurückweisung furchtbar allein dazustehen, abgewiesen zu werden, ins Nichts gejagt zu werden; der andere könnte böse sein, dass man »so etwas« auch nur gedacht und jetzt sogar ausgesprochen hat! Dabei handelt es sich bei diesen gefürchteten Äußerungen zumeist gerade um die wesentlichen Inhalte des Gesprächs; die also muss man verschweigen, um nicht alles zu zerstören; andererseits: wenn man es nicht sagt, wird auch alles zerstört; der andere wird am Ende wirklich ungeduldig! Und das nun ist die Furcht eines Depressiven: Wenn ich den Mund aufmache, denkt er, wird der andere ärgerlich, und wenn ich ihn nicht aufmache, wird er auch ärgerlich. Drum wohl erst beim Gang durch die Tür, ganz am Ende einer Sitzung, beim Abschied, wird das Wichtigste eben noch angedeutet. Bis dahin herrscht die Vermeidung des Wesentlichen als eine unvermeidbare Strategie der Angst: Man darf den eigenen Verstand im Grunde nur gebrauchen im Dienste der anderen!

In manchen einsamen Stunden wird derselbe Mensch womöglich sehr gut wissen, dass er klug ist, dass er sogar sehr intelligent ist, dass es ihn gar nicht geben würde, wenn er nicht an sich außerordentlich schwierige, komplexe Aufgaben für andere immer wieder zu lösen vermocht hätte; doch selbst das ist eine Wahrheit, die er den anderen nicht mitteilen darf und die er im Grunde auch für sich selber nicht verbuchen darf. Wenn man ihn lobt, hat das in seiner Buchführung als ein Irrtum zu gelten, ein Lob darf er nicht auf sich beziehen. Doch dann wieder: wenn unter hundert Formen der Anerkennung ein Einziger auch nur noch einmal etwas im eigentlichen Sinne kritisiert, wenn er mal eine Bemerkung fallen lässt, die nicht die volle Anerkennung verrät, so ist das so schlimm, als wenn ein Nagel im Schuh stecken würde: man läuft sich Blasen daran, und das ganze Denken geht dahin, wie man vermeidet, dass eine solche Bemerkung jemals wieder geäußert wird. Man kämpft gewissermaßen ständig gegen Verdächtigungen von außen und gegen Minderwertigkeitsgefühle im eigenen Inneren an, die sich nie beruhigen dürfen. Man traut sich die Klugheit, die Schuluhg des Verstandes, überhaupt nicht zu, weil sie nur exerziermäßig gedrillt wurde.

Die Situation ähnelt gewissermaßen einem hebräischen Sklaven aus den Tagen, da diese Texte entstanden: Sie arbeiteten sieben Jahre lang bei ihrem Herrn und verstanden von allen Handwerksarbeiten weit mehr als ihre Auftraggeber; ihre Herren besaßen zum Beispiel das Geld, um eine Goldschmiedearbeit zu bestellen, aber nicht die Kenntnis, sie auszuführen. Eben weil die Sklaven buchstäblich alles tun mussten, waren sie am Ende allemal schlauer als ihre Herren, doch nie so, dass sie sich selbst dessen hätten getrauen dürfen; auch vor sich selber waren sie nichts. So wurden sie betrachtet, so hatten sie sich zu betrachten.

Dementsprechend ist es psychisch möglich, dass jemand seine Klugheit auch sich selber gegenüber ständig verbirgt, nur um nicht aufzufallen und um nichts falsch zu machen. Man hat am Ende eine Form von Verdumpftheit in all den Punkten vor sich, an denen persönliche Interessen gefragt wären; man hat einen Intellekt vor sich, der nie für sich selber überlegen durfte, wie eigene Wünsche sich realisieren ließen. Keine Frage, dass es von außen betrachtet dann wirklich so aussehen kann, als kämen solche Menschen zu nichts, als passten sie nicht in die Welt oder als wären sie wirklich irgendwie zu »dumm«, nämlich in dem Sinne, dass sie nicht einmal ihre eigenen Interessen wahrnehmen könnten, dass sie kein Eigenwertgefühl besäßen, dass ihr Intellekt an all den Stellen ausfiele, an denen sie selber gemeint wären.

Man kann die Problematik natürlich noch steigern durch *zwangs*neurotische Denkblockaden. Beim Depressiven ist das »Denken, was die anderen denken«, gewissermaßen die Pflichtvorschrift, um sich selber in Deckung zu halten; es kann aber auch dahin kommen, dass Menschen den fremden Willen zur Hälfte als den eigenen zu verinnerlichen hatten. Als Kinder hatten sie wohl schon gelernt, wie man Nein sagt, wie man ein Stück Trotz ausbildet und wie man die eigene Motorik für sich selber nutzt, dann aber wurden von Mutter oder Vater Machtkämpfe ausgefochten, die für das Kind von Fall zu Fall verlorengingen. Auf diese Weise formte sich eine Intelligenz, die immer wieder sagen musste: »Ich habe zwar recht, aber ich werde niemals Recht bekommen!« Mit einem Wort: wir erleben, wie unter solchen Umständen alles Denken dazu benutzt wird, sich im Kreise zu drehen. Von einer solchen *zwangsneurotischen* Intelligenz und Nachdenklichkeit hat

SIGMUND FREUD einmal gemeint, im Unterschied zum normalen Denken, das ein Probehandeln darstelle, um Wege zu erkunden, wie zwischen Wunsch und Wirklichkeit eine Verbindung herzustellen sei, bestehe das zwangsneurotische Grübeln darin, das Handeln förmlich zu vermeiden. Es wird hier immerzu »gedacht«; doch wer nun glauben wollte, man stehe eben deshalb dicht davor, einen Entschluss zu fassen und zu sehen, was daraus folge, der wird erleben, dass augenblicklich wiederum alles sich selber in Frage zu stellen beginnt; und man versteht: Hier darf überhaupt nichts aus dem eigenen Denken folgen, denn träte man mit einem eigenen Entschluss dem Vater oder der Mutter unter die Augen, so lautete ihre Antwort sofort: »Was fällt dir ein, du Unverschämter!« und: »Wie kannst du nur!«

Mithin ist alles, was man selber denkt, überhaupt erst richtig, wenn es durch einen größeren, mächtigeren Willen genehmigt wird. Gerade diese Genehmigung aber ist das stets Unwahrscheinliche. Man darf eigentlich nur handeln auf Befehl hin.

Also steht ein solches zwangsneurotisches Denken vor zwei Möglichkeiten: Es kann zum einen den Widerspruch des anderen ständig selber vorwegnehmen und sich inwendig protestierend zu eigen machen. Wenn am Anfang noch die Rede davon ging, dass man Zweifel verbieten kann, kann das Verbot des eigenen Denkens dahin führen, nur noch an sich selber zu zweifeln. Man denkt zwar, aber ob es stimmt, kann man nicht wissen, eben weil die Erlaubnis für gar nichts besteht, nicht einmal für das eigene Denken. Gerade Persönlichkeiten, die intelligent und klug sind, können auf diese Weise sich bis zum Rasenden zermartern und bis in die Psychosomatik hinein mit ständiger Migräne herumlaufen. Es ist ein dauerndes Denken gegen sich selbst. Die eigene, oft messerscharfe Intelligenz darf nicht eingesetzt werden, um die erniedrigende Autorität zu kritisieren oder gar zu erschüttern, vielmehr wird aus dem Zweifel an der Macht des andern die förmliche Pflicht, sich in endlosen Teufelskreisen der Ohnmacht und des Selbsthasses zu bewegen.

Die andere Möglichkeit ist: Man überspringt den Zweifel und erhebt die verordnete Wahrheit zur einzigen Wahrheit. Dann stehen wir vor den Strukturen aller geistigen »Autoritäten«, die sich als »göttlich« beglaubigen möchten. Sie unterdrücken das Nachdenken und verschieben die Intelligenz in das Fanatische: Alle Geistestätigkeit wird dann nur noch zu dem Zweck gebraucht, um den vorauszusetzenden Erklärungen Rechtfertigung zu verschaffen.

Leider müssen wir auch in unseren Tagen immer noch mitansehen, dass in den wichtigsten Bereichen des Geistes, in unserer Kultur, in unserer Ethik, vor allem in der Religion das Beste an intellektuellem Bemühen damit vergeudet wird, biographischen Zufällen eine göttliche Fügung zuzusprechen, durch welche man in ein bestimmtes Elternhaus just als katholisch, als evangelisch, als muslimisch, als hinduistisch oder als was auch immer geboren wurde. Dass jemand in einem katholischen Elternhaus zur Welt kam, muss Gottes Willen gemäß sein, denn gerade das hat der katholische Priester eigentlich schon bei der Taufe gesagt: Drei Wochen nach seiner Geburt ward das Kind ein katholisch getauftes Kind, und nun kann es aus dieser Kirche nie mehr austreten; all seine geistige Pflicht wird künftig darin bestehen, sich zu beweisen, dass es sich gerade so verhält. Alle Geistestätigkeit vollzieht sich in einem Gefängnis, das Stein auf Stein als Verlies der eigenen Unfreiheit selber errichtet wird. Doch so machen sie's nun alle! Die theologischen Hochschulen unter kirchlicher Aufsicht müssen darauf achten, dass nur Argumentationszüge zugelassen werden, die dem Glauben der zuständigen Behörde entsprechen. Fanatismus und Selbstunterdrückung, ideologischer Zwang und Durchsetzungswille schließen so eine unheilige zwanghafte Allianz.

Es gibt zum vierten eine Art von *hysterischer* Verdummung oder Verdumpfung. Sie gründet mit Vorliebe darin, die depressive Einstellung in eine Art Erfolgsstrategie umzuformen. Die depressive Geistestätigkeit besteht, wie wir sahen, unter anderem in der ständigen Frage: Was möchtest du von mir?, um im Wunsch des andern zu verschwinden und keinerlei Kritik und Tadel mehr auf sich zu ziehen. Der Hysteriker stellt dieselbe Frage, aber mit einer gänzlich anderen Zielsetzung: Was ist es, das du von mir möchtest und das, wenn ich es erfülle, mich dahin bringt, in deinen Augen und in den Augen der Menschheit, des Publikums, für überaus anerkennenswert erkannt zu werden?

Hysteriker sind sehr sensibel darin, herauszufinden, was andere mögen könnten; sie wissen im Handumdrehen, was andere erwarten, nur dass sie nie dahin kommen, herauszufinden, wer sie selber sind. Sie können alles sein und werden, sie sind die geborenen Schauspieler, und jedes Script wird ihnen auf der Bühne zu einem Erfolg geraten, indem sie ihre Rolle perfektionieren. Aber wer sind sie selber? Es ist so ähnlich wie in einer chassidischen Geschichte bei MARTIN BUBER; er erzählt von einem Mann, der, wenn er abends schlafen ging, darunter litt, am Morgen nicht zu wissen, wo seine Kleider lagen; also ging er hin und beschriftete sie: Das sind meine Schuhe, das ist meine Hose usw. Alle Kleidungsstücke lagen jetzt bereit. Am andern Morgen aber, als er aufstand, sah er all die Zettel, wusste jedoch nicht in die Kleider zu kommen, denn er fragte sich: Und wo bin ich selber, ja, wo bin ich nur selber? – So ähnlich geht es dem hysterischen Denken eigentlich permanent. Verknüpft mit zwangsneurotischen Komponenten, läuft es mitunter auf den ständig wiederholten fast verzweifelten Satz hinaus: »Ich weiß es nicht, das weiß ich nicht!«

So sprach zum Beispiel vor Jahren eine Frau, die im Grunde sehr intelligent war, eine Lehrerin, die in endlosen Reflexionskaskaden mit glänzendem Verstand und glänzender Versprachlichung Situationen zu schildern und Überlegungen zu allem möglichen anzustellen wusste. Und doch hatte all ihr Grübeln mit Intelligenz als persönlicher Befähigung nichts zu tun. Wohl musste man ihr glauben, wenn sie sagte, sie wisse es nicht, doch blieb es ein Rätsel, warum das so war. Statt dessen hatten wir es mit einem Spielen mit ständigen Möglichkeiten zu tun: alles konnte alles sein. Wenn man entsprechend ihren Ausführungen vorschlug, dies und das wäre so, hatte sie bestimmt viele Gründe, dass es so sein könnte, aber es konnte eben auch wieder ganz anders sein, und wieder ergoss sich eine neue Kaskade von Theorien, die bewies: Es könnte wirklich auch noch anders sein! Jede Stunde bot deshalb für jedes beliebige Thema eine neue Fülle von Möglichkeiten, die sich strauchartig verzweigten. Es war sehr wichtig, dass wir irgendwann dahinterkamen, dass dieses »ich weiß nicht« im Grunde bedeutete: »Ich weiß nur allzu genau, wie meine Mutter in meiner Kindheit immer alles wusste.« »Ich weiß« hätte bedeutet, die einzige absolute Autorität im Erleben der Kindertage als angemaßt, als terroristisch, als aus lauter Angst einschüchternd, als abhängig machend, als besitzergreifend, als freiheiterstickend, als keine Alternative duldend zu verklagen. Die tausend Alternativen im

Denken, die diese Frau sich bildete, dienten dem einzigen Zweck, der Festlegung zu entweichen, die ihre Mutter in Frage gestellt hätte; der Satz »ich weiß nicht« vermied den Vorwurf: »Ich weiß nur allzu gut, Mutter, dass du unrecht hast und hattest! Selbst wenn ich gar nichts weiß, dies weiß ich allemal, und hätte ich erst das Recht, so zu denken und zu sprechen, so könnte aus mir noch etwas werden.« So aber war die Angst, der eigenen Mutter zu widersprechen und, noch viel schlimmer, den Zorn auf die eigene Mutter zu lenken, übergroß.

Was ist im Hintergrund von soviel Verdumpfung und Unweisheit für weise zu begreifen? Vielleicht lässt sich eine Antwort darauf am besten geben, wenn wir uns die Frage vorlegen, wie wir uns selber denn zur Weisheit erziehen können; doch da das meist ein bisschen verfänglich ist, machen wir uns die Aufgabe leichter und fragen uns, wie wir denn unsere Kinder zur Weisheit erziehen würden. In Hypothesen spricht es sich immer leichter und mit Richtung auf andere auch viel schonender. Was also würden wir in den Schulen, in den Elternhäusern für unsere Kinder an Komponenten wünschen, um sie zur Weisheit zu bringen, statt ihnen Wissen zu vermitteln, um ihnen Bildung angedeihen zu lassen, statt sie in bloßer Ausbildung zu schulen? Gehen wir die genannten Zerrformen menschlicher Geistestätigkeit nur noch einmal durch, um sie zur Weisheit zu bestimmen!

Da brauchten wir als erstes ohne Zweifel ein Klima, eine Umgangsform, in welcher Gefühl und Denken zusammenkämen. Vorschläge, Ideen von pädagogischer Seite dazu gibt es genügend. In den dreißiger Jahren des 20. Jahrhunderts konnten Leute wie JOHN DEWEY und GEORG KERSCHENSTEINER, damals berühmte Pädagogen, vorschlagen, dass man sinnvollerweise nur unterrichten könne, wenn man an jeder wesentlichen Stelle der Erkenntnis bestimmte persönliche Erfahrungen vermittle. Kinder sollten nicht einfach auf der Bank sitzen, sie sollten wissen, was ein Stück Holz ist, wie aus einem Stück Holz ein Gebrauchsgegenstand wird, wie eine Bank aus Holz sich formt usw., einfach damit sie durch Tun und Erfahrung wertzuschätzen wüssten, wo sie sich befänden. Die Gegenstände, die sie umgäben, sollten mit ihnen anfangen zu reden, indem sie mit den Dingen in einen wirklichen Kontakt träten. Ursprünglichkeit der Lebenserfahrung also galt da als ein erzieherisches Mittel. – In der modernen Psychiatrie haben sich solche Formen einer weisemachenden Menschlichkeit z. B. in der Ergotherapie, in der Beschäftigungstherapie, erhalten. Es handelt sich einfach um den Versuch, in einem Bereich, da Fehler noch nicht »schlimm« sind, im Umgang mit bestimmtem Material die eigenen Gefühle wieder zu entdecken und dabei bestimmte Techniken zu erlernen, die im Verlauf der menschlichen Kulturgeschichte schon viele Jahrtausende und Jahrzehntausende alt sein mögen, wie Flechten, Weben oder das Brennen von Ton; – es geht darum, an den Dingen sich selber wiederzufinden, die eigene Seele in dem, was man tut, zu erkennen und dann über die Dinge mit anderen Menschen ins Gespräch zu kommen beziehungsweise umgekehrt im Gespräch mit anderen Menschen wieder den Mut zu gewinnen, fremdes Material zu formen. Sehr bald wird man bei solchem Vorgehen gewisse Einschränkungen des Verstandes studieren können.

Manche Leute etwa beginnen, etwas zu wollen, und schon übernehmen sie sich. Es wird nicht einfach gewebt, es muss sogleich ein Gobelin hergestellt werden; es wird nicht einfach gemalt, sondern es wird sogleich ein Gemälde komponiert; Leute dieser Art stellen Forderungen an sich, die von Anfang an unerfüllbar sind, doch wenn sie es schließlich merken, gewinnen sie Grund, darüber nachzudenken, wer in der Kindheit eigentlich diese stets überfordernde, diese im letzten frustrierende, diese in allem entmutigende Instanz gewesen ist. Jetzt gilt: Man darf. Man darf in kleinen Schritten lernen, man muss nicht dauernd das Laufen mit dem Stabhochsprung einüben. Es ist möglich, dass man langsam, Schritt für Schritt, ins Leben findet. Man wird nicht für jeden Fehler ausgelacht, im Gegenteil, hier zeigt sich, dass es ganz normal ist, etwas misszuverstehen, etwas falsch zu verknoten, aber eben indem man sieht, wie etwas nicht weitergeht, lernt man zugleich auch, wie es weitergeht, denn nur aus der Summe der Fehler organisieren sich am Ende die Schritte richtiger Einsicht. Da sind Gefühle wieder zugelassen. Uralte Strafängste, die längst schon nicht mehr nötig sind, werden hochkommen, Formen der Selbstverachtung und der Selbstverurteilung melden sich wieder zu Wort, aber sie können jetzt einem reiferen Fortschreiten zu sich selber weichen.

An jeder Stelle ist es nötig, Gedanken mit Empfindungen und Gefühlen zu verknüpfen. Denken wir nur daran, wie wir mit der belebten Kreatur an unserer Seite umgehen. Was wir in unseren Schulbüchern ausgedrückt finden, enthält eine Fülle von Genetik und zellularer Mikrobiologie; wo aber lernen Kinder heute, die Liebe zu einem Tier, die ihnen im Grunde angeboren ist, weiter zu pflegen? Wo ist es möglich, dass man ihnen beibringt, dass Tiere fühlende Wesen sind, mit denen man nicht alles machen kann? Etwas Entsprechendes steht in jedem Biologiebuch unter dem Thema Verhaltensforschung, doch auch da werden in aller Regel recht öde Kunststücke des Reiz-Reflex-Schemas durchprobiert. Auch da hat man Tiere immer noch als Erkenntnis»gegenstände«, als »Objekte«, als »Reflexmaschinen« vor sich. Wo aber wird Kindern gesagt, dass sie mit den Tieren fühlen können, weil alle menschlichen Gefühle stammesgeschichtlich – durch die Tierreihe – gewachsen sind, dass die Tiere unsere Partner sind und es einen absoluten Unterschied ausmacht, ob man von ihnen als von einem »Es« redet oder ob man mit ihnen als mit einem »Du« spricht, ob sie mit anderen Worten ein Gegenüber oder ein Sachgegenstand sind? Dazwischen fällt die ganze Welt auseinander und das Herz eines Menschen! Es wäre so wichtig, unseren Kindern beizubringen, dass sie nie etwas lernen und tun sollten, das menschlich relevant ist, bei dem sich nicht Denken und Fühlen zu einer Einheit formt!

Dann wären wir bereits dabei, *die Schizoidie* in weiten Feldern aufzulösen. Wir brauchten zu diesem Zwecke eine Unterrichtsform, in der die Person, das Ich der Kinder eine Rolle spielt. Was immer sie sagen, die Stellen, an denen sie sich schwertun, etwas zu lernen, lassen sich lesen als Hinweise auf bestimmte Hintergründe ihres Erlebens. Ist es nicht möglich, dass ein Kind zum Beispiel aufgrund bestimmter Erfahrungen sich außerstande zeigt, in einem speziellen Fach erfolgreich zu lernen?

Dass Kinder, die Angst vor ihrem eigenen Körper haben, keine großartigen *Sportler* werden können, wird jedem deutlich sein; was aber ist es mit einem Fach wie *Deutsch*? Ist es nicht möglich, dass eine Sprachgehemmtheit, ein Ich-darf-nicht-Sagen, wie grad auf der *depressiven* Stufe geschildert, einem Kind die größten Schwierigkeiten bereiten kann, sich in einem Aufsatz fließend und gut auszudrücken? Wo andere Kinder hundert Wörter machen, hat ein solches Kind gelernt, dass ein einziges Wort genügen muss, – mehr will man von ihm überhaupt nicht hören! Oder ganz im Gegenteil: es tröstet sich und sagt: der Aufsatz gibt mir ja die Erlaubnis, in aller Länge und Ausführlichkeit meine Gedanken niederzuschreiben; meine Mutter wird das alles niemals lesen, mein Lehrer aber ist gezwungen, das alles zu lesen! Mit einer solchen Einstellung kann die Geburt eines Schriftstellers beginnen, aber das ist ein anderer Entwicklungsgang. Notwendig wäre es, wir hätten Lehrer, die immer mal wieder zumindest sich fragen, warum ein Kind in bestimmter Weise an dieser Stelle sich so verhält, sich so äußert, sich derart schwertut. – Ein Fach wie *Mathematik* etwa kann damit zusammenhängen, dass ein Kind nie gelernt hat, im eigenen Interesse Ansprüche zu stellen und dabei bis drei zu zählen, dass es nie gelernt hat, seine Anteile beim Verteilen bestimmter Dinge richtig zu kalkulieren. Wie man Interessen verrechnet, hat ein solches Kind vielleicht gar nie beigebracht bekommen. Das Sprichwort sagt: Es bekommt ein *Sehr gut* in Religion, aber *Mangelhaft* im Rechnen! Wenn Kinder eigene Interessen nicht haben wahrnehmen dürfen, kann ihnen das Verhältnis zu einem ganzen Wissenschaftsgebiet, zur Eintrittstür für die gesamte Naturwissenschaft, leicht verbaut werden! – Oder sollen wir von *Musik* reden oder von anderen Fächern? An *allen* Stellen erhebt sich die Frage: Wie gewinnen wir die Person unserer Kinder, ihr eigenes Ich, zurück und stellen sie in das Zentrum? Wie verschmelzen wir Gedanken und Gefühle so miteinander, dass sie aufsteigen wie Wolken über dem Meer und abregnen an den Wänden der Gebirge und ein ständiger Ringkreislauf sie beide miteinander verbindet?

Beim *zwangsneurotischen* Denken wüssten wir theoretisch vielleicht den leichtesten Rat, in der Praxis aber stellt alles sich gerade hier als besonders schwierig heraus. Denn wir müssten den Kindern die »Unverschämtheit« beibringen, gewisse Autoritäten nicht länger gelten zu lassen; wir müssten das Erbe IMMANUEL KANTS und der Aufklärung voll und ganz in die Schule hineintragen. Nichts soll da mehr beglaubigt sein, das sich vor dem Forum des eigenen Denkens nicht als glaubwürdig zeigt, und bis dahin müssen wir prüfen, aus was für Gründen es als wahr erscheinen soll.

Welch eine persönlich erlebbare Macht liegt darin, den Verstand selber zu gebrauchen, den ganzen Bombast von faulen Phrasen geistig in die Luft zu jagen und dabei zu erleben, wie explosiv die Freiheit des Denkens sein kann! FRIEDRICH SCHILLERS Lied: »Die Gedanken sind frei« – dieses schönste deutsche Volkslied womöglich – versichert geradezu:

»Und sperrt man mich ein im finsteren Kerker
Das alles sind nur vergebliche Werke.
Denn meine Gedanken
Zerreißen die Schranken
Und Mauern entzwei.
Es bleibet dabei:
Die Gedanken sind frei.«

Solche Überzeugungen Kindern zu vermitteln, – welch eine Aufregung! In der Deutschstunde am besten ließe es sich probieren. Den Dichtern ist es eigentümlich, die Welt aus der Perspektive ihrer jeweiligen Akteure zu zeigen und die Kinder aufzufordern, einmal zu sehen, wie unterschiedlich die Welt begreifbar ist, je nachdem, ob man GOETHES *Werther* zum Beispiel aus der Perspektive Charlottes, Alberts oder Werthers betrachtet. Sehr unterschiedlich kann die Welt erlebt werden, völlig gegensätzlich, bis zum Tödlichen! Und was hat die eine Haltung für sich und was die andere? Wer besitzt da die Wahrheit? Gibt es sie überhaupt? Formt sie sich nicht, frei nach WILHELM DILTHEY, völlig relativ zum jeweiligen Charakter? Aber wo ist dann das Verbindende und Verbindliche zwischen den Menschen? – lauter Aufregungen des Geistes! Würden wir den Mut haben, sie den Kindern zuzumuten, statt mit fertigen Antworten immer schon die Neugier des Fragenden einzuebnen, wir hätten eine wunderbare Form, weise zu machen im Unterricht!

Und *der Hysterie* müssten wir nach und nach beibringen, dass Selbstdarstellung sich nur lohnt, wenn sie von innen her stimmig wird, indem das, was sich äußert, eine wirkliche Äußerung und keine Maskerade ist. Es käme drauf an, etwas denken zu dürfen, das dann auch so stehen bliebe und nicht verhuscht werden müsste zu etwas ganz anderem, weil vielleicht der Beifall entsprechend einer neuen Mode gewechselt hat, zu einer neuen Durchschnittserwartung; unter Umständen könnte es sogar bedeuten, Missfallen von diesem und jenem zu beziehen. Auch das muss es geben! Es kann nicht an jeder Ecke die Prämie des Lobes und der Anerkennung warten. Aber etwas zu riskieren, das auf Widerspruch stößt, die Erfahrung, dass es sich lohnt, auch eigenen Widerspruch zu riskieren, das alles sammelt sich schließlich zur Frage nach der *Weisheit*.

Was ist ein weiser Mensch? Vielleicht lässt es sich weder auf Hebräisch noch auf Griechisch endgültig beantworten; vielleicht brauchten wir dazu die Buddhisten, in deren Religion innerhalb des achtfachen Weges das rechte Denken eingeübt werden soll. Die Buddhisten üben das Weisewerden durch Meditation, durch Stille, durch Selbstversenken, durch Verzicht auf Illusionen, durch langsames Hinweggreifen über das Anhaften an Dinge, die den Einsatz nicht lohnen. Eine solche menschheitliche Form, weise zu sein, ist völlig identisch damit, frei zu sein, gütig zu sein und in sich selber zu ruhen. Die religiöse Formulierung des *Buchs der Sprüche* meint im Grunde etwas Ähnliches: Wer Gott findet, wer ein Gegenüber hat, dem er absolut vertrauen kann, und damit aufhört, irgend etwas auf der Welt sonst noch zu »fürchten«, der reift wie ein blühender Baum, und die Schönheit seines Wachsens und die Fülle seiner Früchte sind das, was wir weise nennen.

Ein ganzer Mensch zu sein, geboren aus Vertrauen statt aus Einschüchterung und Furcht, sollten wir das eine »Tugend« nennen? Eine solche Haltung fragt nicht mehr danach, wem sie »taugen« kann, sie gründet nur in sich selbst, sie ist in gewisser Weise kein Gebrauchsgegenstand, sondern sie stellt etwas in sich Gültiges und Wertvolles, etwas ganz und gar Persönliches dar.

Dann könnten wir überhaupt damit aufhören, von Tugend als von einem Moralbegriff zu reden und daneben von dem Laster als von etwas, das wir willentlich vermeiden müssten. Wovon wir wirklich reden sollten, wäre die Einschränkung der Menschen in einem ihrer wichtigsten Vermögen: in ihrer Vernunft, in ihrem Verstand, in ihrer Geistigkeit und in der Befreiung all dieser Möglichkeiten, die in uns ruhen. Am Ende bietet der Verstand die beste

Möglichkeit, sich gegen all das zu wehren, was unterdrückt, bildet er die freieste Möglichkeit, Stellung zu nehmen auch zu sich selbst.

Mut und Tapferkeit
oder: Vom Wagnis, selbst zu sein

Abbildung vorherige Seite:
Fortitudo – Tapferkeit und Stärke. Die Stärke bzw. die Tapferkeit *(Fortitudo)* steht auf diesem Kupferstich, gestochen von JAN SAENREDAM, an eine abgebrochene Säule gelehnt, – das Bild ihrer »Aufrichtigkeit« und »Standhaftigkeit«; konzentriert und gesammelt, mit entschlossener Miene, blickt sie zu Boden. Außer dem Helm trägt sie keinerlei Rüstung, – ihre Kraft ist ganz und gar innerlich, soll man denken. In diese Richtung weisen auch die Embleme im Hintergrund: links sieht man den auf Schädel und Schlange, auf Tod und Teufel tretenden Fuß Christi, dessen Sieg (nach sachlich falscher, doch kirchlich dogmatisierter Auffassung) den Menschen gleich nach dem »Sündenfall« in Gen 3,15 »verheißen« ward; von einem solchen »Sieg« über die Mächte des Bösen spricht auch *Paulus* (Röm 16,20); vom Sieg über alle sieben in Tierattributen dargestellten Laster kündet entsprechend das rechte Wappen. »Tapferkeit« – das bedeutet, so verstanden, den Sieg über sich selbst. Die lateinische Beischrift von FRANCISCUS ESTIUS erklärt ganz in diesem Sinne:

Strennua in adversis, / et pro iustoque, fideque,
Dura pati Fortis / supero indefessa ferendo.
Stärke im Unglück ist / für Recht und Treue mir eigen;
Schweres zu leiden bin / unermüdlich, siegreich ich fähig.

Bei den Tugenden *Mut* und *Tapferkeit* handelt es sich beide Male um Haltungen, die seit dem Altertum insbesondere den Männern empfohlen werden, wenngleich ein patriarchalischer Unterton darin mitschwingt, insofern die Frauen vermeintlich dieser Haltungen weit mehr bedürften, da sie ihrer angeblich so gebrächen. Wie auch immer; »Mut« und »Tapferkeit« heißt auf lateinisch schon ganz wörtlich »Mannhaftigkeit« – virtus; kein Wunder also, dass wir in diesen beiden Tugendhaltungen denn auch das Konterfei dessen zu erblicken haben, was Männer in einer bestimmten Zeit, im Rahmen einer bestimmten Kultur, von sich denken oder doch zumindest denken möchten. Was das alles mit Religion zu tun hat? mag man sich bei solch kritischer Betrachtung fragen. Nun, außerordentlich viel, ist doch Glauben wesentlich nichts anderes als Überwindung von Angst. Ist aber Mut imstande, Angst zu überwinden? Oder ist der »Mut« nicht selber schon ein Ausfluss von Angst, eine Reaktionsbildung auf Angst?

Zum Thema *Mut* und *Tapferkeit* hat jedes Volk seine eigene Weise, sich mit Hilfe von Heldensagen eine glorreiche, möglichst kriegerische Vergangenheit zu malen und in Erinnerung zu halten. Leicht wäre es zum Beispiel, aus dem uns verschollenen Buch der Krieger im Alten Testament die Liste der »Helden an Kraft« zu verlesen, das schriftliche Ehrendenkmal der Hebräer, die Liste ihrer Kämpfer in der Elitetruppe König Davids (2 Sam 23,8-39; 1 Chr 11,10-47). Doch wird das Heldische in der Bibel zum Vorbild der Menschen mitunter sogar in Form eines tierischen Beispiels geschildert. Selten genug geschieht es, dass die Bibel überhaupt ein Tier lobend erwähnt; und dass sie sich für das Verhalten eines wirklich existierenden Tieres interessiert, ist recht selten. Im Buche Job indessen, im Kapitel 39, in den Versen 19 bis 25, wird in seiner vermeintlichen Kampfkraft den Menschen ausgerechnet das Pferd empfohlen:

Kannst du, fragt Gott da seinen zweifelnden Job, dem Roß Kräfte geben oder seinen Hals zieren mit einer Mähne? Kannst du es springen lassen wie die Heuschrecken? Schrecklich ist sein prächtiges Schnauben. Es stampft auf den Boden und freut sich, mit Kraft zieht es aus, den Geharnischten entgegen. Es spottet der Furcht und erschrickt nicht und flieht nicht vor dem Schwert. Auf ihm klirrt der Köcher und glänzen Spieß und Lanze. Mit Donnern und Tosen fliegt es über die Erde dahin und lässt sich nicht halten beim Schall der Trompete. Sooft die Trompete erklingt, wiehert es hui! und wittert den Kampf von ferne, das Rufen der Fürsten und Kriegsgeschrei.

So also sind die Helden an Kraft, die der Pferde als Kampfgefährten bedürfen, ihnen Beispiel gebend und an ihnen ein Beispiel sich nehmend.

Ganz anders, wie kaum geschaffen zum Thema Mut und doch gerade davon handelnd, ist eine kleine Episode im 13. Kapitel des Lukas-Evangeliums:

Zu dieser Stunde kamen einige Pharisäer und sprachen zu Jesus: Mach dich auf, geh weg von hier, denn Herodes will dich töten. Er aber sprach zu ihnen: Geht hin, sagt diesem Fuchs: Siehe, ich treibe böse Geister aus; ich mache gesund heute und morgen, und am dritten Tag werd ich vollendet sein. Doch muss ich heute und morgen und am folgenden Tag noch wandern. Es geht nicht an, dass ein Prophet umkomme außerhalb von Jerusalem.

Es handelt sich in diesen Sätzen um ein Rätselwort, das vermutlich eine historisch echte Überlieferung wiedergibt und das wie üblich, gleich einem Prisma, das ganze Bündel von Strahlungen zusammenfassen kann, die von der Person und der Botschaft Jesu ausgehen.

Womöglich muss man die menschliche Geschichte so melancholisch wie ARTHUR SCHOPENHAUER und so verträumt wie NOVALIS betrachten, um zu ergründen, wie groß und wie niedrig wir Menschen in dem, was wir sind und tun, zu sein vermögen. Was ist die Wirklichkeit in der Bewertung der Tugend oder des Tadels eines Menschen? Soviel steht fest: Mit dem Begriff der Tugend von Mut und Tapferkeit wurden ganze Generationen in die Irre getrieben. Nicht nur dass jedes Dorf, gleich wo in Europa, sein Ehrendenkmal für die Gefallenen 1914-1918 aufweist; – als wenn das noch nicht genug wäre, sind diese Denkmäler allzumal erweitert für die »Helden« zwischen 1939 und 1945. Es genügte, dass die eingezogenen Rekruten irgendwo krepierten, um zu Helden der Tapferkeit für ihr Vaterland stilisiert zu werden.

Eines ist wahr: Lebewesen, die in dieser Welt ihrer Situation bewusst werden, statt sie nur stumm zu erleiden, müssen Tapferkeit lernen, schon um nicht irrsinnig zu werden. Keinem Lebewesen außer dem Menschen ist es auferlegt zu wissen, dass Schmerz und Tod letztlich unentrinnbar sind und dass, je älter man wird, die Zukunft sich immer enger gestalten wird. Viel Glück müsste da ein Mensch schon haben, wenn ihm nur eine kurze Zeit an Leiden zugemessen wäre. Doch als wäre das Leiden, das die Natur uns auferlegt, noch nicht ausreichend genug, haben wir Menschen uns angewöhnt, Schmerz und Tod als Instrumente der Kultur geradezu virtuos zu handhaben, um Leidensfähigkeit und Todesverachtung förmlich zu trainieren.

Von altersher herrscht bei sogenannten Naturvölkern die Sitte, den jungen Männern wie den jungen Frauen des Stammes Mutproben aufzuerlegen, auf dass sie als Mädchen und als Jungen schon den Beweis erbringen, für das Leben in ihrer Gemeinschaft reif zu sein, das heißt: mutig genug, Schmerz und Tod, notfalls freiwillig, auf sich zu nehmen. – In Frankreich beispielsweise kriminalisiert man zur Zeit gerade die uns Europäern absurd erscheinende Praxis im Innern Afrikas, Mädchen am Anfang der Pubertät durch Extirpation der Klitoris zu verstümmeln. Weniger beachtet wird der parallele Ritus, junge Männer zu beschneiden. Beide Praktiken haben in dem Gefüge unserer Kultur keinen Sinn mehr; sie gelten uns als barbarisch, und wir empfinden es als Teil des berechtigten Kampfes der Frauen gegen ihre Unterdrückung, derlei Unsitten nicht länger mehr unter dem Deckmantel der Toleranz zu dulden. Aber ist es so schwer für Ethnologen herauszufinden, was das barbarisch Scheinende einmal bedeuten sollte und wie ungeschmälert, nur in anderen Formen, wir an demselben Weltbild immer noch teilhaben? Eine Frau soll, zur Frau erwachend, nicht so sehr Lust und Freude empfinden als vielmehr

Schmerz und Leid, denn sie soll sich üben, möglichst bald Kinder in die Welt zu setzen, also unter Schmerzen zu gebären, wie es selbst biblisch als ihr Schicksalsanteil gilt (Gen 3,16); und die Jungen sollen lernen, Gefahren zu bestehen, auf dass sie die Kinder, die sie zeugen, als Männer später tapfer zu verteidigen vermögen. Frauen müssen gebären, und Männer müssen töten und den Tod erleiden, heißt es in einem äthiopischen Sprichwort; – so verteilt sich die Waage der Lasten auf beide Geschlechter.

Uns gilt, wie gesagt, eine solche Einstellung offiziell für primitiv und roh, aber haben wir bis heute etwas Besseres in unserem Staatstraining für junge Männer und in unserer Moral für Frauen ersonnen? Papst JOHANNES PAUL II., am Ende des 20. Jahrhunderts nach Christus zum Beispiel, steht nicht an, Frauen selig zu sprechen, die ihr höchstes Verdienst darin sahen, den Rat ihres Arztes, kein weiteres Kind zu gebären, zu übergehen, und im Kindbett starben; lieber dienten sie dem Leben durch ihren Tod, als den Tod zu besiegen durch ihren Willen zu einem eigenen Leben. Heiligmäßig ist in den Augen des Heiligen Vaters das Opfer solch einer Frau, die die Last auf sich nimmt, die Schuld Evas über alle ihre Töchter mutig zu ertragen und auf sich zu nehmen.

Und bei den Männern nicht anders! Wann je hätte man die Tapferkeit eines Soldaten in Frage zu stellen gewagt? Was wird man den jungen Männern beim »Bund« anderes beibringen, als dass sie Todesgefahr nicht länger fürchten sollen? Ein entsprechendes Training wird sie lehren, durch Feuerringe zu springen, unter Beschuss weiterzurobben und die Tötungshemmung beim Schießen auf Pappkameraden herabzusetzen. Es war ERICH MARIA REMARQUE, der zwölf Jahre nach dem, was uns heute als der Erste Weltkrieg gilt, seinen Spieß Himmelstoß schilderte, eine Karikatur scheinbar, wie in KIRSTS *Nullachtfünfzehn* im Zweiten Weltkrieg, aber in Wirklichkeit nur die Porträt-Figur des Immergleichen, des offenbar Unverbesserlichen, des vermeintlich militärpolitisch absolut Notwendigen. Himmelstoß war Postbote, ehe er in der kaiserlichen Armee zum Vorgesetzten aufrückte und den Rekruten beibringen durfte, was Ordnung, Disziplin, Gehorsam, Mannesmut und Kampfeskraft ist. Und so lässt er sie auf allen vieren durch den Morasthof kriechen. Wenn Menschen schon nicht mehr wissen, ob der Morast, durch den sie robben, mit ihnen nicht bereits identisch ist, dann sind sie im militärischen Training offenbar weit genug, um jeden Befehl über sich ergehen zu lassen. REMARQUE wird später sinngemäß schreiben: »Wir waren erzogen, Platon auf Griechisch zu lesen und Cicero auf Lateinisch, aber ganze drei Monate Drill hatten genügt, uns vor einem Postboten in den Schlamm zu werfen. Es muss alles umsonst gewesen sein, was man je Kultur genannt hat«, fügte er noch hinzu, »wenn das möglich war.« Mit *das* meinte er das Vergasen, Erschießen und Erstechen Hunderttausender von Menschen auf Befehl.

In der Tat: Tapferkeit vor dem Feind, das Weiße im Auge des Gegners zu erblicken und kaltblütig drauflos zu marschieren ist immer wieder als das feierliche Lied der Männlichkeit besungen worden, ganz nach den Worten des römischen Dichters HORAZ: *Dulce et decorum est pro patria mori* – Schön und ehrenvoll ist es, für das Vaterland zu sterben!

Im Ideal gehört es zum Mut, die Interessen der Gruppe über die Privatinteressen zu stellen. Mut kann daher identisch sein mit der Kraft zur Selbstaufopferung, wofern das Selbstopfer unvermeidbar gefordert wird. Zugunsten eines höheren Wertes sich einzusetzen bis zum äußersten ist in der Tat eine außerordentliche Fähigkeit. Immer wieder hat man philosophisch und dann auch psychologisch herauszuarbeiten versucht, dass eben diese Tugend von Tapferkeit und Mut uns Menschen auszeichne. Tiere, sagte man, flöhen vor Gefahr, sie seien von Natur aus feige; uns Menschen aber sei es aufgegeben, durch Verstand und zügelnde Disziplin Angst und Furcht zu besiegen. Das eben galt für Mut und Tapferkeit. Doch man schmäht die Tiere zu Unrecht, wenn man so denkt. Verhaltensforscher zeigen uns, wie etwa eine Häsin ihre Jungen verteidigen kann, indem sie gegen einen angreifenden Bussard mit den Hinterläufen in die Luft springt, um den Raubvogel abzuwehren. Lieber lässt sie sich selber zerreißen, als dass ihre Brut vernichtet wird. Mutterliebe bei Tieren kann stärker sein als das Interesse des individuellen Selbsterhalts. Oder ein anderes Beispiel: Will man einem Stier im Kampf mit einem anderen, im Komment-Vergleich, Mut und Tapferkeit absprechen? Es geht hier »nur« um das Recht, ein Weibchen zu besitzen, also an der Weitergabe der Gene teilzuhaben, und jegliches Opfer, auch der Schmerz, wird als Preis nicht zu hoch für dieses Ziel erscheinen. Es ist, wie wenn uns aus der Tierreihe bereits die Ziele vorgegeben wären, für die der Mut sich lohnt, und als bildete unsere menschliche Verhaltenspsychologie nur eine Aufgipfelung dessen, was uns die Tiere lehren. Auch Ameisen werfen sich zu Hunderttausenden besinnungslos in die Schlacht, wenn die roten gegen die schwarzen Ameisen antreten oder die Treiberameisen das Heer der Termiten überfallen. Doch will man da von »Mut« sprechen? Und vor allem: Sind wir Menschen so viel anders als die Tiere in den Festlegungen der jeweiligen Gruppe?

Vor allem psychologisch müssen wir uns fragen, was eigentlich Mut genannt wird, denn es gibt keine »Tugend«, die sich als derart missbräuchlich durch die Gesellschaft erweisen würde, wie eben die Haltungen von Mut und Tapferkeit. Ist es nicht möglich zu denken, es ginge unseren gerühmten »Helden« aus Bibel und Geschichtsbuch ganz ähnlich wie dem Kriegspferd im *Buche Job*?

Da finden wir in der ganzen Bibel also das einzige Beispiel, dass ein Tier einmal über mehr als neun Zeilen hinaus positiv geschildert wird, doch kaum ein Porträt eines Tieres könnte so fatal verkehrt sein wie diese biblische Beschreibung des »tapferen« Kriegsrosses! Da schmettert die Trompete, und das Pferd wiehert, und so soll man glauben: Tapfer antwortet es auf das Angriffssignal! Doch völlig falsch! Sehen müsste man die weitgeöffneten Nüstern des Pferdes, seine schreckgeweiteten Augen, das Beben seiner Flanken, – sein Wiehern ist ein einziger Klagelaut. Aber darf man ihn hören bei einer Kreatur, die man als Helden braucht? – Ein Pferd, weiß Gott, lässt sich nicht einmal durch das Feuer abschrecken! Welch ein Mut! – Doch wieder falsch! Auf seinem Rücken sitzt jemand, der es mit den Sporen durch die Flammen treibt; ein Stück Eisen, einen Pflock, hat man ihm durch den empfindlichsten Körperteil, durch seine Nase, getrieben, um es unter Ausnutzung seines Schmerzes in die »richtige« Richtung zu treiben. Nichts fürchtet ein Pferd mehr als das Feuer; es genügt, dass sein empfindlicher Geruchssinn von weitem Rauch wahrnimmt, und sein Instinkt sagt ihm, dass es an der Zeit ist, die Flucht zu ergreifen. Wann in der offenen Steppe, in den Weiten Russlands zum Beispiel, in denen die Pferde ihre Heimat hatten, wäre Feuer etwas anderes gewesen als eine flächendeckende Gefahr, der man nur entweichen kann, indem man beizeiten die Flucht ergreift? Was muss man den Pferden angetan haben, wenn sie, statt dass sie vor dem Feuer zu entrinnen suchen, mit schreckgeweiteten Augen sich ins Verderben stürzen? Es weiß offenbar das Pferd, dass es etwas zu fürchten gibt, das schlimmer sein kann als jegliche Gefahr: das ist der Mensch, der es gezähmt hat. Er allein kann einem Tier alles antun. Kein Wunder deshalb, dass gerade die Pferde seit ihrer Züchtung durch die indogermanischen Mitanni im oberen Mesopotamien, mehr als 1500 Jahre v. Chr., als Kriegspferde verwandt wurden, indem sie ins alte Ägypten importiert und dann vor die Streitwagen gespannt wurden.

Doch wenn man in der Bibel schon die Pferde so falsch beschreiben muss, um ihre Tapferkeit als vorbildlich hinzustellen, liegt dann nicht der Gedanke nahe, dass auch der Mut und das Heldentum von Menschen einer ähnlich falschen Beobachtung oder einfachem Selbstbetrug entstammt? Kann es nicht sein, dass die Tapferkeit der Soldaten lediglich in der Angst besteht vor denjenigen – man darf nicht länger sagen: die sie »gezähmt«, sondern die sie gedrillt und dressiert haben, um ihnen beizubringen, dass sie keine weichlichen, weibischen Feiglinge und Drückeberger zu sein haben? Als solche wird man sie verachten und ausstoßen aus der Armee.

Es war, wie zum Beweis dieser Vermutung, bis März 2002 nicht möglich, dass man auch nur die Deserteure aus der HITLER-Armee rehabilitierte und ihnen ehrenwerte Motive des Widerstands zutraute. Es ist, als hielte man sich immer noch an den Satz des »Führers« aus *Mein Kampf*: »Soldaten können sterben, Deserteure müssen sterben.« Mindestens die soziale Ächtung, bis hinein in den deutschen Bundestag, war ihnen gewiss! Einen Befehl verweigert zu haben gilt in sich selber für Insubordination; so denken alle »verantwortlichen« Politiker in allen Ländern bis heute! Es ist wie in den Tagen des »göttlichen« CÄSAR, von dem man sagte, dass er an seinen Truppen nichts mehr achtete als Mannesmut und Manneskraft und nichts mehr verachtete als Ungehorsam; jenes war ihm Tugend, dieses Laster! Ansonsten konnten seine Legionen Dörfer und Städte plündern und brandschatzen, Frauen vergewaltigen, Kinder totschlagen, ganze Landstriche verwüsten, – am Ende waren es, so schätzt man, mehr als 1,5 Millionen Gallier, die nur zum Raub und Geldgewinn für die Macht in Rom auf der Walstatt blieben. Aber Cäsar war ein »göttlicher« Mann, und seine Truppen waren erfolgreich, und noch heute wird jeder, der Latein als Fremdsprache lernt, die mörderische Kunst des »großen« CÄSAR literarisch zu würdigen haben.

Nehmen wir den Gedanken einmal ernst: was wir für gemeinhin als Mut und Tapferkeit bezeichneten, sei nichts weiter als eine verschobene und verschrobene Obrigkeitsangst, als ein verinnerlichter Zwang zur Unterwerfung, als ein Duckmäusertum gegenüber dem Befehlshabenden, dann sollten wir denken, die »Tugend« des Mutes sei auch psychologisch höchst verdächtig; was wir als »Mut« bezeichneten, sei möglicherweise nur eine kaschierte, von der Gesellschaft propagandistisch verbrämte Form sublimer Feigheit. Dafür, dass es sich so verhält, spricht der Automatismus des Gehorsams, der sich mit der Tapferkeit zu kombinieren pflegt.

Es gibt in diesem Sinne vielleicht kein sprechenderes, weil zufälligeres Gespräch als dasjenige, das im August 1995 auf RTL mit GÜNTHER JAUCH aufgenommen wurde. Er befragte den Commander des Bombergeschwaders über Nagasaki, Major CHARLES SWEENEY, danach, was im Verlauf der letzten fünfzig Jahre seit den Ereignissen über Japan in ihm vor sich gegangen sei. Neben Oberst PAUL TIBETTS, dem Bomberpiloten über Hiroshima, war SWEENEY derjenige, der in der Geschichte der Menschheit persönlich die meisten Menschen getötet hat, über 80000 Menschen in wenigen Sekunden, viele Zehntausende im Verlauf der nächsten Dutzend bis zwanzig Jahre später, darunter viele Kinder, die entweder gar nicht zur Welt kamen oder nur als Krüppel geboren wurden. Von all dem, glaubte GÜNTHER JAUCH, wird Herr SWEENEY doch in der Zeitung gelesen oder im Rundfunk gehört haben, – irgendeine Form der Auseinandersetzung damit wird in ihm erfolgt sein. Wie also steht dieser hochdekorierte Amerikaner, diese Heldengestalt der US-Geschichte, heute zu sich selber? Eigentümlicherweise war die Antwort SWEENEYs fast ergrimmt. Er fand die Frage allein schon unverschämt, er antwortete überhaupt nicht persönlich; er wies vielmehr darauf hin, dass jeder Soldat in jeder Armee der Welt dasselbe wie er getan hätte, ganz einfach weil es befohlen war; er also hat lediglich seine Pflicht als Soldat getan.

SWEENEY wusste offensichtlich nicht, dass für uns Deutsche in der Nacharbeit zum »Dritten Reich« dies ganz schrecklich in den Ohren klingt: »Befehl ist Befehl!« Das haben sie alle gesagt, vom

SA- und SS-Mann bis zu jedem Gefreiten in der Großdeutschen Wehrmacht! Dieser Satz war die Entschuldigung für all die Schrecken, die Deutsche von Coventry bis Rotterdam, von Warschau bis Kiew Menschen angetan hatten. Diese Generalabsolution soll Kiew im Rückblick auf das »Dritte Reich« und seine Greueltaten für uns Deutsche nicht gelten. Uns gilt: Ein Mensch ist zuständig für das, was er selber tut, und er kann sich nicht herausreden mit einem Befehl. Aber wir begreifen: Wenn es möglich ist, dass ein Mensch einfach das tut, was ihm befohlen wird, eben weil es befohlen wurde, dann kann er wie ein Pferd durchs Feuer gehen; doch dann ist er nicht mutig, dann ist er ein verkappter Feigling, der Verantwortung nicht auf seine eigenen Schultern nimmt, ja, dem man es überhaupt abgewöhnt hat, eine eigene Verantwortung und eine persönliche Meinung noch zu besitzen. Ist aber das, was wir Militär nennen, dann nicht ein einziger großer Schwindel, ein absurder Zwang zu verlogenen Idealen und pervertierten Tugenden?

Die Bundeswehr zum Beispiel gilt für demokratisch, sie wird zumindest dem Ideal nach vom Parlament kontrolliert, und darin liegt zweifellos in der politischen Kultur ein gewisser Fortschritt gegenüber der Diktatur; aber liegt in der bloßen Verfassung auch schon moralisch und sittlich ein Fortschritt? Wir bezeichnen den Soldaten als Bürger in Uniform, doch warum müssen wir ihm dann erst einmal das bürgerliche Denken austreiben? Wir müssen die Frage stellen: In welch einer Armee der Welt ist es je geübt worden, Befehlen zu widersprechen? Wo gibt es Planspiele, in denen man Soldaten dahin erzieht, zu erkennen, wann ein Befehl unmoralisch ist? Ja, darf ein einzelner Soldat sich des Urteils vermessen, zu fragen und entscheiden zu wollen, wie die Moralität eines Befehls beschaffen ist, wo er doch den Überblick über die Lage gar nicht haben kann, wo er doch aus seiner Zwergenperspektive das Verhältnis der eingesetzten Mittel zu dem zu erreichenden Zweck in keiner Weise kalkulieren kann? Es ist von vornherein die Position des Subalternen, in die er hineingestellt wird. Er hat eben nicht die Verantwortung für den Befehl, der erteilt wird, er hat die Verantwortung für die Ausführung des Befehls. – Und nicht viel besser als ihm geht es im Getriebe des Dienstleistungsbetriebs Armee womöglich auch dem Befehlgebenden. Auch er hat nur seine Anweisungen zu befolgen; denn über den taktischen Spielen, für die er zuständig ist, stehen die strategischen Ziele, und die wieder sind verflochten mit den politischen Zielen, und wer will das alles überschauen? Mit einem Wort: Das ganze Leben als Attrappe! Wenn das Mut und Tapferkeit ist, sollten wir in ihnen nicht länger eine Tugend sehen, sondern viel eher eine Verblendung, und wir sollten uns Gesellschaften wünschen, die ohne solche »Tugenden« auskämen!

Aber wie dann? Soll das heißen, dass es eine Tugend von Mut und Tapferkeit überhaupt nicht gibt? Vielleicht doch, nur müssten wir ein Stück genauer nachschauen. Fest steht inzwischen: Bei der fremdbestimmten, bei der – nennen wir sie: Generalstabs-tapferkeit, bei der Tapferkeit der blutroten Hosenstreifen, haben wir es mit einer direkten Form der Außenlenkung zu tun. Psychologisch viel verfeinerter aber stellt sich die Frage nach Mut und Tapferkeit desgleichen bei all den Formen, in denen Außenlenkung, Angstverinnerlichung, Fremdbestimmung und Entmündigung schon in Kindertagen erfolgt sind. Wir brauchen zur Erzeugung außengelenkter Tapferkeit durchaus keinen militärischen Drill, es genügt unter Umständen die autoritäre Kinderstube. Auch außerhalb der Militarisierung des Politischen und Gesellschaftlichen genügt im Privatleben der ganz »normale« Kommandoton oder eine bestimmte Form sozialer Angst vor Ausgrenzung und Ansehensverlust, um einen Menschen als mutig erscheinen zu lassen, der es eigentlich gar nicht ist. Um so mehr müssen wir uns deshalb fragen: Wie gewinnen wir wirklichen Mut!

Es gibt in der Literatur ein erschütterndes Beispiel für den Mut einer Frau – und für die psychologische Zweideutigkeit seiner Entstehung. Die deutsche Dichterin GERTRUD VON LE FORT schrieb in ihrer Novelle *Die Letzte am Schafott* die Geschichte einer Karmelitennovizin, Blanche de la Force, in der Zeit der Französischen Revolution. Als der Franzose GEORGES BERNANOS diese Geschichte las, war sie ihm ein Bühnenstück wert, und schließlich entstand daraus das Libretto einer Oper von FRANCIS POULENC unter dem Titel *Gespräche der Karmeliterinnen*. BERNANOS hasste den Zeitgeist in der Mitte des 20. Jahrhunderts. Er sah die menschliche Existenz durch die Naturwissenschaften gewissermaßen hinwegerklärt, ganz so, als sei der Mensch, die Persönlichkeit, das Geschöpf

Gottes womöglich nichts weiter als die Summe oder das Produkt aus Biologie, Psychologie und Soziologie. Mediziner, Seelenärzte, Sozialtherapeuten, – ihr Wissen vom Menschen zeigt immer wieder die Persönlichkeit des Einzelnen als das Ergebnis der Gene, der erzieherischen Einflüsse, des gesellschaftlichen Milieus, und man hat am Ende scheinbar nichts weiter übrig als eine Marionette auf der Bühne des Daseins, BERNANOS also wollte den Menschen als Geschöpf Gottes in seiner Dichtung zurückgewinnen und schuf deshalb in seinen Romanen immer wieder heilige Ausnahmegestalten, die gar nicht zu existieren vermöchten, gäbe es nur die Gene, die Erziehung und die Gesellschaft. Blanche de la Force insbesondere wurde für GEORGES BERNANOS zum Probefall für ein Zitat aus dem zweiten Korintherbrief des hl. PAULUS: Die Kraft Gottes, la force de Dieu, komme zur Erscheinung in der Schwachheit des Menschen (2 Kor 12,9). Selbst die Oberin im Karmelitenkloster hat große Mühe, der kleinen Blanche zu glauben, dass ihr Wunsch, in den Orden einzutreten, etwas anderes bedeute als Angst vor dem Leben und Flucht vor der Wirklichkeit. Darf aber jemand sich von Gott berufen fühlen, der so sehr gezeichnet ist von Angst und aufgewühlt von Alpträumen? Ist das Kloster ein Garten Eden inmitten einer dunklen, blutbeschwerten, revolutionär umgewühlten Welt weitab vom Paradies?

Blanche de la Force, wie sie nach der Aufnahme in den Orden unter den Schwestern heißen wird, verweist zur Erschütterung der Oberin auf jene Stelle im 22. Kapitel bei Lukas, da Jesus selber in der Nacht von Gethsemane nichts weiter mehr war als bebende Angst: »dass sein Schweiß wurde wie Blutstropfen, die auf die Erde fielen« (Lk 22,44). Der Mann, der kam, eine ganze Welt für Gott aus der Macht der Dunkelheit und der Verblendung zurückzuerobern, war in diesem Moment ganz offensichtlich selber zu Boden gedrückt und verzweifelt vor Angst. Umgeben war er von Jüngern, die schliefen, als er sie brauchte, die missverstanden, als er sie am meisten benötigt hätte, und schlimmer noch: Nebst der drohenden Vergeblichkeit aller Bemühungen stand vor ihm der unentrinnbare, sichere Tod: Man würde ihn verhaften, man würde alles auf den Kopf stellen, was er je gewollt hatte, man würde sogar die Bibel zitieren, um gegen ihn recht zu behalten! Er hat Menschen geheilt – es geschah mit Hilfe des Satans! (Mk 3,22) Er hat von

Gott geredet – das hat er sich nur eingebildet, denn er war ein Lügenprophet! (Mk 11,27-33) Er glaubte an das Reich Gottes – das war Frechheit und Anmaßung! (Lk 22,67-71) »Er bringt alles durcheinander von Galiläa bis Jerusalem«, wird man PILATUS entgegenschreien. (Lk 23,5) Was anders will die politische Macht, als Ruhe und Ordnung wiederherstellen? Und was wäre dazu einfacher, als wenn man einen notorischen Unruhestifter eliminiert?

Doch nun: Was ist es, wenn eine Blanche de la Force dieselbe Angst spürt wie der Mann aus Nazareth: Sie spürt die Vergeblichkeit der ganzen Existenz, die Verzweiflung von allem guten Willen, das mögliche Missverständnis sogar ihrer Freunde! Was ist, wenn sie beschließt, mit eben dieser Angst und vermutlich dann doch auch mit eben dieser Erlösung zu verschmelzen?

Doch kann sie das? Vermag sie das?

Die Geschichte spielt in den Tagen der Französischen Revolution. Blanches Vater ist mittlerweile inhaftiert, die Karmeliterinnen arretiert und zum Tode verurteilt, Blanche selber könnte sich ins Verborgene zurückziehen; doch da fasst sie, zum Erstaunen ihrer Mitschwestern, den Entschluss, mit ihnen aufs Schafott zu gehen, das Lied *Veni Creator Spiritus* auf den Lippen. Dieser Gesang bedeutet im Sinne GEORGES BERNANOS' das Flehen, dass eine neue Schöpfung möglich werde, die nicht mehr gebunden ist an die kreatürliche Furcht, an das Spiel der Triebe und Instinkte. Ein Mensch – das ist mehr als das Produkt dessen, was man ihm beigebracht hat! Spätestens in dem völlig Unwahrscheinlichen, in dem Wunder, das hier geschieht, kann sich das zeigen: wie ein verängstigter Mensch durch seine Angst hindurchgeht, so dass noch einmal Paulus, im zweiten Brief an die Korinther, recht behält, wenn er davon redet: Wer in Christus ist, sei eine neue Schöpfung (2 Kor 5,17). All die Gesetze des »alten Menschen« gelten nicht mehr! Blanche de la Force – das ist für BERNANOS eine Heilige, die den Durchbruch durch die Welt der Angst geschafft hat. Tapferkeit ist, so verstanden, eine wahre Tugend des christlichen Glaubens.

Tatsächlich hat im 20. Jahrhundert kein Autor das Spiel der Antipsychologie zugunsten des Glaubens so weit getrieben wie BERNANOS und, in seinem Umfeld, die *nouvelle théologie* im Frankreich der dreißiger, fünfziger Jahre, die eine Antwort des Katholizismus auch auf die Geisteshaltung der Existenzialisten zu geben versuchte. Auch die sprachen von Mut, – ALBERT CAMUS etwa, JEAN-PAUL SARTRE etwa. Diese Autoren lehrten einen Mut, der es akzeptiert, dass man sterben muss, auch wenn das Leben sinnlos ist, denn sie erachteten es für möglich, gerade in diesem Wissen heroisch auszuhalten, sich nichts vorzumachen, keine falschen Tröstungen zu akzeptieren, sondern mit klaren Augen, wissend, das Leiden des Sisyphus, die Vergeblichkeit von allem, das Tun im Kreise, als das einzige dem Menschen mögliche Glück anzunehmen. So CAMUS. – SARTRE hingegen hat oft genug beschrieben, wie Menschen, die mutig sein wollen, noch im letzten Augenblick versagen können. Es genügt, den Deutschen in die Hände zu fallen und als Kollaborateur gefoltert zu werden! In dem kleinen Stück *Die Mauer* beschreibt SARTRE eine solche Möglichkeit: Ein Mann, der fest entschlossen ist, seine Kameraden nicht zu verraten, wird nach ein paar Stunden der Folter schon genau das tun. Er weiß, dass sein Geständnis oder sein Verrat ihm nicht einmal eine Rettung einbringen wird, man wird ihn gleich miterledigen, aber ein bisschen weniger Schmerz, und Menschen sind zu allem bereit! Menschen sind so formbar, ihre Kreatürlichkeit ist so manipulierbar! Stimmt dann die Antwort von GEORGES BERNANOS wirklich? Auf die Guillotine zu gehen, ja, das kann eine glorreiche Veranstaltung sein, ein Stück noch, sich selber bühnenreif zu »entwerfen«, hätte SARTRE gesagt: Da ist noch ein Publikum, da ist man noch man selber, da weiß man wenigstens den Zeitpunkt, an dem der Tod wartet. Aber in der Folter unterliegt man einem Katz-und-Maus-Spiel, das jeglichen Mut raubt.

Wäre es denkbar, wir Menschen seien gar nicht selbstverfügend genug, um mutig zu sein? Dann hätte BERNANOS recht und unrecht.

Das bisschen Mut, das wir aufbringen, wäre eine Gnade, die wir nicht selber erzeugen können, eine Befähigung, auf die wir uns mit aller Selbstdisziplin gerade nicht entwerfen können. Aber vielleicht hat BERNANOS auch unrecht, zumindest psychologisch steht er sehr in dem Verdacht.

Als POULENC seine Oper über *Die begnadete Angst* schrieb, tobte gerade der Krieg in Korea. Die Amerikaner und die UNO hatten gegen die »rote Gefahr« der Nordkoreaner und des verbündeten

Rot-China mobil gemacht, – MAO TSE-TUNG musste am Yalu gestellt und bekämpft werden. In dieser Zeit gerieten amerikanische Soldaten in nordkoreanische Gefangenschaft und wurden in aller Regel dem unterzogen, was man damals »Gehirnwäsche« nannte. Aber nun zeigte sich etwas sehr Merkwürdiges, das amerikanische Psychologen seither immer wieder in Staunen versetzt hat: Leute, die im Gefecht womöglich als schwach erscheinen konnten, die große Angst vor Schmerz z. B. hatten, die sich unter Beschuss lieber auf die Erde warfen, als auf den feindlichen Schützengraben zuzulaufen, konnten in nordkoreanischer Gefangenschaft sich erstaunlich widerstandsfähig zeigen, wohingegen viele von den alten Kämpen scheinbar leicht zu manipulieren waren. Des Rätsels Lösung lautete, dass man es bei diesen Unbeugsamen mit Menschen zu tun hatte, die seit Kindertagen seelisch durch tiefe Ängste geprägt waren. Zum Beispiel gab es für sie einen heiligen Kodex, der unüberschreitbar festlegte, dass man bestimmte vaterländische, religiöse oder nationale Überzeugungen nicht verraten dürfe. Den Kommunisten sich zu fügen widersprach dem, was sie für ihr Gewissen hielten. Psychoanalytisch müsste man das Wort Gewissen sogar durch den Terminus *Über-Ich* ersetzen.

Wir begreifen die Nuancierung: Es ist eine Form von »Tapferkeit« möglich, die nicht von einem äußeren Befehlsgeber erzwungen wird, sondern die darauf basiert, dass innerseelisch eine Apparatur etabliert wurde, die ständig ein eigenes Kommando mit der ihr eigenen Unterwerfungsgewalt produziert. Das Ich ist im Schatten eines starken Über-Ichs im Grunde schwach, es ist nach außen wenig durchsetzungsfähig, aber gerade deshalb kann es sich den Befehlen des Über-Ichs total unterwerfen und anpassen. Nicht das Ich ist in dieser Konstellation tapfer, vielmehr ist das Über-Ich starr und rigide.

Eine schlimmere Denunziation dessen, was uns für Tapferkeit gilt, kann es kaum geben als diese rasch zu entwickelnde psychologische Einsicht. Ja, wir sollten noch etwas genauer formulieren. Wäre es im Falle der Blanche de la Force nicht denkbar, dass das, was sie Gott nennt, lediglich die erweiterte Form eines verstoßenden, strafenden Über-Ichs darstellt? Damit wir uns recht verstehen: Es bedeutet sehr viel, wenn ein Mensch kraft eines religiösen

Vertrauens es lernt, seine Neurose in gewisser Weise lebbar zu halten und im entscheidenden Augenblick sogar zu überwinden. Es bedeutete individuell ein Unrecht, einem Menschen den letzten Halt seiner Zuversicht als verdächtig hinzustellen. Aber ein ganz anderes ist es, aus neurotischem Leid bestimmte Tugendideale abzuleiten und diese dann für eine bestimmte Gruppe auszubeuten. Die katholische Kirche zum Beispiel spricht Menschen heilig, aber sie legt damit in das individuelle Leben von Menschen lediglich das hinein, was sie sich entsprechend ihren Dogmen am meisten wünscht. Sie prüft bei ihren Heiligsprechungsverfahren alle möglichen abergläubischen und mittelalterlichen Dinge durch, wie zum Beispiel, ob nach dem Tode oder während des Lebens der betreffenden Person an ihrem Körper oder Leichnam besondere Wundertaten zu erspüren und zu erfahren gewesen seien; aber der Psychologie der Betroffenen hat die katholische Kirche sich bis heute nicht zugewandt, offenbar weil Fragen dieser Art an sie selber und an die Mechanismen der Verinnerlichung ihres eigenen Systems gehen und zu prekär werden könnten.

Genau das aber müssen wir tun: Wir dürfen uns keine Tugenden mehr vorstellen lassen, die nicht psychologisch durchgearbeitet wurden und die letztlich nicht dem Zweck dienen, das Ich zu befreien. Formulieren wir als Arbeitshypothese jetzt schon: *Mut* und *Tapferkeit* als Tugenden besitzen nicht den geringsten Wert, wenn sie nicht durch die Stärke des Ichs getragen sind und einen genuinen Ausdruck der eigenen Persönlichkeit bilden. Mithin bleibt uns die Frage aufgegeben, was denn die Entfaltung einer eigenen Persönlichkeit behindert und warum es Menschen so oft an Mut gebricht.

Die Vorstellung, die wir bisher darüber entwickelt haben, ist in der notgedrungen knappen Zeichnung offenbar noch viel zu einfach geraten. Ein Kind wird eingeschüchtert, zum Beispiel durch die Strafe und Härte seines Vaters oder seiner Mutter. Dies ist das Einfache, es bedarf keiner weiteren Kommentierung. Aber wenn wir uns nun einmal denken, dass Menschen von Angst geprägt sind, also unmutig im wörtlichen Sinn, unfähig zur Courage im eigenen Leben, und zwar gar nicht so sehr durch die Unterdrückung von Vater und Mutter, sondern in der Symptomtradition derselben Angst, die Vater und Mutter bereits haben durchleiden müssen, dann sind wir dabei, eine sehr viel feinere Beobachtung zu treffen.

Nehmen wir einmal an, eine Mutter oder ein Vater habe einen Jungen, eine Tochter, mit denen sie oder er im Grunde sehr fürsorglich und wohlmeinend umgeht; wir setzen nun aber voraus, dass diese Mutter oder dieser Vater auf ihre Weise durch persönliche Ängste geprägt sind: Irgend etwas schon in ihrem Leben hat sich ereignet, das in ihnen zu einer Dauererwartung möglicher Gefahren geführt hat; was liegt dann näher, als bestimmte Anzeichen möglicher Bedrohung im Leben auch ihrer Kinder sich vorzustellen und bei den kleinsten Gegebenheiten sich als schon real bestehend auszumalen? Die Mutter, der Vater wird dem Kind mithin ständig den Eindruck vermitteln, dass dies und das unüberschaubar, gefährlich, bedrohlich, in jedem Sinne zu meiden sei. Das Kind hat etwa einen einfachen Husten; wie aber, wenn die Mutter mit ihrer Ängstlichkeit daraus eine große Krise machen würde? Aus einem Husten kann sich ja eine Grippe entwickeln. Ein Kind aber, das bei den kleinsten Krankheitszeichen ausgemalt bekommt, wie schrecklich jede weitere Entwicklung verlaufen könnte, wird späterhin jede beliebige Situation von möglicher Gefahr oder Unübersichtlichkeit mit eben solchen Horrorinterpretationen versehen. Es wird als Erwachsener nicht wissen, dass es gar nicht seine persönliche Angst ist, die es am Leben hindert, sondern die Angstinterpretation der Wirklichkeit von seiten seiner Eltern. Die Wahrnehmung der gesamten Wirklichkeit läuft in diesem Falle durch einen unsichtbaren Filter. Das, was man persönlich zu sehen glaubt, das, wovor das Ich Angst entwickelt, ist gar nicht die Realität als solche, sondern es tritt unbewusst zwischen Wahrnehmung und Wirklichkeit erneut die Mutter von damals, der Vater von damals, und deren Auslegung der Situation jetzt lässt alles als so gefährlich und hilflos erscheinen wie in den Tagen, da man ein Kind war.

Wie soll ein Mensch, der in seiner Angst gar nicht eine persönliche Angst empfindet, sondern lediglich die Ängste seiner Eltern reproduziert, dahin kommen, ein starkes Ich zu entwickeln und eine mutige Persönlichkeit zu werden, wo er nicht die geringste Chance hat, zu begreifen, worin die Ursache seiner Ängste eigentlich liegt?

Es wird, um einem solchen Menschen zu helfen, nicht anders gehen, als dass man nach und nach bestimmte Angstsituationen konkreter durcharbeitet. Natürlich hilft es überhaupt nicht, von außen zu befehlen, man solle sich nicht so anstellen, man solle sich am Riemen reißen, man solle jetzt einfach weitermachen; es hilft auch nichts zu sagen, dass der Betreffende in seiner Angst aus jeder Mücke einen Elefanten mache, dass er das Gras wachsen höre, kurz, dass er ein Hypochonder sei, der sich alles mögliche einbilde. Denn zwar träfe ein solcher Vorwurf vielleicht durchaus zu, aber etwas Hilfreiches getan wäre erst, wenn man die Angst von heute zurückfuhren würde auf die Stunden von damals, da sie entstand, und man beides miteinander vergliche. Schon dass man merkt, wie eine fremde Interpretation in der Person der Eltern, nicht der Realitätssinn der eigenen Vernunft, das Leben in der Gegenwart auslegt, schafft einen gewissen Abstand zwischen damals und heute und erlaubt einen erstmaligen Freiheitsspielraum, in den hinein so etwas wie persönlicher Mut allererst wachsen kann.

Oder nehmen wir eine andere Situation, die sehr häufig vorkommt. Menschen fühlen sich sehr verängstigt, sehr unmutig, doch hört man genau hin, so liegt es daran, dass sie sich kaum durchzusetzen wagen, und die Erklärung für ihre Scheu, für ihre Zurückgezogenheit liegt eigentümlicherweise in der unbändigen Wut, die sie fühlen. Eine Frau sagte einmal: »Ich hab's noch nie getan; – ich bewundere Filme, in denen Frauen alle Tassen nehmen und auf den Boden pfeffern. So etwas möchte ich auch manchmal! Ich weiß, das ist unsinnig – am Ende muss ich meine Wohnung wieder aufräumen; schon deshalb habe ich so etwas noch nie getan; aber ich habe die Lust drauf!« Natürlich stellte sich die Frage, wem diese Frau denn den ganzen Klumpatsch vor die Füße hätte werfen wollen. Dahinter standen bestimmte Erinnerungen an ihre Mutter – der hätte der ganze Zorn gegolten. Doch schon die nächste Frage lautete, warum all die Aggressionen, aufgestaut in mehr denn über vierzig Jahren, niemals zu äußern waren. Auf die Mutter granatenwütend zu werden bedeutete damals, ein böses Kind zu sein, es bedeutete, schuldig zu sein, es bedeutete, sich schämen zu müssen. Folglich war es die Pflicht dieser Frau als Mädchen, auf sich selber wütend zu sein, wenn sie hätte auf ihre Mutter wütend sein mögen. Schuldgefühle also sind es, die am Ende einem Menschen jeden Mut rauben können.

Was wir da sagen, ist im Grunde paradox. Wir haben vorhin noch gehört, dass Schuldgefühle selbstvergessen, blindwütig, beinahe mutig, ja, tollkühn machen können, dass sie die ganze Realität absperren können, – man sieht überhaupt keine Gefahren mehr, man sieht nur noch die flatternde Fahne, man geht übers Schlachtfeld oder durchs Minenfeld, wie amerikanische Soldaten in Vietnam einfach stoned, unter Drogen, in den Dschungel liefen. So blind kann das Über-Ich machen! Es ist aber auch möglich, dass das Gegenteil eintritt: Man riskiert überhaupt nichts mehr, weil die Wut, die man gegen die eigene Unterdrückung empfindet, so stark ist, dass man sie weder äußern kann noch überhaupt fühlen darf, ohne sich selber schlecht vorzukommen. Dazu gehört, dass man die Autorität, die eigene Mutter, den eigenen Vater, im Grunde lieb hat.

Merkwürdigerweise zeigt die Beschäftigung mit den Entstehungsbedingungen von ein wenig Mut oder Tapferkeit mithin ein Doppeltes. Das eine ist: Aggression, Kampfeswille, *Kraft* mit einem Wort wird überdimensioniert aufgestaut, wenn es keine adäquaten Äußerungsformen geben darf: Zuviel Unterdrückung macht am Ende aus jedem Anlass, bei dem man Ärger empfindet, etwas so Explosives, dass es in keiner Situation mehr gerecht anzubringen ist; man läuft innerlich gewissermaßen mit Atombomben herum, wo es darum ginge, Zwerge zu besiegen. Das andere aber ist: Die Aggression, die man endlich zu äußern beginnt, ist wie ein beginnendes Werben um Nähe und Liebe. Jene Frau, die als Kind der Mutter alles hätte vor die Füße schmeißen wollen, hätte in Worten nie etwas anderes gesagt als: »Mutti, habe doch endlich mich lieb!« Und doch hatte sie gewusst, ja, sie hatte auch als Kind bereits begriffen, dass die Mutter lediglich mit anderem beschäftigt war und die Nerven nicht aufbrachte, auch auf ihre Tochter noch besonders einzugehen. Aber eben weil das, was man eigentlich wünschte, von vornherein ganz unmöglich schien, war es auch nicht erlaubt noch möglich, den eigenen Ärger darüber zu äußern; heute aber, wo es möglich wäre, sich zu Gehör zu bringen, erscheinen die ersten Aggressionen, die jetzt zum Vorschein kommen, wie bei einem Gewitter, das sich langsam aufbaut: Die Hammerwolken wachsen und wachsen, aber die niederzuckenden Blitze suchen den Kontakt mit der Erde, und das scheint furchtbar gefährlich; in Wahrheit jedoch reinigen die Gewitter die Atmosphäre, und der Regen, der herniederströmt, belebt nach Tagen und Wochen der Dürre allzumeist das Land. Die Heftigkeit des aufgestauten Zorns, das zuckende Ungestüm, das da hervorbricht, gilt es lediglich in kleinen Portionen mitzuteilen. Dann aber wird aus der Aggression das Verbindliche, und plötzlich merken wir, dass es eine Tapferkeit des Alltags gibt, eine, bei welcher ein Mensch es lernt, für sich selber einzustehen, und das womöglich zwanzigmal am Tage. Plötzlich ist es überhaupt nicht mehr die Frage, ob man Erfolg hat, ob man siegt, ob man gewinnt; man hört im übrigen auch auf, sich in einem permanenten Busch- oder Privatkrieg zu fühlen. Das einzige, worauf es jetzt ankommt, besteht darin, eine gewisse Übereinstimmung mit sich selbst zu erlangen. Mehr braucht man nicht.

Eine Frau klagte darüber, dass sie mit ihrem Ärger bei niemandem ankomme. »Ich bestehe aus zwei Hälften«, sagte sie, »einer vernünftigen, die alles unterdrückt, und darunter einer anderen, die rebelliert und wütend ist; die aber darf sich ja nie zeigen, denn sonst werde ich verurteilt und abgelehnt, und das will ich auch nicht.« Die Frage war natürlich, wie diese beiden Ebenen zusammenkommen, wie Verstand und Aggression eine Einheit bilden könnten.

Im Bilde gesprochen, geht es um die Überlebenskunst unserer Vorfahren vor über Hunderttausenden von Jahren, vielleicht um die größte Entdeckung der Kulturgeschichte, jedenfalls um einen der Gründe, warum es uns alle überhaupt gibt, nämlich dass sie lernten, nicht nur Feuer zu legen, – schon das war unerhört: etwas, das eigentlich Angst macht, zu handhaben und zu nutzen! –, sondern mit dem Feuer Eis und Schnee zu schmelzen und zum Kochen zu bringen, indem sie zwischen Frieren und Sich-Verbrennen eine Synthese bildeten. Der Trick, der aufgewandt werden musste, bestand darin, dass man das Eis oder den Schnee nicht einfach ins Feuer kippte, denn dann schmilzt zwar das Eis, aber dann verlöscht auch das Feuer, und es kommt gar nichts dabei herum. Die Kunst bestand darin, beides, Feuer und Eis, gegeneinander zu isolieren, mit einem Lederbeutel, mit einem Kochtopf, wie auch immer, – es brauchte eine Trennfläche, um beide Elemente zusammenzubringen, nur dann konnte es klappen!

Wie also ist es möglich, den Verstand so zu gebrauchen, dass er mit der Aggression nicht ideologisch verschmilzt und sich jedes Recht zum Durchbrennen nimmt, oder anders: Wie ist es möglich, dass die Aggression den Verstand nicht zum Kurzschluss zwingt? Es müsste eine Vernunft walten, die darüber nachdenkt, wie Aggression adäquat geäußert wird, wie es mithin ein Maß der wechselseitigen Begrenzung gibt. Die reine Vernunft, isoliert, kommt zu nichts, die reine Aggression aber kommt auch zu nichts. Doch indem das eine das andere begrenzt, lässt sich überlegen, wie ich den Ärger, den Zorn, die Wut dem anderen so mitteile, dass sich etwas bewegt. Und eine solche Situation bewusst um eines sinnvollen Zieles willen einzugehen, – das ist Mut, das ist Tapferkeit.

Schaut man sich die Situationen an, in denen man früher als Kind so hilflos war, so wird es auch im nachhinein gar nicht einfach sein, sich auszudenken, was man damals hätte tun können. Es ist mitunter nicht einmal heute möglich, mit der Mutter oder dem Vater, die irgendwo in einem Altenheim wohnen, so umzugehen, dass es keine Plage wird. »Meine Mutter ist krank, und ich muss sie im Krankenhaus besuchen«, klagte jene Frau. »Ich will es aber gar nicht. Sie muss mich nur anfassen, dann fühle ich es wie einen Ekel; aber sie will das. Wenn ich da bin, will sie unbedingt meine Hand nehmen. Ich kann ihr doch nicht sagen: ›Lass das!‹ Und wenn ich das täte, hätte ich über eine Stunde eine Debatte über die Frage, was ich für ein Kind bin! Also, was kann ich anderes machen?« – Die Frau merkte nicht, dass sie in Wahrheit soeben schon dabei war, eine erste Lösung zu finden, indem sie davon redete, dass die ganze Auseinandersetzung nur eine Stunde dauern müsse! Bisher hatte es immer vier Stunden, fünf Stunden gedauert, wenn sie ihre Mutter besucht hatte, und dann war es wirklich unerträglich. Eine Stunde Krankenhausbesuch bei der Mutter aber, zu dem man sich verpflichtet fühlt, weil sie inzwischen eine alte Frau ist und weil sie zugleich die eigene Mutter ist, auf die man aber auch ärgerlich ist, weil sie nie eine richtige Mutter war – wie man zwischen diesen beiden Gefühlen ein Maß findet, einen Kochtopf gewissermaßen, der an der Trennfläche richtig erhitzt wird, das ist die Frage. Eine Stunde ist zumindest schon der zeitlichen Erstreckung nach eine recht brauchbare Begrenzung. – Und dann stellt sich die Frage, wie man miteinander redet, welche Themen man wählt, und vor allem: wie man sich realistisch klarmacht, was einem bevorsteht. Feuer bleibt Feuer, und Eis bleibt Eis. Je realistischer man ist und je weniger Illusionen man sich macht, desto erträglicher wird diese eine Stunde. Die Mutter hat sich in den letzten vierundzwanzig Stunden nicht geändert, ganz sicher nicht; sie wird genauso fortfahren, wie man sie bisher kannte. Nichts hat sich in dem Sinne gebessert; aber wenn man sich hinlänglich klarmacht, dass man vielleicht gar nicht mehr das kleine Kind der Mutter von damals ist, sondern dass man jetzt eine Frau ist, die einen Krankenbesuch macht und damit etwas sehr Schweres tut, etwas, das keine Krankenschwester im ganzen Krankenhaus tut, dann hört man im gleichen Moment auf, abhängig zu sein, dann gewinnt man zum erstenmal so etwas wie ein Selbstwertgefühl.

Tapferkeit in diesem Sinne fängt an, sich zu lohnen. Zu sich zu stehen zahlt sich aus mit einem Stück Selbstvertrauen und mit dem Gefühl, etwas Richtiges gemacht zu haben. Es kommt dabei nicht einmal darauf an, dass der andere all das versteht, was man sagen will, aber es ist nötig, das zu sagen, was man wirklich meint, und sich hinter sich selber zu stellen. Nur so hören die inneren und äußeren Brechungen auf. Und nur diese Art von Tapferkeit zählt. Kein Mensch kann stolz sein auf seine »Tapferkeit«, so hoch dekoriert er auch sein mag, wenn er sie sich nicht selbst verdankt, wenn er in Wahrheit nur der Zappelphilipp und das Hampelmännchen derer war, die ihn am Bändchen gezogen haben oder die sich in seinem Über-Ich verkörperten. Aber wenn er etwas tut, wofür er selber geradesteht, dann kann er mit seiner Unterschrift den Scheck auch einlösen, auf dem der Wert seiner Leistung angegeben ist. Nur so kommt er als Mensch zu etwas.

Oft vertun wir uns mit der Erwartung, die andern müssten uns zustimmen, wenn wir nur wir selber sind. Diese Vorstellung stammt aus Kindertagen. Die Wirklichkeit ist, dass wir mit Zustimmung nicht rechnen können und dass alle Ausreden uns nicht helfen. Die beliebteste Ausrede lautet: »Wenn ich nicht geradestehe für dies und das, dann kommt ein anderer und macht es.« Wie oft hat man das nach 1945 gehört! »Wenn ich das nicht gemacht hätte, hätte man jemanden anderes abkommandiert! Was hätte es genützt, wenn ich mich selbst geopfert hätte?« In Wahrheit kommt es darauf nicht an, was andere getan hätten, es kommt darauf an, ob und wie man für sich selber geradegestanden hat. Die Frage ist nicht: Hätte jemand anderes dies und das getan? Wäre ich austauschbar gewesen? Die Frage ist vielmehr: Bin ich ich selber gewesen? Bin ich der Unvertauschbare in der eigenen Existenz gewesen? Das ist die Frage des Mutes, und sie ist das einzige, worauf es ankommt.

Genausowenig kann es darum gehen, dass Mut sich auszahlt im Erfolg. Es wäre ein Einfaches, nur die Dinge zu tun, auf die hin sich am Ende die Prämie: du wirst reüssieren, schon im voraus absehen ließe. Mut ist etwas, das sich im Augenblick entscheidet, ohne dass man lange rechnet, ohne Kalkül, ohne Strategie. – Wenn man so will, ist Mut das Gegenteil von der Kunst der Politik. In der Politik macht alles falsch, wer nicht Erfolg hat. Mut aber besteht darin, das zu tun, was für die eigene Person stimmt. Tapferkeit und Mut sind nichts weiter als die Ergebnisse einer Person, die sich selbst gefunden hat.

An dieser Stelle ist jenes Kontrastbeispiel im Neuen Testament so wichtig. Wir haben eingangs im 13. Kapitel des Lukas-Evangeliums eine ganz erstaunliche Begebenheit vernommen, die gewissermaßen das Gegenstück zu der »Pferdetapferkeit« aus dem *Buche Job* darstellt. Die erzählte Begebenheit könnte historisch sein, weil sie etwas berichtet, das der Tendenzzeichnung des Neuen Testaments sonst diametral entgegensteht. Üblicherweise wird die Gruppe der Pharisäer schon im Markus-Evangelium absolut düster gezeichnet. In diesen Kreisen lauern die latenten Mörder, die theologischen Gegner Jesu. Diese Stelle hier ist die einzige im Neuen Testament, die daran erinnert, dass Jesus womöglich selber aus dem Kreis der Pharisäer kam und dass es zumindest am Anfang seines öffentlichen Auftretens eine gewisse Gemeinsamkeit im Erscheinungsbild und sogar eine Übereinstimmung in den Tendenzen gab. Die Sadduzäer, die Priester im Tempel, die Kaste der Mächtigen in Jerusalem, hatte Jesus von Anfang an angegriffen, aber die Frömmigkeit der Pharisäer stand ihm eigentlich nahe. Wie auch immer, – ehe Jesus durch seine Art der Gesetzesinterpretation im Sinne eines liberalen Humanismus in tödlichen Widerspruch auch zu den Pharisäern geriet, scheint diese Szene gespielt zu haben: HERODES und die Sadduzäerkreise haben längst auf Jesus angelegt, da warnen ihn die Pharisäer, er solle sich hüten. Er ist in Todesgefahr, er soll sich vor den Häschern des Königs und der Partei der Herodianer und Sadduzäer nur ja in acht nehmen! Es sind die Pharisäer, die an dieser Stelle Jesus noch retten oder ihn drängen möchten, sich zurückzuziehen.

Aber was tut ein Mann wie Jesus in Todesgefahr?

Die Antwort Jesu ist wirklich unglaublich! Er legt einfach dar, dass ihm die Warnung nichts bedeutet, außer den längst gefassten Standpunkt noch einmal klar zu formulieren. Er ist in Todesgefahr, jawohl; doch für ihn bedeutet das, er werde heute und morgen, wie gestern und vorgestern, als allererstes Kranke heilen. Allein schon dass Jesus damit seine Tätigkeit zuoberst umschreibt: er heilt Kranke, ist ein wunderbares Zeugnis seines Selbstverständnisses. Es geht ihm darum, Menschen von einer Angst zu erlösen, die bis in den Körper reicht, es geht ihm darum, Menschen aufzurichten in ihrer Gebrochenheit. Krankheit als Widerspruch der Seele zu sich selbst, der Seele zum Körper, des von der Seele geleiteten Körpers zu sich selbst – Krankheit als eine Fehlsteuerung der Angst, aus der es gilt, den Menschen herauszuführen, das stellt für Jesus offenbar das wichtigste Thema dar. Und das wird er tun, heute und morgen, in aller Ruhe, und niemand wird ihn daran hindern. – Und er wird von Gott sprechen, so vertrauensvoll, dass es die Angst unter der Stirn der Menschen hinwegstreichelt. Auch daran wird ihn nichts hindern. Also: »Sagt doch dem Fuchs ...!« Hat je ein Mann über einen König so geredet? Das heißt auf deutsch: »Mag Herodes ein ›Fuchs‹ sein, aber wir jetzt sind nicht im Hühnerstall! Wir sind freie Menschen, und wir werden uns durch das Geschnüffel seiner Verfolger nicht beeindrucken lassen!«

Wenn wir wissen wollen, was Mut ist, dann ist es dieses: unerschütterlich bei dem zu bleiben, was man ist. Tapferkeit ist meistens das falsche Wort dafür; es klingt zu viel nach dem Gloriolenhaften. Mut aber, der darin besteht, das, was man im eigenen Wesen für richtig erkannt hat, unerschrocken weiterzumachen, zeigt die Stabilität der Person; und jetzt sollten wir Mut oder Tapferkeit überhaupt nicht anders mehr definieren denn als die Standfestigkeit der Person, als die innere Geschlossenheit der Person. Sie kann, weiß Gott, nicht »gusseisern« sein, sie ist das Gegenteil von Starrheit, sie ist gewiss zerbrechlich, doch eben drum ist die »Tugend« des Mutes, so definiert, im letzten ein Ausfluss größeren Vertrauens.

Jesus glaubt an dieser Stelle des Lukas-Evangeliums für sich selber garantieren zu können, für heute und morgen, aber schon sieht er kommen den dritten Tag, und er ist vorsichtig genug, darüber nichts mehr zu sagen. Da muss Gott wissen, was dann wird! Dass ein Mensch so weit für sich geradesteht, wie er sehen kann: für heute und für morgen, schon das ist viel! – Ein Mann wie ERICH KÄSTNER hat sich viele Gedanken gemacht über das falsche Heldentum, vor allem in den fünfziger Jahren bei der Wiederaufrüstung der Bundeswehr und dem Kriegsgezeter und -geschrei, mit dem man aus Kommunistenangst neue Patrioten schmieden wollte – dieser ganze Unfug, der nach seiner Meinung längst hätte vorüber sein sollen, führte sich wieder auf bis zum Atomtod ... – ERICH KÄSTNER vermisste das, was wir Zivilcourage nennen, bei den Bürokraten, die nichts als ihre Pflicht tun, bei den Soldaten, die nichts als ihre Befehle ausführen, bei all den Kirchlichen, die nichts weiter plappern können als ihre Ideologie, bei all den Philistern, die immer wissen, was richtig ist, schon weil sie überhaupt nicht denken. – ERICH KÄSTNER fragte und antwortete einmal: »Wer wagt es, sich gegen donnernde Züge zu stellen? – Die kleinen Blumen in den Eisenbahnschwellen.« Nichts mehr wäre nötig, als solch eine kleine Blume zwischen den Schwellen zu sein.

Maß und Mäßigung
oder: Die Synthese der Person

Abbildung vorherige Seite:
Temperantia – Maß und Mäßigung. Die Tugend der Mäßigung, die *Temperantia*, erscheint auf diesem Kupferstich als die gewissermaßen hausfrauliche Fähigkeit, verschiedene gegensätzliche Essenzen aus zwei Gefäßen in einer Schale zu einer geschmackvollen Substanz zu mischen. Man sieht der *Temperantia*, die als eine vornehme Frau mit tief dekolletiertem Kleid, kostbarem Halsschmuck und wehendem Kopftuch gezeichnet ist, die Freude an ihrem Tun deutlich an; Löffel und Zirkel auf dem Tisch verweisen neben der Kunst der richtigen Mischung auch auf die Notwendigkeit, Mengen und Abstände sorgfältig zu bestimmen. Die ländliche Idylle, in welche die Szene eingebettet ist, lässt die Tugend der *Temperantia* in sich selbst zugleich als eine gelungene Synthese von Kultiviertheit und Natürlichkeit erscheinen. Der lateinische Beispruch von CORNEUS SCHONAEUS erklärt denn auch die *Temperantia* als innere Entschlossenheit zu einer einfachen Lebensführung:

Nee mihi delidae / gratae, nee foeda voluptas:
Contemno luxum, / vili contenta paratu.
Nicht ist mir Prunk ein Genuss / noch hab ich Ausschweifung gerne;
Luxus brauch' ich nicht; / was einfach bleibt, langt mir gänzlich.

Von alters her wurde der Begriff des *Maßes*, der *Mäßigung*, der *Mäßigkeit* (altgriechisch: der mesótes) nicht nur als eine zentrale Form von Tugend, sondern als der Inbegriff von Tugendhaftigkeit überhaupt bestimmt. Es gibt für das griechische Wort bis heute eigentlich keine vernünftige deutsche Entsprechung. Fest steht, dass man im Mittelalter von Zucht und Maß redete, das Maß war die *maze*, ein weibliches Wort, noch keine Sache, sondern etwas der Person wie geschwisterlich Zugetanes, das der Bewahrung und dem Selbsterhalt dient. Mit einem Wort: Es geht um ein Thema, bei dem viel auf dem Spiel steht, die alten Griechen meinten sogar: alles.

Das Buch Jesus Sirach, weil es griechisch geschrieben, wenngleich im Original vermutlich einmal semitisch verfasst war, zählt nicht zu den offiziellen Buchausgaben der Bibel, eher zu den Büchern, von denen MARTIN LUTHER einmal sagte, sie seien »nutziglich zu lesen, wenn auch nicht zum Alten Testament gehörig«. Jedenfalls ist es die einzige uns erreichbare Betrachtung des alten Israel, die sich überzeugt gibt, dass die ganze Welt geschaffen sei nach Maß, Zahl und Gewicht von Gott; überzeugt von dieser Werkeharmonie der Schöpfung, formuliert es im 42. Kapitel in den Versen 15 bis 24 die folgenden Betrachtungen:

Der Werke Gottes will ich nun gedenken und will erzählen, was ich wahrgenommen. Durch Gottes Wort entstanden seine Werke, und er vollbringt, was ihm gefällt, durch seinen Auftrag. Der Sonnenstrahl ergießt sich über alles und Gottes Herrlichkeit auf alle seine Werke. Selbst Gottes Heilige genügen nicht, um seine Wunderwerke aufzuzählen. Gott gibt selbst seinen Heerscharen die Kraft, dass sie vor seiner Herrlichkeit bestehen können. Die Meerestiefe und das Herz erforscht nur er, und alle ihre klugen Pläne kennt nur er. Denn alles Wissen ist dem Herrn zu eigen, er schaut das Kommende bis in die fernste Zeit. Vergangenheit und Zukunft tut er kund, enthüllt die tiefen Rätsel des Verborgenen. Es fehlt ihm keine Kenntnis, und nichts kann ihm entgehen. Die Größe seiner Weisheit hat er fest gegründet. Nur er ist einzig und allein von Ewigkeit. Man braucht nichts anzufügen und nichts wegzunehmen, und er hat niemand nötig, der ihn lehrte; wie wundervoll sind alle seine Werke, wie herrlich anzuschauen sind sie alle. Der lebt, der hat Bestand, und alles fügt sich ein, wo immer es gebraucht wird. Sie alle sind verschieden voneinander, und keines hat er so gemacht, dass es entbehrlich wäre. Das eine wechselt mit dem andern ab an Wert, und wer wird dabei satt, die Schönheit anzuschauen?

Was ist die Haltung des Mittelalters gewesen? Was galt ihm als »Zucht und Maß«? Die einfachste Antwort besteht darin, ein Schulkind bei der Hand zu nehmen und es in den Dom zu Bamberg zu führen. Gleich am Eingang links zeigt man ihm das Reiterstandbild des Ritters: Das ist *zuoht* und *maze*, das ist Selbstbeherrschung und Demut, das ist Anstand und Würde, das ist Festigkeit und Augenmaß, – nur Gutes über einen Menschen dieser Art! Doch wie alles, was 700 Jahre lang den Menschen zur Unterweisung vorgelegt wird, hat der Begriff des Maßes eine charakteristische Bedeutungsveränderung angenommen. Im Ruhrgebiet pflegt man so zu sprechen, wie man denkt. »Das ist aber man mäßig«, sagt man dort, wenn man das, was ein anderer gerade gemacht hat, dahin beurteilt, dass es viel, sehr viel zu wünschen übrig lässt; in einer Schulnote ausgedrückt, ist »mäßig« nicht gerade schon mangelhaft, aber doch vier minus sozusagen. Es ist »man mäßig«, heißt soviel wie, es ist ganz und gar durchschnittlich, unauffällig, im Grunde gar nichts, worauf man achten könnte.

Inzwischen ist über dieses Ruhrgebiet-Deutsch längst die Wirklichkeit hinweggegangen. Wir verbinden mit Worten wie Maß und mäßig fast schon Schimpfwörter. Das Mäßige ist identisch mit dem Durchschnittlichen, mit dem Grauen, mit dem Langweiligen, mit dem, was sich verstecken muss und auch gut daran tut, sich freiwillig zu verstecken, denn es darf sich nicht vorzeigen und ins Rampenlicht treten. Wir spüren sehr deutlich, dass mit Maß, mit Durchschnittsmaß genau das Gegenteil von dem gemeint ist, was wir in unserer Konkurrenz- und Mediengesellschaft wollen. Was wir wünschen, ist etwas wie »wahnsinnig«, wie »ganz toll«, wie »geil«, wie »tierisch«, etwas, das man der Kamera präsentieren kann, etwas, das »super« ist und eben: »Spitze«. Das ist die herausragende Leistung, die »Sahne«, die obenauf schwimmt, und nur das Allerhöchste ist der Gradmesser für Wert geworden. Wer wünscht da schon Maß oder einen Menschen, der sich mäßig fände?

Paradoxerweise haben wir in der Politik eine ganz und gar gegenläufige Betrachtung anzustellen. Die Parteien buhlen um das Maß der Mitte. Wie zu allem Unfug kennen wir die linke und die rechte Mitte, avisieren wir die »wahre« Mitte, also die bürgerliche Mitte – alle Parteien im Parlament drängen sich in diese »Mitte«, als wenn sie den Kochtopf der Wählergunst überfließen lassen wollten. Soviel Mittelmaß in wörtlichem Sinne versammelt sich merkwürdigerweise oder notwendigerweise wohl gerade unter den Politikern. Sie alle sind das Maß. Und der Grund dafür? Sie haben die Macht, Maßnahmen zu ergreifen. Das ist ein Wort, an dem FRANZ KAFKA übel wurde und das BERTOLT BRECHT sein Leben lang zu ironisieren suchte. Die Maßnahme wird ergriffen, um jemanden in den gesellschaftlichen Verband einzuordnen, um Prozesse, die dereguliert waren, wieder zu regulieren, und die Einzelnen haben sich dementsprechend angemessen zu verhalten. Es findet eine äußerst widerspruchsvolle Bewegung statt zwischen dem angemessenen Grau der Bürokratie der Alltagswirklichkeit einer computerverwalteten Gesellschaft und einem maßlosen Erlebnishunger, der mit denselben Mitteln über die Computer an die Menschen herangetragen wird, beides in dialektischem Wechselspiel. Die Nachrichten müssen so »interessant« werden, dass man zwischen Kriminalfilm und Realfilm kaum noch zu unterscheiden vermag, allenfalls dass die Wirklichkeit die Phantasie stets bei weitem übertrifft. Um »interessant« zu sein, braucht man das Exzentrische, das Exotische, das Besondere, eben nicht das Normale, das Durchschnittliche, – nicht die graue Maus, eher den Tiger im Dschungel.

In diesem Wechselspiel der Gefühle und der Wertungen besitzt speziell die »christliche« Religion eine merkwürdige, von altersher bekannte Ambivalenz. Je nach den Zeitumständen mehr oder weniger, aber ehrlicherweise durch alle Zeit obliegt es ihr, den

Mann aus Nazareth zu feiern als den geraden Gegentyp eines »maßvollen« Charakters. Wenn Jesus eines nicht war, dann ein Mann der Anpassung. Ganz im Gegenteil. Die Ehrentitel, die man auf ihn versammeln muss, sind die der Rebellion, der Revolte, der Revolution, des Umbruchs in allem, der Weigerung, das Bestehende noch länger auszuhalten und zu ertragen. Seine Bilder schon am Anfang des Markus-Evangeliums gehen alle in diese Richtung: »Glaubt doch nicht, ich sei gekommen, dass man Wein hat, neu, zersetzend frisch, nur um ihn in alte Schläuche zu gießen! Glaubt doch nicht, es wäre mit mir eine Flickschusterei anzufangen, wie wenn man ein neues Tuch auf ein altes Gewand setzt!« (Mk 2,21-22) Was Jesus will, ist eben dies, dass man den Umbruch in allen Dingen begreift, den er zu bringen versucht. Wie man zur Tradition steht? – sie ist in seinen Augen nicht länger mehr die Ausrede für die Behäbigen. Wie man zur Zukunft steht? – sie ist in seinen Augen nicht länger mehr der Wartesaal für die Übergeduldigen, gewissermaßen für die Gehunlustigen und Gehbehinderten des Lebens. Jesus mochte flinke Beine voller Sehnsucht, die die Menschen an ihr Ziel tragen, denn vom Zielpunkt her, so sah er's, kommt Gott uns schon entgegen, erfüllt mit der gleichen Ungeduld, die Dinge zu Ende zu bringen, sie zu vollenden. (Mk 1,15) Da ist nicht »Maß« angesagt, sondern Zusammenbruch und Aufbruch, Einbruch und Einsturz, damit Neues werde, endgültig Richtiges.

Von dieser Art merkwürdigerweise sind die Menschen alle, die spätere Geschlechter bewundern, während die Zeitgenossen sie verurteilen. Wie hätte man z. B. einer Frau wie ELSE LASKER-SCHÜLER Maß und Mäßigung predigen und beibringen sollen? Sie erfand das Hippietum, längst bevor es existierte. Die Polizei fand sie in Zürich auf einer Parkbank, während die Schulkinder ihre Gedichte lasen! Ein größerer Kontrast war kaum möglich. Ein »maßvolles« Genie – das ist unmöglich. Eher scheinen Menschen dieser Art als dämonisch Getriebene, als mit unglaublichem, übermenschlichem Maß erfüllt, entweder Verfluchte oder Gesegnete. Und wer weiß am Anfang, was von beidem sie sind?

Für die alten Griechen, für AISCHYLOS vor allem, war der Begriff des Maßes so verpflichtend, dass er darin den Inbegriff des göttlichen Auftrags für die Menschen schlechterdings sah. Das Göttliche galt ihm als das Unbegrenzte, das Menschliche aber fand seine Begrenztheit eben an den Maßen, die die Götter den Sterblichen gesetzt hatten. Sie nicht zu überschreiten galt als Inbegriff der Humanität für die Griechen. So bringt AISCHYLOS z. B. in Gestalt des Perserkönigs XERXES einen Mann auf die Bühne, der sich überhebt, der sein Maß nicht kennt noch kennen will und der eben deswegen, durch seine Hybris, geschlagen wird von Verblendung. Er wird blind für seine Wirklichkeit, er verliert das Augenmaß für seine Umgebung, und eben dass dies so kommen muss, unweigerlich, ist die Strafe, die die Götter selbst an ihm üben. Sie tun gar nichts, außer dass sie den Menschen seiner eigenen unheimlichen Psychologie überlassen.

Freilich war genau dies der Punkt, an dem die Griechen nicht sehr viel weiterkamen. Sie waren glänzende Philosophen, hervorragende Naturwissenschaftler, ihnen mangelte es nicht an großen Dichtern, die das ganze Abendland bestimmen sollten, aber eine eigene Psychologie in unserem Sinne war ihnen, wie könnte es anders sein in der Antike, noch fremd. Wohl, der Einzelne spielte seine Rolle auf der Bühne, und diese projizierte Ebene der Selbstbetrachtung war der wichtigste Spiegel, über den sie verfügten; auf der Bühne aber sprach das Volk, der Chor, die Masse der Vielen und Allzuvielen, dem Einzelnen für seine Überheblichkeit, für seine Unangemessenheit, für sein Unvermögen, Maß zu halten, das Gericht.

Es bleibt deshalb nichts anderes, als dass wir im Ringen um das, was die Tugend des Maßes sein könnte, die Schwierigkeiten, die sich zu ihrer Erreichung in den Weg stellen, zu begreifen versuchen und im gleichen auszuräumen uns bemühen. Denn was das Maß sein könnte, an welche Felder der lebendigen Wirklichkeit es anzulegen wäre, dies ist so schwer nicht auszumachen, der Maßstab legt sich gewissermaßen in die eigene Hand. – Wenn ich sage »gewissermaßen«, ist dabei ein deutscher Sprachgebrauch der Gegenwart fast noch ironisch zwischenzuschalten: Aus dem Verwaltungsdeutsch haben wir »mäßig« als Anhängsel für jedes beliebige Hauptwort, das wir damit in ein Eigenschaftswort verwandeln können, zu übernehmen gelernt. Da ist etwas arbeitsmäßig oder verwaltungsmäßig, es gehört dann meist dazu, dass es prozessmäßig nicht »nachvollziehbar« ist; wohl gemerkt, an sich ist da alles als »mäßig« zu bestimmen, und man will damit im Grunde nur den bürokratischen Anspruch auf die totale Verwaltung, auf die Durchsicht und die Übersicht bis ins Perfekte hervorheben. Aber indem man einen Wirklichkeitsbereich herausnimmt und dann sehr unscharf als »mäßig« definiert, ist das Zugeständnis schon gegeben, dass man überhaupt nicht klar sieht, wohin etwas gehört, sondern nur einen leeren Anspruch an das Leben stellt. Wir jedenfalls müssen, was die Tugend des Maßes angeht, »gewissermaßen« klar sehen und haben in unserer Analyse jetzt durchaus kein Recht auf diese Sorte »Mäßigkeit«.

Auf drei Ebenen gestaltet sich das Ringen um das rechte Maß: Es muss gefunden werden zwischen Innen und Außen (innerpsychisch zwischen Ich und Es), zwischen Oben und Unten (Überich und Ich) sowie zwischen Person und Wirklichkeit. Alle drei Ebenen hängen mehr oder minder zusammen, lassen sich aber deutlich genug voneinander abheben.

Zum ersten lautet die Forderung vieler alter Erzählungen und mancher Märchen noch heute, dass ein Mensch unbedingt ein rechtes Maß finden müsse zwischen dem, was er im Inneren für sich selber subjektiv ist, und dem, was er nach außen objektiv darstellt, es müsse eine Übereinstimmung geben zwischen persona und Person, zwischen Rollenspiel und innerer Wirklichkeit, zwischen Für-sich-Sein und An-sich-Sein, wenn das menschliche Leben gelingen solle. Eine Geschichte wie die der Brüder GRIMM, *Aschenputtel* zum Beispiel, legt den größten Wert darauf, dass ein Mädchen, das als verachtet gilt und eine Königin der Liebe zu werden hofft, es irgendwann lernt, in die Schuhe zu treten, die ihm wirklich gehören: Es soll einen eigenen Standpunkt einnehmen, es soll sein eigenes Maß finden, es soll nach außen hin sich nicht anders darstellen, als wie es innerlich stimmt, oder auch umgekehrt, es soll das Innere so weit in Ordnung bringen, dass es nach außen zu treten sich getraut. Wie eine Identität geschaffen wird zwischen Außen- und Innenseite, gehört, man muss es nur erwähnen, in sich bereits zu den schwierigsten Aufgaben im Leben, und man darf bereits vorhersehen, dass, wenn diese Aufgabe zu erfüllen nicht gelingt, alle möglichen Zerrformen des Menschlichen möglich werden.

Dabei ist die Verwirrung auf dem Weg zu diesem Maß sehr

leicht beschreibbar. Es genügt, dass Kinder heranwachsen, die für sich selber keine Augen haben dürfen, sondern die wie hypnotisiert darauf achten müssen, was sich in ihrer Umgebung, speziell in ihrer Familie, abspielt, und es kann jedes Gefühl für das eigene Maß verloren gehen.

Nehmen wir als Beispiel dafür nur ein Kind, dessen Mutter chronisch herzkrank ist. Immer mal wieder, ob durch medizinische Ursachen oder durch psychische Bedingtheiten, erlebt ein Kind, wie seine Mutter bestimmte Herzattacken über sich ergehen lassen muss. Dem Kind, genau wie der Mutter selbst, erscheinen die Herzattacken lebensbedrohlich. Jedesmal ist das Kind wie in Panik, und im Grunde genügt ein einziges Mal für allemal: Es wird für alle Zeiten hin Sorge tragen, wie die Mutter am Leben bleibt, es wird insgeheim die Mutter beobachten, ob sie noch gesund genug ist oder ob es schon wieder Anzeichen für die nächste Attacke gibt. Und am schlimmsten: es wird in der Umgebung nicht fehlen, dass eine kluge Tante oder ein guter Lehrer oder ein ernstmeinender Pastor dem Kind noch obendrein sagt, es dürfe aber die Mutter nicht ärgern, sonst mache es sich schuldig am Tod seiner Mutter; es breche der Mutter das Herz, wenn sie ein böses Kind habe, das nicht genügend lerne in der Schule, das nicht pünktlich und fleißig sei, das nicht immer gut zu sein sich bemühe – aus der Krankheit der Mutter wird die Folter der Seele eines Kindes, das stets die Augen nach außen richten muss und das auf die eigenen Gefühle nicht das geringste Interesse verschwenden darf. Somit wird es zu der Aufgabe eines solchen Kindes, die Mutter seiner Mutter zu werden und die ganze Welt in Ordnung zu bringen, dass es schließlich als Kind in ihr zu leben vermöge. Das ganze Leben stellt sich einem solchen Kind auf den Kopf. Es muss sozusagen dreißig Jahre alt sein, kaum dass es drei Jahre alt ist. Es muss eine Verantwortung für einen andern übernehmen, der eigentlich dafür da wäre, ihm selber ein Stück Schutz und Geborgenheit zu bieten. Wie soll ein so herangewachsenes Kind später als Erwachsener Innen und Außen in Übereinstimmung bringen können?

Oder fragen wir noch ein Stück weiter: Wie soll ein Kind groß werden, dessen Vater ein chronischer Alkoholiker ist? Wieder genügen wenige Szenen, um ein Kind in eine ständige Unruhe zu versetzen. Natürlich erlebt es, wie die Mutter auf die Uhr guckt: Wann wird der Vater wiederkommen? Gerade ist es sieben Uhr, und er hat versprochen, um sechs Uhr zu Hause zu sein. Was will das bedeuten? Dass er im Betrieb noch etwas zu tun hat oder dass er wieder mit den Kollegen am Stammtisch sitzt? Wenn er um neun Uhr immer noch nicht gekommen ist, kann man fast sicher sein, wie er nach Hause kommen wird, nicht wann. Diese ständige Sorge, dass jeden Tag alles mögliche passieren kann, spürt ein Kind, das seiner Mutter helfen muss und will. Die Mutter vielleicht hat längst darüber resigniert, dem Mann zu sagen, was er mit seinen Exzessen anrichtet; es mag sogar dahin kommen, dass das Kind, weil die Worte der Mutter nicht mehr verschlagen, in die Wirtschaft geschickt wird, um den Vater anzubetteln, er möge doch endlich nach Hause kommen; der aber ist womöglich gerade dabei, seine Stärke vor den Kollegen unter Beweis zu stellen; er wird auf einen so lächerlichen Antrag nicht eingehen; womöglich wird er das Kind sogar schlagen; und mit dieser Botschaft, dass der Vater noch lange, extra lange nicht nach Hause kommt, wird das Kind bei seiner Mutter eintreffen.

All das sind nur ein paar kurze Schilderungen, um unsere Phantasie dahin anzuregen, sich vorzustellen, wie Menschen völlig davon abkommen, eine geordnete Selbstwahrnehmung sich auch nur zu erlauben. Wir müssen hinzufügen, dass kein Kind so geduldig auf die Welt kommt, dass es nicht inwendig gegen das Durcheinander rebellieren würde. Diese Rebellion wäre die Sprache seines Inneren, aber gerade sie darf sich nicht äußern. Ein Kind darf nicht so frech sein, einer Mutter, die kaum zu leben weiß, eine »angemessene« Antwort auf den Vorwurf zurückzugeben: »Du bist mein Sargnagel!« Korrekt müsste das Kind sagen: »Aber du lässt mich nicht leben, Mutter!« Kein Kind kann unter solchen Umständen die Sprache finden, die passend sein würde; es kann nicht sagen: »Mutter, du musst für dich selber sorgen, dass du leben kannst, und das Beste, was du für mich tun könntest, bestünde darin, du würdest so glücklich sein, dass von dem Glanz deines Lebens auch auf mich ein bisschen Licht fiele.«

Aus derartigen Verstrickungen eines gestohlenen Inneren ergibt sich, dass das Schwergewicht der Aufmerksamkeit nach außen gezogen wird, und zwar so sehr, dass wir kaum anders sagen können, als dass die gesamte Aufmerksamkeitslenkung aus dem Zentrum herausgefallen, das heißt exzentrisch geworden ist, mit der Folge, dass die Lösung der eigenen Probleme stets im Äußeren gesucht wird.

Vor einer Weile sprach ich mit einer Ordensschwester, die kreuzunglücklich war, und doch fiel es sehr schwer, mit ihr darüber zu verhandeln, dass all ihre Probleme heute eine Vorgeschichte haben mussten, dass die Umstände, unter denen sie litt, zunächst einmal doch ihr eigenes Leid waren. Ihr Bestreben ging stets dahin, als erstes ihren Orden zu verändern. Erst wenn die Satzungen der Ordensgemeinschaft nächstens in Rom geändert würden, erst wenn die Schwestern im Konvent nicht so wären, wie sie heute noch sind, würde die Welt für sie in Ordnung kommen können; zweifellos galten ihre besten Absichten diesem Bemühen. Die Botschaft der Bergpredigt, die Überzeugung des Ordensgründers selber, – wenn man sie richtig interpretierte, könnten sie dann nicht dazu taugen, zumindest doch den eigenen Orden zu verändern? Diese Schwester hatte das Leben gelernt wie auf dem Bauernhof: Man muss erst einmal das Vieh versorgen und den Hof in Ordnung bringen, danach, am Abend, kann man sich einigermaßen zufrieden und berechtigt an den Tisch setzen; vorher hat man kein Recht dazu; stets geht da die Pflicht vor der Neigung. Doch was folgt daraus? Es ist sehr schwer, um die ganze Welt laufen zu müssen, nur um bei sich selber anzukommen. In gewissem Sinne ist es vollkommen unmöglich.

Wie aber kann man die Welt so nach innen ziehen, dass sich darunter erlaubtermaßen ein Ich entfalten und sich ein Raum der Selbstwahrnehmung bilden kann?

Das Gegenstück kann ja auch vorkommen: Jemand ist auf eine Weise um sich selbst zentriert, die ihn immer tiefer in die Passivität, in die Isolation, in eine andere Form von Nichtexistenz treibt. Die Überbelastung durch die Umgebung kann so stark werden, die Resignation darüber kann so übermächtig sich steigern, dass ein Mensch sich gar nicht mehr getraut, an die Wirklichkeit heranzutreten. Es steht ihm von vornherein fest, dass er die Konflikte, auf die er draußen trifft, nicht lösen kann, die Frustration des »Es lohnt alles nicht« kann so quälend sich gestalten, dass er auf Problemlösungen nur noch im Phantastischen verfällt. Ehe er eine Aufgabe angreift, arbeitet er sie in seiner Vorstellung zwanzig-, fünfundzwanzigmal durch; subjektiv steht ein solcher Mensch ständig unter Druck, objektiv aber geschieht gar nichts. Während er selber sich permanent als überanstrengt erlebt, sind seine Mitmenschen gewöhnt, ihn für ein Faultier zu halten, und sie werden ihm entsprechende Vorwürfe machen. Tatsächlich aber ist die Apathie, der Widerwille, der Ekel vor allem Äußeren schließlich so groß, dass es nur noch im engsten Innenraum eine Zuflucht gibt: die eigenen vier Wände und, wenn die nicht zählen, das eigene Körperich, schließlich nur noch die Bettdecke über dem Kopf: – die Welt wird immer schmaler, immer kleiner, alles dreht sich um ein Ich, das im Grunde gar nicht existiert, alles rotiert wie ein Kreisel, um ein Selbst zu stabilisieren, das gar nicht besteht.

Beide Bewegungen: die Flucht nach draußen wie die Flucht nach drinnen, sind übertrieben, sind ungemäß, sie finden keine wirkliche Mitte. Zusammenkommen könnte beides nur, wenn sich als erstes eine Gelegenheit fände, darüber zu sprechen, wie es denn zu dem jeweiligen Zustand gekommen ist. Erst so hörte das vermeintlich Selbstverständliche, das Naturgesetzliche, das angeblich in den Genen schon Festgeschriebene auf, seine Zwangsstruktur zu behalten. Erst als erkannt, als bewusstgemacht, als durchgearbeitet öffnet das Unbewusste sich zu einem Raum der Freiheit, um bei sich noch einmal nach Alternativen zu suchen. Es mag ja sein: in Kindertagen war die Welt draußen eine einzige Zumutung, aber eben drum ist die Wahrscheinlichkeit sehr groß, dass heute, in der Gegenwart, andere Menschen gründlich anders sind als die Eltern, die man damals kennengelernt hat, dass andere Haltungen heute anders wirken als just der Standpunkt, den einzunehmen man als Kind genötigt war. An jeder dieser Stellen wird es darum gehen, noch einmal die Anforderungen zu überprüfen, die von außen an einen Menschen gestellt wurden und schließlich als Anspruch an sich selber verinnerlicht wurden. SIGMUND FREUD hätte darauf hingewiesen, dass es um einen Konflikt geht, der sich im Grunde zwischen Ich und Es abspielt: Eine Fülle von Wünschen war einmal bereit, sich in der Wirklichkeit zu erfüllen, dann aber traten Zwänge, Ängste, Verbote, schließlich Verdrängungen an die Stelle der Wünsche; nicht mehr das Eigene zu betreiben und zur Entfaltung zu bringen, sondern etwas von außen an deren Stelle zu rücken wurde zur Pflicht. Die Folge: Man kennt sich am Ende im eigenen Leben am allerwenigsten aus.

Wer bin eigentlich ich? Was war ursprünglich mal mein Wunsch? Was war das, was ich einmal wollte? All das ist in Verwirrung geraten.

Auf der anderen Seite sind die ursprünglichen Wünsche aufgestaut und übermächtig, – man muss sie fürchten; ganz normale Kinderwünsche, die nie geduldet wurden, ganz normale Gefühlsreaktionen, die damals weder ausgesprochen noch gelebt werden konnten, liegen jetzt wie kläffende Hunde vor der Tür und versperren den Ausweg in die Wirklichkeit.

Unter solchen Voraussetzungen ist das Ringen um ein rechtes Maß darin begründet, sich noch einmal Fragen zu stellen wie: was hast du selber gewollt? was könntest du jetzt mögen und wünschen, und wie bekommst du deine eigenen Wünsche ein Stück weit gelebt? Wie gehst du damit um? Die »normale« Antwort auf solche Fragen wird unter den gegebenen Bedingungen lauten: Im Grunde gar nicht; im Grunde treten Schuldgefühle an die Stelle, an welcher einmal hypothetisch Wünsche sich bildeten; aber gehen wir solchen Schuldgefühlen nach und fragen, worauf sie sich denn richten, welchen Inhalt sie haben, so werden wir mit Sicherheit, wenn wir nur lange genug im Sande buddeln, die Quellen finden, an denen bestimmte Wünsche in Angst und Schuld vergiftet wurden. Doch gerade darin liegt jetzt eine Chance, das ehemals Verbotene oder Undenkbare zum Sprechen zu bringen. Freilich ist damit noch lange nicht gegeben, dass auch entsprechende Entschlüsse gefasst würden. Solche Entscheidungen würden ja bedeuten, alte Autoritäten beiseite zu räumen, alte Dreinreden wegzuschieben und alte Rationalisierungen aufzulösen. Es würde bedeuten, dass sich das eigene Denken, die beste Kraft des Ichs, mit dem Es, mit dem eigenen Wünschen verknüpfte; man könnte zum erstenmal überlegen, was denn auch nur heute Nachmittag oder morgen früh wirklich getan werden möchte: »Womit hätte ich Aussicht, zufrieden zu sein mit mir selber, statt unzufrieden zu sein mit der Umgebung?« – Wir begreifen, dass das rechte Maß, sich zu finden, eine Fülle von Schattierungen im Umgang mit sich selbst aufweist.

Es ist, wie wenn wir eine Lampe, statt sie ins Zentrum zu setzen, irgendwie in eine Ecke gerückt hätten, so dass sie über alle Gegenstände Schatten werfen muss; statt richtig zu beleuchten, sorgen wir dafür, mit der Lampe fast alles zu verdunkeln. So ist es, wenn ein Mensch sein rechtes Maß auch nur zwischen Ich und Es nicht kennt.

Wir können an dieser Stelle noch denken, das alles sei aber doch nur Psychologie. Wir werden noch sehen, wie viel an Religion unmittelbar in der Frage der Selbstfindung steckt. Vorerst mag es genügen, eine kleine Erzählung zum Besten zu geben, die der arabische Mystiker AL GHASALI unter dem Titel Von der Vorzüglichkeit der Zufriedenheit überliefert hat; er schrieb:

»In den israelitischen Geschichten wird erzählt, dass einem Diener Gottes, der sich lange Jahre im Dienste Gottes mühte, im Traum eine Hirtin gezeigt wurde, die seine Gefährtin im Paradiese sein sollte. Er fragte nach ihr, bis er sie fand, und blieb bei ihr drei Tage zu Gast, um zu sehen, worin ihr frommes Tun bestand. Aber wenn er des Nachts betete, so schlief sie, und wenn er des Tags fastete, so aß sie. Da fragte er sie: ›Tust du weiter keine Werke, als was ich gesehen habe!‹« Sie sagte: ›Nein, bei Gott, nichts als was du gesehen hast, und ich weiß nichts weiteres.‹ Er aber hörte nicht auf, in sie zu dringen, dass sie nachdenken sollte, bis sie schließlich sagte: ›Ich habe eine kleine Tugend. Wenn ich in Not bin, wünsche ich mir nicht Wohlergehen, wenn ich krank bin, wünsche ich mir nicht Gesundheit, wenn ich in der Sonne stehe, wünsche ich mir nicht, im Schatten zu sein, und wenn ich im Schatten sitze, wünsche ich mir nicht, in der Sonne zu stehen.‹ Da legte der Mann die Hand auf sein Haupt und sprach: ›Ist das eine kleine Tugend? Bei Gott, es ist eine sehr große Tugend, zu der die Diener Gottes zu schwach sind.‹«

Was dieser »Diener Gottes« erlebte, war die Möglichkeit, dass das Ich und das Es in der jeweiligen Situation zusammenkämen; es bedeutete ihm soviel, wie sich selbst gefunden zu haben, weil Gott gefunden zu haben.

Allerdings meinte schon SIGMUND FREUD, so einfach sei das Leben nicht. Neben dem Konflikt von Ich und Es beschrieb er *zum zweiten* die möglichen Verzerrungen der Person zwischen den Forderungen des Über-Ichs und den Reaktionsbildungen des Ichs. Das »Es« steht für das Unbewusste überhaupt, und es lagern darin zunächst eine ganze Reihe von Triebwünschen; das System aber, nach dem wir mit dem »Es« umgehen, vor allem das System von Prämien und Strafen, wird der Einfachheit halber irgendwann verinnerlicht, – es mechanisiert sich; wir wollen nicht bei jedem Augenblick überlegen müssen, was nun richtig oder falsch sei, irgendwann wollen wir es wissen; aus dem Es wird das Über-Ich und behauptet fortan sein Terrain auf dem Boden des Ichs. Mit einem Wort, wir müssen überlegen, wie wir mit Oben und mit Unten umgehen, wofür wir uns loben und wofür wir uns verachten, was die Maßstäbe sind, nach denen wir uns messen, und wie sie so verrutschen können, dass wir ein rechtes Maß in uns selber sehr schwer oder gar nicht zu finden imstande sind. Wie es dahin kommen kann, dass Menschen gewissermaßen chronisch das falsche Maß an sich anlegen, lässt sich psychologisch in vielerlei Formen zeigen.

Die Griechen erzählten sich eine Geschichte, in der ein gewisser Prokrustes Leute, die er bei sich zu übernachten einlud, wie ein Foltermeister, entsprechend den Maßen seines Bettes, in dem sie schlafen sollten, entweder streckte, um sie auf die richtige Länge zu bringen, oder zusammenstauchte, um sie entsprechend zu verkürzen: Das Maß, nach dem die Menschen bei diesem Prokrustes sich zu richten hatten, war dessen vorgegebener, starrer Maßstab. Man müsste schon den reinen Zufall oder Glücksfall treffen, um in einem solchen Prokrustes-Bett auch nur eine Nacht ohne Schaden ruhen zu können. Was die Griechen meinten, war die Einsicht, dass ein von außen auferlegtes Maß einen Menschen verkrümmen und verkümmern, aber ganz sicher nicht richtig wachsen lässt. Der Hinweis liegt in dieser Erzählung, dass ein Mensch nur glücklich werden kann, wenn es ihm gelingt, sein eigenes Maß zu finden. Dazu aber würde es gehören, dass er vom Gutdünken der anderen ein Stück weit abzusehen vermöchte. Wenn die erstbeschriebene Aufgabe schon nicht einfach zu lösen war, so ist es die zweite Aufgabe jetzt: die Synthese von Oben und Unten, von Über-Ich und Ich, wohl ebenso wenig. Wie soll ein Mensch das Urteil auch nur seiner eigenen Eltern relativieren können? Es lässt sich psychologisch gut verstehen, wie Eltern, die in sich selber und untereinander kein rechtes Maß gefunden haben, alle möglichen Erwartungen auf ihr Kind legen, so dass dessen Über-Ich am Ende jedes vernünftige Maß vermissen lässt.

Nehmen wir an, dass eine Mutter selber als Kind gerne Pianistin geworden wäre, aber dass die Verhältnisse ihrer Familie eher kleinbürgerlich, jedenfalls für einen solchen Wunsch ganz ungeeignet waren; die Zeit war noch nicht reif dafür, dass ein Mädchen auch nur ein Abitur machen, geschweige denn hätte studieren und überhaupt schon gar Kunst und Musik hätte studieren können. Der brennende Wunsch dieses Mädchens aber blieb bestehen; und was Schöneres also blieb ihm zu wünschen, als dass sie, zur Frau geworden, zumindest ein Kind bekäme, das seinerseits eine Pianistin würde? Fast erscheint es ungerecht, wenn die Psychologen, die Psychoanalytiker, davon sprechen, dass ein solches Kind als Wunschideal seiner Eltern missbraucht werde, indem es als Substitut und Ersatzfigur der unerledigten, der unterdrückten oder verbotenen Wünsche der Eltern dienen müsse. Richtig bleibt es trotzdem, dass all die Hohlstellen im Leben von Eltern sich auswirken, indem sie als Pflichtvorschriften durch die Person der Kinder erfüllt werden sollen. Die Kinder sind buchstäblich dann die Lückenbüßer im ungelebten Leben der Eltern, sie sind gehalten, diejenigen Probleme zu lösen, die im Leben der Eltern ungelöst liegengeblieben sind. Man kann dabei auf Seiten der Eltern nicht einfach von Ehrgeiz reden; subjektiv möchte jene verhinderte Pianistin als Mutter wirklich nur das Beste für ihr Kind: Das Kind soll es endlich schöner haben als sie selber! Dennoch betrachtet sie das Heranwachsende gewissermaßen mit dem Stolz eines Jungen, der im Herbstwind seinen Drachen über dem Stoppelfeld steigen lässt: Je höher der Drachen schwebt, desto höher steigt die Phantasie des Jungen, der ihn an der Leine hält; sein Drache aber wird nie frei, und der Junge, der ihn steigen lässt, wird nie die Wolken erreichen. Dazwischen schwebt nichts weiter als die Phantasie, ein schönes Spiel, aber wehe denen, die genötigt werden, es mit der Wirklichkeit zu verwechseln! Ein Kind, das nur dafür da ist, dass der Vater oder die Mutter zu ihm aufschaut, hat keine gute Möglichkeit, mit beiden Beinen über die Erde zu gehen. Es wird ein Engel sein müssen, und wenn es ihm nicht gelingt, ein Engel zu werden, wird es sehr bald das Gefühl bekommen, in ihm stecke der Deibel, alles sei verhext, durcheinandergeraten, gefährlich sogar für den Familienfrieden am Mittagstisch.

All diese einfachen Beispiele zeigen lediglich bestimmte Einfallstore zu einem Zustand, bei dem ein Über-Ich sich auf eine Weise organisiert, dass ein ständig ungerechter, ungerechtfertigter, unangemessener Maßstab der Selbstbewertung daraus resultiert. Wir haben schließlich Erwachsene vor uns, die ständig nach fremden Schablonen sich bewerten mussten. Wir haben es mit Menschen zu tun, die dreißig, vierzig Jahre lang sich bemüht haben, alles richtig zu machen, gut zu sein, hilfsbereit zu sein, und die gleichwohl voller Misstrauen mit sich selber sind; chronisch sind sie mit sich unzufrieden, gallenbitter, voller Sarkasmen und gänzlich außerstande, irgend etwas bei sich selber anzuerkennen; ständig sind sie auf der Suche nach Fehlern, wie ein Hund auf dem Friedhof: jeder Knochen ist ihm nahe; aber an irgend etwas Lebendigem, an etwas, wovon man Anerkennung oder Wertschätzung finden könnte, herrscht nicht das geringste Interesse.

Es ist dieser inwendig aufgenommene Standard, den man auflösen müsste, es ist dieser Konflikt zwischen Ich und Über-Ich, der gelöst werden sollte, aber dieser Konflikt trägt sehr schwer, weil in aller Regel das Ich noch überlagert ist sogar durch bestimmte religiöse Komponenten. Ginge es nur um die Eindrücke von Vater und Mutter, so hätten wir meist noch ein relativ leichtes Spiel vor uns; aber nun ist schon in die Seele des Achtjährigen der Beichtvater eingezogen und mit ihm der liebe Gott, der Vater im Himmel und die Mutter Gottes, und das hat dafür gesorgt, dass das Familiendilemma nunmehr im Himmel sich aufführt als Teil einer Metaphysik, die ins Ewige und Unangreifbare gehoben wurde. Da ist kein eigenes Denken mehr möglich, denn die gesamte kirchliche Ideologie steht dagegen; zweitausend Jahre einer Kirche, die ewig recht hatte, weil sie vermeintlich unfehlbar ist, sprechen dagegen. Die Vernunft wird angeleitet, gegen sich selber zu denken und die Gründe des Selbstwiderspruchs zu rechtfertigen. Die Gefangenschaft wird immer enger, ein Entrinnen immer unmöglicher.

Ein rechtes Maß würde demgegenüber darin bestehen, einen geistigen Aufstand zu wagen und den Mut zu gewinnen, noch einmal über das Beigebrachte nachzudenken, jetzt allerdings mit der Frage: Wie passt denn das alles zu mir? Wie finde ich heraus, was für mich ein rechtes Maß bedeutet? Wer bin ich überhaupt selber, mit welchen Anlagen, welchen Fähigkeiten, auch jetzt in der Art des Umgangs mit mir selber? Mit welch einer Lebensgeschichte eigentlich, die ich selber nicht zu verantworten, bestenfalls zu ertragen hatte, stehe ich denn nun da? Wie gewinne ich Verständnis für mich? Und was sind die Kriterien, mit denen ich mich anerkennen oder tadeln möchte? Was sind die Zielsetzungen, die ich selber in meinem Leben anstreben kann?

Maß finden, merken wir immer mehr, ist identisch damit, sich selber zu finden. Kaum anders können wir sagen, als dass im Inneren eine Synthese entstehen müsste, die zwischen Ich und Es und zwischen Ich und Über-Ich vermittelt. Als SIGMUND FREUD über dieses Thema schrieb, fügte er allerdings noch hinzu, es komme zugleich darauf an, mit der Wirklichkeit übereinzustimmen; das mache, dass das Leben nicht leicht sei. Damit stehen wir *zum dritten* jetzt vor dem neuerlichen Problem einer möglichen Übereinstimmung zwischen Person und Wirklichkeit. Formulieren wir das Problem so: Selbst wenn wir einen Menschen vor uns haben, der weiß, woran er mit sich ist, weiß er dann schon, wie er mit den andern zurecht kommt? Allein schon, dass er womöglich nicht mehr so tüchtig ist, wie sie ihn bisher, als er immer noch der Windhund seiner Mutter oder seines Vaters war, in seinem Betrieb ausgenützt haben, ist enttäuschend für die Mitwelt; es kann sogar eine Rückstufung im Gehalt oder eine Arbeitsentlassung zur Folge haben. Man ist nicht mehr zufrieden mit ihm; »er ist nicht mehr der alte«, werden die andern sagen, als hätten sie einen Anspruch und ein Recht sogar, festzuschreiben, wer dieser andere ist und zu sein hat, und als wären sie alle nur die Folgediener dessen, was schon in Kindertagen angerichtet wurde. Es ist auf jeden Fall nicht ohne Risiko, sein eigenes Maß zu finden.

Freilich dann stimmt es: Es muss gelingen, auch mit den Bedingungen ringsum, mit der sogenannten »Wirklichkeit«, einen lebbaren Kompromiss zu schließen. Es ist nicht möglich, völlig blind durch die Welt zu laufen. Es ist nicht möglich zu sagen: »Jetzt habe ich mich gefunden, jetzt habe ich mich selbst verwirklicht, jetzt bin ich bei mir selbst angekommen, jetzt schlage ich alles ringsum zu Brei.«

So ist kein glückliches Leben möglich. Es ist auch nicht der Sinn der Psychotherapie, eine solche Einstellung zu fördern, obwohl dieser Vorwurf sehr oft erhoben wird, vor allem von Theologen, die kaum wissen, was in der Therapie eigentlich geschieht, sondern die nur ihre eigene Furcht pflegen, dass da etwas geschehen könnte, das mit ihnen zu tun haben würde. Psychotherapeuten ihrerseits betonen in aller Regel, dass sie auch Anwälte der Realität sind und dass das Ich selber gerade der Ort der Realitätswahrnehmung sei. Das Ich ist jedenfalls keine Schaubude für Filme, die man von sich selber aufführt, es ist ganz im Gegenteil der Ort, an dem festgestellt wird, was stimmt und was nicht stimmt, drinnen wie draußen. Man hat zum Beispiel einen bestimmten Wunsch, man ist auch entschlossen, ihn sich zu erfüllen, aber nun kommt die Frage, mit welchen Mitteln, unter welchen Voraussetzungen die Erfüllung des Wunsches sich realisieren lässt. Ein Wunsch ist noch nicht ein fertiger Entschluss. Ein Entschluss entsteht erst, wenn man die Mittel kennt, die man einsetzen muss, um zum Erfolg zu gelangen.

Stets stellt sich in vielfacher Form die Frage, wie die Realität draußen und wie das innere Leben, die eigene Person, in Übereinstimmung zueinander zu bringen sind. Oft genug kann es sein, dass der Widerspruch nicht aufzulösen ist, – wir müssen, grad weil wir vom Beispiel Jesu ausgingen, unbedingt noch mal darauf zurückkommen. Wir halten bis dahin fest, dass das rechte Maß etwas völlig anderes ist als ein Zollstock für den Schreiner, ja, dass es auch psychologisch etwas anderes ist, als die Griechen sich darunter vorstellten: eine bestimmte Definition, die in sich Geltung besäße und dann nur noch wie ein festes Metermaß an die menschliche Wirklichkeit, an das menschliche Handeln anzutragen wäre. Was wir statt dessen zu sehen bekommen, ist die Feststellung, dass das rechte Maß die Leistung einer Synthese darstellt.

Logisch geahnt hat das ARISTOTELES, und darin war er genial. Alle seine Tugenden in der *Nikomachischen Ethik* hat er als eine solche Synthese formuliert. Was er das Maß nannte, war im Grunde die goldene Mitte zwischen zwei Extremen.

Die Definition der Tapferkeit erscheint bei ARISTOTELES z. B. als eine einfache Aufgabe: Es gibt den blind-tollkühn ins Feld Laufenden, er wird mit Sicherheit bei der nächsten Schlacht draufgehen; und es gibt den Feigling, der sich gleich verbuddelt, anstatt gegen den Feind zu marschieren. Genau dazwischen liegt die Tapferkeit! Man kennt die Gefahr, man ignoriert sie nicht, ganz im Gegenteil, man nimmt sie möglichst genau wahr, aber man weicht ihr auch nicht aus, sondern man pariert sie.

Doch wie ist eine solche Haltung möglich? Erst mit dieser Frage begann ein eigentlicher Erkenntnisfortschritt. Zur Tapferkeit, ohne dass ARISTOTELES länger darüber nachdachte, gehört, wie wir sahen, ein Ich, das sich den Forderungen draußen auch gewachsen weiß.

Ein großes Problem, wie bestimmte Situationen mit adäquaten Reaktionen beantwortet werden können, liegt tatsächlich in der Furchtsamkeit der eigenen Person. Das Ich kommt sich selber zum Beispiel viel zu klein vor; irgend ein anderer indessen erscheint desto eher mit der Größe ausgestattet, die einmal die eigenen Eltern besessen haben, als man drei oder vier Jahre alt war. So etwa hat der eigene Ehemann irgendwas gesagt, und schon beben einem die Glieder, als wäre er der Stellvertreter des eigenen Vaters. Im Grunde sind adäquate Reaktionen in bestimmten Situationen überhaupt nur möglich mit einem guten Anteil an Selbstvertrauen und an partnerschaftlichem Umgang. Nicht ständige Kampfbereitschaft spiegelt sich in dem Begriff der Aristotelischen »Tapferkeit«, sondern ein Stück Selbstbewusstsein, das sich zutraut, mit dem andern so umzugehen, wie er es verdient; doch das wird sich zeigen, man muss es nicht im voraus wissen; man wird ganz sicher zu sehen bekommen, ob der andere ein wirklicher Freund ist oder nicht. Jedenfalls muss man nicht gleich von vornherein um sein Leben rennen oder fürchten. ARISTOTELES empfahl immer, dass ein »guter und schöner Mensch« ruhig durch die Straßen von Athen ginge; wenn er jemanden laufen sah, so wusste er schon: Mit dem ist etwas nicht richtig, entweder hat er die Zeit nicht richtig eingeteilt, oder er hat seine Möglichkeiten falsch kalkuliert – ein vernünftiger Mensch muss niemals rennen, sondern er kann mit Bedacht sich bewegen. – Wir sehen, ARISTOTELES war ein Aristokrat!

Aber in ähnlichem Sinne dachte er natürlich weiter: Was ist

Gerechtigkeit? Wieder formulierte er eine Synthese, ein Mittelmaß zwischen zwei Extremen. Es gibt eine Art, gesetzlich zu sein, die so streng ist und unerbittlich, dass die Römer später sagen konnten: Das höchste Maß der gesetzlichen Gerechtigkeit ist das höchste Unrecht. Und sie konnten ironisch sagen: Es mag die Welt zugrunde gehen, es geschehe die Gerechtigkeit! Eine solche Einstellung bildet ein Extrem.

Ein solches Extrem fand sich in der US-Justiz, als die beiden Brüder LA GRAND hingerichtet wurden, zwei gerade über 18 Jahre alte Jugendliche, die bei einem Bankeinbruch mit einer Spielzeugpistole in Panik geraten waren und einen zufällig herumliegenden Brieföffner einer Frau in den Rücken gestoßen hatten; achtzehn Jahre später sind sie vergast bzw. vergiftet worden. So etwas ist nicht »Gerechtigkeit«, so etwas ist Rache. So etwas hat nichts zu tun mit dem Anspruch, den ein Mensch hat, beurteilt zu werden für das, was er war, was er tat oder was er geworden ist; da entledigt man sich Menschen auf genau die Art, die zur Erklärung des Tathergangs denn auch hervorgehoben wurde: Es handle sich bei diesen Verbrechern um »wilde Tiere«. Und dann darf man sie erschießen, aufhängen, vergiften, – was auch immer? Darf man das mit Tieren? Darf man das mit Menschen, die man für »Tiere« erklärt? Menschen sollen sich benehmen wie Menschen, ja; aber was sind dann das für Menschen, die ihnen jede Gelegenheit nehmen, sich zu wandeln, sich zu läutern?

Merkwürdigerweise beruft die amerikanische Justiz sich mit Vorliebe auf die Bibel, näherhin auf das 9. Kapitel der Genesis: »Wer Menschenblut vergießt, dessen Blut muss auch vergossen werden«, heißt es dort. Nach diesem archaischen Maßstab hätte Moses seine Gesetze nie erlassen können, sondern die Ägypter selbst hätten ihn, wenn sie seiner am Sinai habhaft geworden wären, noch bevor er sagen konnte: »Du sollst nicht töten«, töten müssen; soviel steht fest, denn er hatte eigenhändig einen Ägypter gemordet. (Ex 2,12) Und so könnten wir quer durch die Geschichte gehen. Die Leute, die nur zufrieden sind, wenn sie gerade jemanden getötet haben, sind selbst latente Mörder und handeln nicht adäquat zu der Situation, nicht adäquat zu den Menschen, mit denen sie wirklich zu tun haben. Wir sind ungerecht im ganzen, wenn wir Gerechtigkeit ohne Verständnis und ohne Güte üben.

Das ist die eine Seite des Extrems. Das Umgekehrte sah ARISTOTELES auch: es kann Menschen geben, denen ist die Frage nach Recht und Unrecht derartig egal, dass es in ihren Augen gar keine Rolle mehr spielt, was Menschen tun. Zwischen Fanatismus und Gleichgültigkeit, genau dazwischen, meinte der große Grieche, liege der Wille, Ordnung zu setzen, genau dazwischen gestalte sich Gerechtigkeit.

Der Philosoph hatte keinen Anlass, in seiner Zeit und seiner Gesellschaft über die Liebe nachzudenken, aber natürlich können wir von seinem Ansatz her durchaus kreativ weiterformulieren. Wie sollte im Sinne des ARISTOTELES die Liebe eines Menschen beschaffen sein? Sie müsste wieder sich beschreiben lassen als eine Synthese von Extremen; diese Synthese könnte geschlechterspezifisch lauten: Die Liebe eines Mannes bestehe in der Fähigkeit, zu nehmen, indem er gibt, zu erobern, indem er freilässt, zu umfangen, indem er öffnet und begleitet. Und worin bestünde die Liebe einer Frau? Sie bestünde ebenfalls in einer Synthese, indem die Hingabe identisch wäre mit Stolz, das Sich-Verschenken mit einer tieferen Form, sich selber zu behüten, das Sich-Öffnen damit, sich selbst tiefer zu erfahren. Immer zwischen solchen Extremen lässt sich die rechte menschliche Haltung formulieren.

Woran ARISTOTELES dabei nicht dachte und woran auch die katholische Moraltheologie, die sich seit den Tagen des hl. THOMAS VON AQUIN auf diesen großen griechischen Philosophen berufen hat, nicht Wert legte, ist nun freilich die Voraussetzung von all diesen logischen Ableitungen. Um die entscheidende Synthese zu bilden, brauchen wir eine Person, die selber in sich vereinigt ist, und dazu brauchen wir ein gerüttelt Maß an Psychologie. Das war es, was im 19. Jahrhundert der dänische Religionsphilosoph SÖREN KIERKEGAARD bereits entdeckt hat: Das menschliche Sein selber ist eine Synthese zwischen Himmel und Erde, zwischen Unendlichkeit und Endlichkeit, zwischen Ewigkeit und Zeitlichkeit. Ein Mensch, meinte KIERKEGAARD, kann nur zu sich selber finden, wenn er sein Selbst gründet in einem Vertrauen, das es ihm erlaubt, das Unendliche zu erkennen und zu ersehnen, ohne selber unendlich sein zu müssen, das es ihm ermöglicht, in der Ewigkeit zu ruhen, um selber in dieser Welt Zeit zu haben, und das ihn befähigt, frei zu sein von sich selber und eben darin bei sich selber anzukommen.

Es ist, wenn wir von Psychologie sprechen, bisher stets um die Frage gegangen, wie wir mit Angst umgehen; der zentrale Gedanke des Vaters der Existenzphilosophie gründete darin, dass wir Angst nicht beseitigen können, wenn wir mit ihr allein bleiben, dass aber auch die Menschen an unserer Seite uns nur begrenzt helfen können; unsere Ängste sind viel zu oft das Konterfei dessen, was einmal war, hineingestellt freilich in die Gegenwart. Der Grundgedanke Jesu, auf den KIERKEGAARD sich bezog, bestand darin, dass man, wie vom Himmel auf die Erde kommend, von Gott her ein Absolutes an Vertrauen dem Menschen schenken könne, damit er es lerne, die paar Jahre auf dieser Erde im Gleichgewicht mit sich selbst zu leben. Alles werde uns dann gehören; auf nichts hätten wir Anspruch, doch alles dürften wir sein, und alles könnten wir werden, eben weil wir es nicht länger sein müssten und zu sein hätten. – Die deutsche Sprache ist genial darin, dass sie für den Irrealis im Grunde eine Form der Vergangenheit setzt (wäre statt war, würde statt wurde, hätte statt hatte), denn das ständige Träumen im Irrealis bedeutet, dass das ganze Leben sich in der Vergangenheit abspielt und in die Vergangenheit entgleitet. »Hätte sein müssen« ist identisch mit völliger Verlorenheit; »sein dürfen« aber ist demgegenüber ein Realis der Erlaubnis. Da hinein zu leben ist das ganze Leben, und es enthält eine zutiefst religiöse Funktion. Doch was wird passieren, wenn ein Mensch sein Maß gefunden hat? Er wird unzweifelhaft entdecken, dass wir in einer Welt leben, die sich jedes Maß abgewöhnt zu haben scheint. Doch eben diesen Widerspruch gilt es jetzt auszuhalten.

Immer noch lautet ja die Frage vom Anfang: Wieso können wir Jesus immer wieder als eine Vorbildgestalt schildern, wo er nach bürgerlichem Maßstab so unmäßig war, dass anscheinend keine Maßnahme anders als ihn totzuschlagen gegen ihn wirksam wurde? Dieser Mann hat die Welt zutiefst mit seiner Maßlosigkeit aufgewühlt; er hat sich mit nichts zufriedengegeben außer mit dem, was er Gott nannte und was ihm als Traum möglicher Menschlichkeit vorschwebte. Er war der Unpassendste, der Ungemäßeste unter allen Menschen, und fragen wir nach dem Grund, so müssten wir denken: eben weil er sein Maß gefunden hatte inmitten einer Welt, die kein Maß kennt, musste er als die Ungemäßheit selber erscheinen; zwischen Person und Umwelt gab es in seinem Falle keinen Kompromiss mehr. Warum das sein kann, lässt sich unschwer zeigen, wenn wir unsere derzeitige Wirklichkeit betrachten.

Nehmen wir nur das wohl wichtigste Faktum: Wir Menschen haben uns selber zum Maß aller Dinge gemacht. Es war wieder erneut ein Grieche, ein sophistischer Philosoph, PROTAGORAS mit Namen, der in den Tagen PLATONS, im 5. Jahrhundert v. Chr., darüber nachsann, wie wir überhaupt Maßstäbe für Richtig und Falsch finden könnten; dabei verfiel er darauf, dass nichts, was für Menschen gültig sei, etwas anderes sein könne als das, was Menschen selbst sich als gültig setzten. Jede Aussage, die Menschen über die Wirklichkeit machten, so dachte er, sei nichts weiter als das Spiegelbild menschlichen Denkens. Im Grunde redeten die Menschen stets mit sich selber, und weil die Erkenntnisbedingungen deshalb so deutlich jeden Erkenntnisvorgang festlegen, formulierte er am Ende: »Der Mensch ist das Maß aller Dinge, der seienden, dass sie seien, und der nichtseienden, dass sie nicht seien.« Es gelte, mit einem Wort, nur das, was subjektiv anerkannt werde, und zwar eben dadurch, dass es erkannt werde.

Aus dieser erkenntnistheoretischen Anthropozentrik hat die christliche Theologie sehr bald eine metaphysische Mittelpunktstellung des Menschen abgeleitet. Verbunden mit dem Weltbild der Bibel, wurde der Mensch zum Maß aller Dinge erklärt, indem Gott die ganze Welt erschuf just auf den Menschen hin. Die Betrachtungen aus dem Buche *Jesus Sirach* sind insofern charakteristisch, als in ihnen die ganze Schöpfung auf den Menschen hin konzipiert wird. Da wird vielfältig behauptet, dass Gott den Gang der Dinge kenne, und es schwingt dabei mit, dass wir Menschen auf ihn eben deshalb Vertrauen haben könnten. Ausgesagt wird, dass alle Dinge sich so wohlgefügt fänden, dass nie eines fehle und keines ersetzbar sei, sondern dass alle notwendig und zur rechten Stunde und am rechten Ort beieinander stünden, in einer vollendeten Harmonie. – Unsere eigene Erfahrung wohlgemerkt deckt sich nicht ohne weiteres mit dieser gläubigen Vorstellung. Wir haben in unseren Tagen die Angst, das Leid und den Schmerz an der Realität so weit getrieben, dass es zu einer Glaubensforderung wurde, Gott müsse zu unserer Rettung eingreifen. Wenn er schon die Welt schafft, nicht nur um uns zu ermöglichen, sondern geradewegs um uns hervorzubringen, als Inbegriff all seiner Veranstaltungen, ist er dann nicht verpflichtet, die Bühne der Welt so zu bereiten, dass wir darauf glücklich werden?

Ein derartiger Glaube ist in der Neuzeit mit immer größerem Tempo und in immer größeren Radien des Zweifelns und der Verzweiflung zerbrochen. Achtzig Prozent der Bevölkerung sind mittlerweile nach über 1500 Jahren christlicher Verkündigung im Abendland zu Atheisten geworden, weil dieses Bild: »der Mensch aber steht im Mittelpunkt der Welt«, und: »die Welt als die Schöpfung Gottes meint es gütig mit uns«, sich in ihren Augen bis zum Widersinn widerlegt hat. Statt dessen sind wir herangegangen, Gott zu ersetzen. In unserer Vorstellung bleiben wir natürlich nach wie vor das Maß aller Dinge, doch nun bestimmen wir, was zu sein hat und was nicht zu sein hat, welche Flächen der Natur verschwinden und welche wir erhalten wollen, welche Tierarten wir ausrotten und welche wir vielleicht neu zum Leben zulassen, indem wir sie selber in den Genlabors erschaffen; wir sind die Herren, wir können's und wir machen's und wir werden's – wir sind das »Maß aller Dinge«. Doch eben das ist Unmaß.

Wenn jemals im griechischen Sinn von Hybris zu reden wäre, dann ist es diese Haltung, die uns freilich ganz normal geworden ist. Dieses Unmaß erfüllt die Desiderate einer falschen Religion, und es hilft nicht mehr viel, darauf zu verweisen, dass die Bibel entscheidend dazu beigetragen hat, eine solche falsche Religiosität heraufzuführen; entscheidend ist, dass es keinen Grund gibt, darin fortzufahren, auch nicht mit Berufung etwa auf Jesus. Der Mann aus Nazareth, der die Güte wollte, kann die Barbarei einer selbstgewissen Gewaltausübung über die gesamte Weltwirklichkeit nie und nimmer gutgeheißen haben wollen. Im Gegenteil betrachtete er diese Welt, in der er uns Menschen als Kinder Gottes ansah, wesentlich als Heimstatt seines Vaters. Wie sollte da Grausamkeit gegenüber den Geschöpfen zu einem guten Recht des Menschen werden? Freilich, man muss all die Gedanken der großen Dichter, Philosophen und Religionsstifter der Vergangenheit kreativ weiterdenken, man muss sie wie die Strahlenfinger eines Leuchtturms dazu benutzen, hinaus aufs Meer zu segeln, statt immer wieder an den Klippen zu scheitern, auf denen der Leuchtturm gebaut wurde. Es gilt, sich ins Weite zu entfalten, über den Ausgangspunkt eines bestimmten Weltbildes hinaus, wenngleich in dieselbe Blickrichtung, die von dem Leuchtturm angezeigt wird.

Dann allerdings sollte es möglich sein, dass Menschen ihr Maß finden in einer Welt, die selber nicht menschlich ist und die es uns dennoch erlaubt, dass wir in ihr leben und in ihr dem Leben dienen. Dann hätte ALBERT SCHWEITZERS Denken das Maß getroffen, wenn er sagte, alle Ethik sei ins Unendliche gedehnte Verantwortung.

»Der Mensch als Maß aller Dinge«, – daraus ist zum zweiten jedoch geworden, dass Macht für das Maß aller Dinge gilt; nicht die Menschheit, auch nicht die Menschen, sondern die mächtigen Menschen bestimmen, was im eigentlichen Sinne Menschen sind und was von Menschen zu halten ist. Man kann den Alten vermutlich keinen Vorwurf daraus machen, dass für sie Gott und die Macht, der Vater im Himmel und der Herrscher auf Erden, der Kaiser und der Papst, mehr oder minder ein und dasselbe waren, aber es ist das Christentum, es ist die Haltung Jesu gewesen, die Gott von jeglicher Menschenmacht trennen wollte. Jesus war radikal genug, die Spannung der Propheten in der Bibel so aufzugreifen, dass es keinen Kompromiss zwischen Gottesherrschaft und Menschenmacht mehr geben sollte. Entweder Gott oder all die Lakaien, die sich an Gottes Stelle setzen! Ihr solltet nicht Vater sein, ihr sollt nicht Herren sein! Das waren seine deutlichen Worte! (Mt 23,8.9) Für Jesus war Gott geradewegs das rechte Gegengift gegen den Glauben an das Gottesstellvertretertum der Herrscher, die immer herumwalten, als könnten sie Gott auf die Erde bringen und als müsste man ihnen nur im Gehorsam zuhören, um zu wissen, was denn der Ewige mit unserem Leben gemeint habe. Das ganze daraus folgende Gebräu von Sklaverei, Angst und Abhängigkeit war nicht nach dem Geschmack Jesu; er wollte, auf dass Menschen ihr Maß fänden, auf Leben und Tod von solchen Ideen Abschied nehmen.

Doch eben deshalb ist und war der Rückfall der christlichen Kirchen in das archaische Weltbild der Gleichsetzung von irdischer und geistlicher Macht schlimmer als alles, was im alten

Ägypten oder im alten Persien sich aufgeführt hat. Seit den Tagen KONSTANTINS hatten die Menschen zu lernen, dass man dem Kaiser gehorchen müsse, weil man nur in ihm Gott finde. In der Zeit der Pharaonen mochte man glauben, dass beide miteinander verschmolzen seien, eine symbolische Synthese von Himmel und Erde; jetzt aber gilt eins nach dem andern: Als erstes gilt es, dem Kaiser zu gehorchen und in ihm Gott. Oder noch besser: als erstes dem Papst und dann dem Kaiser und dann Gott, und schließlich, weil man nicht einmal mehr einen Kaiser und einen Papst braucht, genügt es, dass irgendein Fürsterzbischof bestimmt, wo und wie die Grenzen der richtigen, der allein selig machenden Religion verlaufen; dann steht es fest, wie viele Menschen man zum Beispiel um 1600 in Paderborn ermorden musste, damit man wieder katholisch wurde und nicht etwa der Irrlehre und Ketzerei eines MARTIN LUTHER angehörte.

Jeder begreift unter solchen Umständen natürlich, dass von Gott gar nicht mehr die Rede ist, sondern nur noch von der Macht der Fürsten. Sie diktiert hinfort, was Gott ist; doch genau diesen Zustand hat das Abendland akzeptiert! Wir haben den Westfälischen Frieden seit den Tagen von 1648 in Osnabrück und Münster darauf gegründet, dass dieser Zustand erhalten bleibt. Um Gottes Willen den Staat in Frage zu stellen mit religiösen Argumenten, das gilt für radikal, für fundamentalistisch, für extrem, dagegen muss die gesamte bürgerliche Mitte aufgerufen werden. Um zu sagen, dies und das sei so nicht gemeint im Neuen Testament, und wir hätten die Pflicht, uns an die Botschaft der Bergpredigt zu halten, kann wohl nur bei Fragen angehen, die den Einzelnen betreffen, nicht aber die gesellschaftliche Ordnung im ganzen. Ob etwa Abtreibung Mord ist, darüber können wir reden, aber ob das Training von jungen Leuten zum Töten eine Aufforderung zum Mord ist, ob mit anderen Worten Soldaten Mörder sind, das ist kirchlicherseits nie diskutiert worden, und das wird auch nicht diskutiert werden dürfen. Ganz im Gegenteil.

Wir müssen jetzt nur noch dabei sagen, dass die Macht natürlich sich nicht um ihrer selbst willen erhält; Macht hat wesentlich den Zweck, Geld einzutreiben, und so sind wir, nachdem der Mensch zum Maß aller Dinge geworden ist, inzwischen dahin gelangt, dass die Macht des Geldes das Maß aller Dinge ist; ja, wir stehen dicht vor der Feststellung, dass überhaupt der Maßstab für Wert einzig im Geld liegt. Nichts hat irgendeinen Wert, es sei denn, es realisierte sich als Preis auf dem Markt! Mittlerweile wächst da eine ganze Jugend heran, die einen anderen Wert als Macht und Geld nicht mehr kennt. Derselben Jugend, der man mit allen Mitteln im bürgerlichen Lager die traditionellen Werte der Bürgerpflichten beizubringen sucht, vermittelt man zugleich den Eindruck, dass überhaupt nichts einen Wert besitze. Tiere, die fühlen, haben offensichtlich keinen Wert, wenn man mit ihren Qualen und mit ihrem Fleisch Geld erzielen kann, warum auch? In der Natur ist nichts als eine ausbeutbare Ware anzutreffen; die schönsten Landstriche verhökern wir heute schon an den, der am meisten dafür bezahlt.

Und glaubt man wirklich, dass mit Menschen anders umzugehen sei? Nominell sind Menschen natürlich unendlich wertvoll, doch wenn es darum geht, ein Unternehmen dahin zu verlagern, wo die »Billigarbeitskräfte« sich befinden und wo die »Billigstarbeitskräfte« unter Konkurrenzdruck angeworben werden können, wird der Kapitalismus ganz von allein die richtige Spur zu seinem Profit aufnehmen. Ein anderes Interesse kann er naturgemäß nicht haben; das ganze System des Kapitalismus besteht darin, mit Geld noch mehr Geld zu machen. Das ist nicht nur ein etwas an ihm, darin besteht es, das ist nicht sein Fehler, das ist seine Essenz und Dynamik. Wer das kapitalistische Wirtschaftssystem bejaht, der muss seine Maßlosigkeit akzeptieren. Doch auch nur darüber zu reden, dass Jesus den Menschen die Wahl zwischen Gott und Geld vorlegte als eine Entscheidung zwischen Himmel und Hölle, das macht aus dem Mann aus Nazareth endgültig einen Radikalen, den man auch in der Gegenwart eigentlich nur bekämpfen kann (Mt 6,24). Mit einem solchen Mann ist nicht Politik zu machen, ist nicht Staat zu machen, seine Vorstellung über Macht und Geld funktioniert nirgendwo. So glaubt man. Und doch verkörperte und verkündete Jesus auf Leben und Tod die Möglichkeit, ein Maß zu finden, das uns leben ließe und das das Unmaß einer ganzen Welt widerlegen würde.

Übrig bleibt, dass ein jeder lernt, herauszufinden, wer er selber ist, und es sich nicht tottrampeln zu lassen; übrig bleibt die Aufforderung, so bedingungslos zu leben, wie es in ihm liegt. Es ist nicht länger mehr die Frage, ob eine Blume groß ist oder klein, es ist die Frage, ob sie richtig lebt, als Buschwindröschen oder als Lilie. Zwischen beiden liegen äußerlich große Unterschiede, doch gelten diese Unterschiede nicht für die Blumen selber. Die Blumen selber können nur so leben, wie sie sind. Und so wir Menschen auch. Gott hat die Menschen nicht gleich gemacht im Sinne einer flächigen Homogenität, er wollte uns offenbar in Unterschieden. MARTIN BUBER hat einmal sehr schön einen chassidischen Rabbi sagen lassen: »Am Jüngsten Tage wird Gott mich nicht fragen: Rabbi Sussja, warum bist du nicht Mose geworden oder Elija, – wir hätten sie zu unserer Zeit so sehr gebraucht; er wird mich fragen: Rabbi Sussja, warum bist du nicht Rabbi Sussja geworden?« Nichts ist falscher, als das Eigene zu gründen in einem falschen Vorbild, und nichts ist richtiger, als das Maß zu finden, das in uns liegt, nach innen wie nach außen, nach oben wie nach unten, zwischen uns und der Weltwirklichkeit, durch Synthesen, die nicht identisch sind mit faulen Kompromissen. Was als »Tugend« erscheint – SÖREN KIERKEGAARD hatte völlig recht –, ist nichts weiter als eine Funktion gelebten Glaubens; unterhalb davon werden wir's nicht bekommen.

Gerechtigkeit
oder: Wie nahe kommen wir der Not
der Menschen?

Abbildung vorherige Seite:
Justitia – Gerechtigkeit. Vor einem hohen Gebäude sitzt auf dem Bild die Tugend der *Gerechtigkeit (Justitia)* an dem befestigten Uferrand eines Flusses, der in der Ferne unter einem hochbogigen Viadukt hindurchfließt. An diesem von Wanderern begleiteten »Strom des Lebens«, im Schatten freilich des »Gefüges« zivilisierten Zusammenlebens, hält die *Gerechtigkeit* ihr Richtschwert in der Rechten und bemüht sich in der Linken, ihre hochgehaltene Waage auszutarieren. Ihr Gewand, das von einer menschengesichtig geformten Fibel zusammengehalten wird, gibt ihre Brüste frei, zum Zeichen der »bloßen Wahrheit«, für die sie sich einsetzt und die sie verlangt. Die lateinische Beischrift von CORNELIS SCHONAEUS sagt:

Aequa iudicij / suspenda singula lance,
Nec me divitiae, / nec me data munera flectunt.
Gleich und gerecht ist mir / ein jedes, wiegt's meine Waage.
Nicht können Gelder mich, / nicht etwa Geschenke bestechen.

Das Problem der *Gerechtigkeit* wird hier nicht in der prinzipiellen Schwierigkeit, wo nicht Unmöglichkeit gesehen, »Recht« über Menschen zu sprechen; die Welt erscheint vielmehr als in sich geordnet, und die vermeintlich einzige Gefahr der *Justitia* liegt in der individuellen Versuchbarkeit einzelner Gerichtsdiener durch Korruption und Geldgier.

Als letzte, krönende Eigenschaft unter den Tugenden wollen wir die Gerechtigkeit betrachten. Es gibt in der Ethik und Moralphilosophie aller Zeiten keinen Begriff, aus dem heraus so viel an Geboten und Regeln abgeleitet und begründet worden wäre wie aus dem Begriff Gerechtigkeit. Er gilt als Inbegriff des Sittlichen überhaupt, als die Grundlage jeglicher geordneter, staatlicher Gesetzgebung; in ihm ist das geschriebene, geltende Recht enthalten, das den Begriff Gerechtigkeit konkretisiert. Aber was ist das? Und wenn es so etwas gibt, wie können wir Menschen damit leben? Was wird aus uns Menschen in einer Welt, die ungerecht ist, und wie lässt sie sich wandeln zu einem Mehr an Gerechtigkeit? Vor allem aber: welch eine Haltung hat der Mann aus Nazareth in bezug zu dem Begriff Gerechtigkeit, wie wir ihn von den Griechen, den Römern gelernt haben, eingenommen? Wie vereinbart sich die religiöse Haltung Jesu mit der ethischen Grundlegung des menschlichen Daseins überhaupt? Schließlich bleibt die Vorstellung von dem gerechten Richter am Ende der Tage, als welcher den Frommen Gott gilt. Ist er die erhoffte Einheit von Religion, Moral und Weltwirklichkeit? Fragen über Fragen, jede ein eigenes Problem für sich und eben darin doch auch eine Hoffnung auf Lösung oder auch eine mögliche Enttäuschung. Was eigentlich?

Der Mann aus Nazareth war kein Philosoph, kein Politiker, kein Traktateschreiber, er war ein Dichter, ein Therapeut, ein Prophet. Alles, was Jesus über den Menschen dachte, über die Welt, über Gott, kleidete er in kleine Geschichten. Eine seiner kostbarsten, aufregendsten, am meisten revolutionären Geschichten zum Thema Gerechtigkeit befindet sich bezeichnenderweise in dem Evangelium, das man Matthäus zuschreibt, dem Mann, der der Legende nach an der Zollstätte als ein Sünder von Jesus weggeholt wurde und der jedenfalls wie kein anderer unter den Evangelisten sich überzeugt gibt, notwendig sei dem Menschen eine reine Vergebung, eine reine Gnade. Bei ihm, im Matthäus-Evangelium, findet sich als Sondergut die Geschichte von den *Arbeitern im Weinberg* oder, wie man besser sagen sollte, von dem grundlos gütigen Weinbergbesitzer, denn um den geht es. Hören wir Mt 20,1-16!

Mit dem Himmelreich verhält es sich wie mit einem Hausherrn, der früh am Morgen ausging, um Arbeiter für seinen Weinberg einzustellen. Als er mit den Arbeitern einig wurde über einen Silbergroschen als Tageslohn, sandte er sie in seinen Weinberg. Da ging er aus um neun Uhr morgens und sah andere müßig auf dem Markt herumsitzen und sprach zu ihnen: Geht auch ihr hinein in den Weinberg; ich will euch geben, was recht ist. Und sie gingen hin. Abermals ging er um zwölf Uhr und um drei Uhr und tat dasselbe. Um fünf Uhr nachmittags ging er aus und fand andere und sprach zu denen: Was sitzt ihr hier den ganzen Tag untätig herum? Sie sprachen zu ihm: Es hat uns niemand Arbeit gegeben. Er sprach zu ihnen: Los, auch ihr in den Weinberg! Als es nun Abend wurde, sprach der Herr des Weinbergs zu seinem Verwalter: Ruf die Arbeiter und gib ihnen den Lohn. Fang an bei den letzten bis zu den ersten. Da kamen die, welche um fünf Uhr eingestellt worden waren, und jeder empfing einen Silbergroschen. Als da die ersten kamen, meinten sie, sie würden mehr empfangen. Aber auch sie empfingen nur jeder einen Silbergroschen. Und als sie den empfingen, murrten sie gegen den Hausherrn. Sie sprachen: Die da haben eine einzige Stunde gearbeitet, aber du hast sie uns gleichgestellt, die wir des Tages Last und Hitze tragen mussten. Da antwortete er, er sagte einem von ihnen: Mein Freundchen, ich tu dir nicht Unrecht. Bist du mit mir nicht einig geworden über einen Silbergroschen? So nimm, was du bekommen hast, und verschwinde. Ich will auch diesem letzten dasselbe geben wie dir. Hab ich nicht die Macht, zu tun mit dem, was mir gehört, was ich will? Oder bist du neidisch, weil ich gut bin?

Matthäus fügt noch hinzu: »So werden die letzten die ersten und die ersten die letzten sein.« Aber das ist schon nicht mehr Teil des Gleichnisses.

Alle Forderungen, die Menschen an die Welt und aneinander richten, haben mit Recht und Gerechtigkeit zu tun. Elementar scheint das Bedürfnis des Menschen danach, gerecht behandelt zu werden. Und was könnte moralisch für wichtiger erscheinen, als dass jedem Menschen zuteil würde, was ihm gebührt, – »jedem das Seine«? Eben das meint Gerechtigkeit.

Was geschieht, wenn Menschen sich ungerecht behandelt fühlen, erzählt die Bibel bereits auf der dritten Seite, in der Geschichte von *Kain und Abel* (Gen 4,1-12). Es ist das Erlebnis, dass ein Mensch machen kann, was er will, – er fühlt sich abgelehnt. Das allein möchte vielleicht noch hingehen, wenn nicht neben ihm ein anderer wäre, der sich genauso um Anerkennung und Zuwendung bemüht; er macht im Grunde nichts anderes, er leistet nichts Besseres, und dennoch, ohne etwas Bevorzugtes zu tun, wird er bevorzugt. Die Ungleichheit unter den Menschen, das Empfinden, zu Unrecht zurückgesetzt zu werden, kann aus einem Wohlmeinenden einen Mörder machen, – so diese alte biblische Geschichte.

In der Tat sind Menschen imstande, der Enttäuschung an ihrem Bedürfnis nach Gerechtigkeit wegen bis zum äußersten zu gehen. Immer wenn ein Krieg ausbricht, wird im Hintergrund sich der Wille artikulieren, notfalls eben mit Gewalt sich Recht zu schaffen. Gerade deswegen meinte im 16. Jahrhundert bereits der Humanist ERASMUS VON ROTTERDAM warnend und mahnend, wer denn, wenn immer er Krieg führe, je in der Geschichte der Menschheit geglaubt habe, dass seine Sache Unrecht sei! Gerechtigkeit und Krieg? Gerechter Krieg! – Ist es möglich, dass wir mit der höchsten Legitimation, mit dem Begriff der Gerechtigkeit, bis zum Ungeheuerlichen zu schreiten vermögen und geradewegs aus dem Begriff Gerechtigkeit die »Pflicht« dazu ableiten? Papst PIUS XII. etwa, in den fünfziger Jahren des 20. Jahrhunderts, in der Ära des kalten Kriegs, der Angst vor der roten oder der gelben Gefahr, die im Osten in Gestalt des Kommunismus heraufzog, rechtfertigte sogar notfalls den Einsatz atomarer »Kampfmittel«, richtiger gesagt: atomarer Massenvernichtungsmittel. Aber derselbe Papst fügte hinzu, es sei der »Friede das Werk der Gerechtigkeit« – opus iustitiae pax.

Dieser Papst redete gern in der Sprache der römischen Antike, denn alle abendländischen Rechtsbegriffe verdanken wir mittelbar der Kultur der Römer. Ihr Staatswesen hat dem ganzen Abendland zum Vorbilde gedient, und ihre Auffassungen, Gesetze zu geben und in die Tat umzusetzen, hat die Geschichte des Abendlands zutiefst bestimmt. Wie also ist es möglich, Menschen in einen Raum zu führen, in dem – in römischem Sinne – Gerechtigkeit herrscht?

Manchmal im Gespräch mit Außenstehenden, wenn das Thema daraufkommt, wie dieser oder jener, aus der gleichen Familie stammend, sich doch so unterschiedlich entwickelt habe, ist zu hören, dass man sich wundern müsse: Es sei doch die gleiche Mutter, der gleiche Vater, es seien dieselben Umstände, unter denen sie groß geworden seien, wie könne es da sein, dass der eine so gut, der andere so schlecht geworden sei, der eine so tugendhaft, der andere so missraten, – wie Kain und Abel eben?

Tatsächlich wird es kaum eine Mutter auf Erden geben, die nicht den Wunsch in sich trüge, ihre Kinder gleich und gerecht aufzuziehen. Aber kann ihr das wirklich gelingen? Ist sie in den verschiedenen Lebensphasen wirklich noch die gleiche, die sie sein müsste zugunsten einer Gleichbehandlung ihrer Kinder, die aus recht verschiedenen Abschnitten ihrer eigenen Biographie stammen? Ist es möglich, auf unterschiedliche Kinder gleichmäßig und »gerecht« zu antworten? Vielleicht soll das gar nicht einmal sein! Wenn Gerechtigkeit darin besteht, einem jeden zu geben, was ihm gebührt, so wird eine Mutter, je sensibler sie ist, sehr wohl verstehen, dass jedes ihrer Kinder eine besondere Behandlung benötigt, eben weil es besondere Eigentümlichkeiten aufweist, – Eigenarten, die seine Individualität ausmachen. Das eine Kind ist temperamentvoll, es läuft wie wild umher – es muss in seinem Bewegungsdrang eher eingeschränkt werden, schon damit es nicht immer neu über seine Füße stolpert oder sich an jeder Tischkante stößt. Ein anderes ist eher schüchtern, verschüchtert sogar, und es bedarf der Ermutigung. Besteht Gerechtigkeit nicht gerade darin, auf unterschiedliche Menschen unterschiedlich einzugehen, eben damit jedem »das Seine« wirklich zuteil wird?

Aber bis zu welch einer Grenze kann man so verfahren? Einem Lehrer in der Schule etwa wird man anempfehlen, Gerechtigkeit in seiner Schulklasse walten zu lassen, und es gilt für ein ganz hohes Lob unter Pädagogen, wenn einem Lehrer just dieses Urteil von der eigenen Klasse und von seiten seiner Kollegen zuteil wird: dass er ein gerechter Mensch sei, eben das, was ERICH KÄSTNER im *Flie-*

genden Klassenzimmer als den Justus beschrieb, den Kinderliebling im Eisenbahnabteil, der versucht, in den Rangeleien seiner jungen Rabauken irgendeine gerechte Ordnung zu etablieren. Ein Lehrer ist gerecht, wenn er nicht nach Sympathie und Antipathie handelt, wenn er niemanden nach eigenem Gusto untervorteilt oder übervorteilt, wenn er gleichmäßig an den Leistungen seiner Schülerinnen und Schüler sich orientiert. Haben wir es aber tatsächlich schon mit Gerechtigkeit zu tun, wenn wir den Maßstab der Leistung und ihrer Bewertung als das Entscheidende in die Pädagogik einführen? Das eine Kind hat fleißig gearbeitet, es hat aber für ein spezielles Fach vielleicht wirklich nicht die Begabung wie ein anderes Kind gleich nebenan in derselben Bank. Diesem anderen fallen die Vokabeln oder die Rechenaufgaben förmlich zu, es braucht sich gar nicht anzustrengen. Wie ist es möglich, die Leistungsnote mit der persönlichen Bewertung so zu koppeln, dass so etwas wie Gerechtigkeit im Verständnis des Kindes dabei entsteht, dass Ansporn und Ermutigung das Ergebnis solcher Benotung bilden statt Entmutigung und Frustration? Was überhaupt will man bewerten, die Persönlichkeit des Kindes oder nur noch das objektive abgelieferte Produkt? Produkte zu bewerten sollte eigentlich mit »Gerechtigkeit« nichts zu tun haben, dafür gibt es klare Klassifikationstabellen, oder es sollte sie zumindest geben. Sie sind persönlichkeitsfremd, und wir stoßen allein bei einem Wenigen an Nachdenken schon auf die Merkwürdigkeit, dass die Gerechtigkeit auch nur schon in einer Klasse von zwanzig oder dreißig Schülerinnen und Schülern abstrakt zu werden beginnt. Den Einzelnen in seiner Persönlichkeit, in seinen Lebensumständen, in seiner Eigenheit immer weniger zu beachten und nur noch seine Außenseite, die abgelieferte Form seiner Selbstdarstellung in Gestalt von Leistungswertungen zu benoten gilt uns weitgehend für das Rechte, für die Forderung der »Gerechtigkeit«.

Noch einen Schritt weiter, und wir stehen erschrocken, vielleicht entsetzt vor dem Bild, das die Alten bereits von der Göttin »Gerechtigkeit« selber malten: Sie hält in ihrer Hand, wie der Gott Zeus, eine Waage, aber während der oberste der olympischen Götter auf der Waage in seiner Hand Leid und Glück, Unheil und Heil, Schicksalsschläge und Wohlergehen den Menschen zumaß, so sollte die Göttin der Gerechtigkeit urteilen über die Moralität der Menschen; sie aber tut es, soll es tun mit einer Binde vor den Augen, die den Einzelnen nicht länger anblickt: Um der persönlichen Begünstigung endgültig zu entfliehen, soll nur die objektive Tat einer Bewertung unterliegen. Aber kann sie das, darf sie das, ist das »gerecht«?

Da ist etwas durch einen Menschen verübt worden, aber wie will man den Tathergang bewerten, ohne den Täter wirklich zu beachten? Was hat er gewollt? Was waren seine Motive? Unter welchen Voraussetzungen seines Erlebens hat er so gehandelt? Was ging in ihm vor sich, ehe er so vorging? Was hat in seiner Tat sich von seiner Persönlichkeit ausgedrückt? Lässt sich die objektive Außenseite menschlichen Verhaltens von dem Subjekt isolieren, das darin steckt? Ist es »gerecht«, auf solche Weise das Tun eines Menschen von seinem Leben zu isolieren? Selbst die Römer, die so glaubten tun zu müssen, unterzogen ihr Vorgehen Zweifeln. Manche ihrer Philosophen, CICERO zum Beispiel in seinem Traktat über *Die Pflichten*, erklärten, dass das höchste Recht, so beschrieben, identisch sei mit dem höchsten Unrecht. Sie wollten sagen: Wenn wir nur noch einen fertigen Maßstab an die Außenseite des menschlichen Daseins anlegen, können wir nicht mehr erwarten, dass wir »Gerechtigkeit« schaffen, sondern wir werden dahin kommen, dass alle sich im Grunde ungerecht behandelt fühlen.

Was wir mithin dringend benötigten, wäre eine Form, Menschen in ihrer Eigenart und Persönlichkeit so transparent zu machen, dass es eine »gerechte« Bewertung allererst erlauben würde. Aber ist so etwas unter Menschen überhaupt möglich? Ist nicht, wie in den Tagen von Kain und Abel, die Ungleichheit der Menschen Los? Kann jemand ernsthaft hoffen, vor einem objektiven Tribunal ein objektives Urteil über sein Leben, über sein Tun, über sein Wollen und Sollen in Empfang zu nehmen?

Schon halten wir bei der nächsten Aporie. Genau so etwas müsste es geben, lautet die Forderung aller »Bürger« an ihren Staat; zumindest im Strafrecht müsse sich zeigen, dass die Gesellschaft eben darin fest gegründet sei, dass sie die Übertretungen ihrer Normen ahnde und die Übereinstimmung mit ihren Normen lohne. Wenn es möglich ist, soziale Normen straffrei zu übertreten, zeigt sich, dass diese Normen nicht länger in Gültigkeit sind. Wenn aber die Normen einer Gesellschaft nicht länger gelten, wird die Gesellschaft selber ins Chaos versinken. Es scheint daher die Pflicht zum Selbsterhalt jeder Gesellschaft zu sein, ihre Normen durch Strafen zu schützen und dementsprechend ein Prämiensystem zu vergeben, nach dem sich Wohlverhalten lohnt. Manche Sozialpsychologen sind sogar der festen Auffassung, dass das Verhalten der Gesellschaft in bezug zum Verhalten der Einzelnen im Umgang mit Lohn und Strafe durchaus nicht Anspruch machen könne auf »Gerechtigkeit«, es gehe vielmehr darum, der Gesellschaft selbst zu demonstrieren, wie stark ihre eigenen Gruppennormen seien und wie unverbrüchlich ihre Konsistenz in Geltung stehe. Lohn und Strafe sind demnach Schwingungen, Reaktionen der Gesellschaft auf Abweichungen, aber sie haben nicht im Sinn, dem Einzelnen Gerechtigkeit entgegenzubringen.

So weise wie diese Sozialpsychologen sind freilich die Menschen bis heute offenbar noch in keiner Gesellschaft. Jemand hat etwas Böses getan, ein anderer hat darunter gelitten, und nun fordert und verlangt er Wiedergutmachung. Was aber ist die Wiedergutmachung in Fällen, wo gar nichts wiedergutzumachen ist? Es ist etwas geschehen, das sich nicht mehr zurückrufen lässt – ein Mord, eine fahrlässige Tötung, eine Kindesmisshandlung... In diesem Falle soll nach absoluter Mehrheitsmeinung der Täter bestraft werden im gleichen Umfang, wie er Schaden zugefügt hat. Uraltes *ius talionis* bricht da auf: Gerechtigkeit als eine verbrämte Form des Rachegefühls: – wie du mir – so ich dir, das ist die Elementarfassung von »Gerechtigkeit« auf dem Boden der Strafjustiz! Wir erleben derzeit vor allem in den Vereinigten Staaten von Amerika, – am empfindlichsten besonders dort, weil sie unserem eigenen westlichen Rechtsgefüge am nächsten stehen, – wie man bis zur Todesstrafe vermeint, Gerechtigkeit über Menschen walten lassen zu können. Ein Achtzehnjähriger hat jemanden getötet; damit hat er das Recht verwirkt, weiterzuleben, und an der Gesellschaft ist es nun, zu bestimmen, was aus ihm wird. Er selber hat überhaupt kein Recht mehr, – so schon lautet die Forderung der »Gerechtigkeit«, folglich kann die Gesellschaft mit ihm machen, was sie will; sie kann ihn am Leben erhalten, wenn es ihr nützlich scheint, sie kann ihn zum Tode verurteilen, wenn es ihr zweckmäßig scheint. Er, der Einzelne, ist durch sein Unrecht-Tun ein rechtloses Subjekt geworden.

Der Deutsche Idealismus ging noch ein Stück weiter. IMMANUEL KANT etwa war der Auffassung, dass in Antwort auf Schwerverbrechen die Todesstrafe exekutiert werden müsse, einfach als Forderung der objektiv gültigen Gerechtigkeit selber. Er meinte, wenn ein Staat am heutigen Nachmittag noch sich selber auflöse, unterliege er gleichwohl der Pflicht, am Vormittag noch alle Urteile zu exekutieren, die im Namen der Gerechtigkeit gesprochen worden seien. Diese Ansicht bildet den deutlichsten Widerspruch zu der eben genannten sozialpsychologischen Rechtfertigung von Straf-Maßnahmen. Die Sozialpsychologie denkt Lohn und Strafe in Funktion des Selbsterhalts der Gruppe, KANT aber, als Moralphilosoph, sah in Lohn und Strafe nichts weiter als den Ausweis der Gerechtigkeit selber, mithin betrachtete er die Rechtsprechung als eine Einrichtung höchster Verbindlichkeit. – In seinen Schuhen, nur noch um ein weniges weiter, ging HEGEL. Für ihn war die Überlegung eine dialektische: Gegeben ist, was Recht sei; dagegen verstößt das Unrecht; also verlangt das Recht, sich gegen das Unrecht wiederherzustellen, und eben das ist die Strafe: – eine Gesetzesautomatik gewissermaßen, ein dialektischer Dreischritt aus Recht, Unrecht und Wiederherstellung des Rechts, die Strafe als eine logische Synthese von Recht und Unrecht, als eine unerbittliche Folgerung der Logik. Gerechtigkeit galt da für etwas in sich eindeutig Begreifbares – so erschien uns das alles noch vor zweihundert Jahren!

Mittlerweile wissen wir, dass Überlegungen dieser Art auf Abstraktionen basieren. Die »Gerechtigkeit« ergeht in einer solchen »Rechtsprechung« über das Tun eines einzelnen Menschen, gerichtet aber, hingerichtet sogar wird der einzelne Mensch, der Täter, als Person. Es ist jedoch nicht möglich, so sagten wir gerade, das Tun von dem Täter zu trennen und dann forensisch unter die Lupe zu nehmen, was seine Tat bedeutet, nach welchen Paragraphen sie bewertet zu werden hat, in welcher Rechtstradition sie entsprechend interpretiert werden muss. Was wir vor uns haben, sind Menschen. Alle Menschen aber hängen miteinander zusammen. Wie ist ein Mensch geworden, was er ist? Wie kam er dahin, Gutes zu tun, wie kam er dahin, Böses zu tun?

Allein, eine solche Fragestellung der Psychologie entfernt sich von der Betrachtungsweise der Moralphilosophie und der Jurisprudenz ganz erheblich. Für sie ist das Psychologische allenfalls das sekundär Hinzutretende, nie das Ursprüngliche. Die Tat selber wird bewertet, und nun kann die Psychologie erschwerend oder mildernd auf das Strafmaß einwirken, aber die erste Frage hat nicht zu sein: Was bist du für ein Mensch?, sondern eben: Was hast du getan? Wie aber, wenn eine tiefere Gerechtigkeit gerade darin gründen würde, als erstes danach zu fragen: Was bist du für ein Mensch? Wie hast du gelebt? Wie hast du leben müssen? Wie sind deine Gefühle gebildet worden? Konntest du überhaupt in der Tiefe deiner Wahrnehmung wissen, was gut oder böse ist? Nicht, als wenn man dir nicht bestimmte Begriffe beigebracht hätte, aber wie weit waren sie gültig für dein Empfinden?

MAX SCHELER in den zwanziger Jahren des 20. Jahrhunderts konnte sagen: Werte begründen sich nicht durch abstrakte Deduktionen, sondern sie müssen gefühlt werden. Wie aber, wenn ein Mensch unter Umständen affektiv in eine Welt hineingeraten ist, in der er zum Wert-Fühlen keinerlei Gelegenheit fand, wie, wenn er wertblind durch die Fühllosigkeit seiner Umgebung schon als Kind aufgewachsen ist? Kann man von einem solchen Menschen verlangen, dass er begreift, wie er sich einordnen soll?

Noch deutlicher! Um die moralische Sicherheit in der Bewertung menschlichen Verhaltens vollends zu verwirren: – Tierpsychologen haben gezeigt, dass z. B. Gibbonbabys nur in einer bestimmten Zeit lernen können, was es bedeutet, wenn ein Artgenosse die Zähne fletscht, was also ein Drohsignal ist; nur in einem ganz bestimmten Zeitraum ist dieses Signal für ein Gibbonbaby erlernbar; verpasst das Baby in dieser Zeit, zu lernen, was das Fletschen mit den Zähnen bei einem Artgenossen bedeutet, so wird es die Drohsignale später nicht richtig interpretieren können. Keine Frage, dass es eben deshalb sehr gefährdet sein wird; es wird viele Fehler begehen, für die man es strafen wird, aber es wird und kann nicht begreifen, warum es bestraft wird und was es eigentlich falsch gemacht hat. Es wird sich daher zur Wehr setzen, aber in den Augen der anderen wird es gerade dadurch noch größeres Unrecht auf sich laden. Es wird auf Grund des Mangels auch nur eines einzigen Lerninhaltes in Kindertagen sehr bald auf die schiefe

Bahn geraten. Und wenn das schon bei einem Gibbonbaby so ist, – könnte ein Ähnliches dann nicht auch bei uns Menschen der Fall sein? Ein geringer Ausfall an Lerninhalten zur rechten Zeit, eine Eintrübung des moralischen Sehfeldes in einem bestimmten Augenblick, Verwirrungen schon in der Person der eigenen Eltern, die persönliche Widersprüchlichkeit der Mutter oder des Vaters, eine gewisse Widersprüchlichkeit der Beziehung zwischen Vater und Mutter, – das alles und noch vieles mehr kann das Gefüge von Recht und Unrecht im Erleben eines Kindes so weit verwirren, dass es gar nicht mehr begreift, was gemeint ist, wenn wir sagen: Gut und Böse.

Wir klagen als Beispiel des unbedingt Bösen schlechthin einen Mann wie ADOLF HITLER an, aber wenn wir sehen, wie dieser Mann als Kind bereits dazu erzogen wurde, nicht an Gerechtigkeit zu glauben, sondern an Gewalt, was sollen wir dann von einem Erwachsenen erwarten, der so erzogen wurde? Und sind nicht seiner überaus viele? Nicht was du fühlst als dein Recht, wirst du bekommen, sondern was die stärkere Macht über dich gebietet, das war es, was ADOLF HITLER als Kind eingebleut bekam. Recht, so erlebte er, geht hervor aus den Entscheidungen der Macht. Das Recht wird getroffen durch die Dezision der Stärkeren, erklärte allen Ernstes zur selben Zeit der Rechtsphilosoph CARL SCHMITT in den dreißiger Jahren; seine »Schule« hat heute noch »Seilschaften« im Fachbereich Jura an den Universitäten. Es gibt demnach keine Gerechtigkeit, die im Himmel existieren würde, es gibt nur eine Fülle von Entscheidungen, die die Starken treffen, um sie den Schwachen aufzuerlegen. Gerechtigkeit wäre mithin nichts weiter als die objektive Form der Machtstruktur, die sich unter bestimmten historischen Verhältnissen gebildet hat. Wie sollen Menschen leben, denen man die Aussichtslosigkeit eingebleut hat, dass es so etwas gäbe, geben könnte wie Rechtsansprüche unter den Menschen?

Am ärgsten zweifellos ist es um die Frage bestellt, wer denn da glaubt, dass ausgerechnet er Recht exekutieren könne? Für IMMANUEL KANT waren es im Grunde ja nicht Menschen, die da Gerechtigkeit übten und ausübten, sondern es vollzog sich die Gerechtigkeit gewissermaßen selbst über den Menschen hinweg, wie ganz von allein. Im Deutschen Idealismus wurden Menschen wie Engel im Himmel betrachtet, als Träger absoluter göttlicher Befehle. Doch wieviel an Fremdheit dem menschlichen Erleben gegenüber artikuliert sich in solchen Gedanken, und wieviel Unrecht also gegenüber der Menschlichkeit und der menschlichen Wirklichkeit wird da geübt!

Noch einen Grad weiter, und wir fragen uns, was denn mit dem erhabenen Begriff der Gerechtigkeit in geschichtlichen Dimensionen auszurichten sein wird. Wir sprechen über das Recht des Einzelnen, aber wir verstehen sofort, dass die Geschichte sich zum Frieden, zur Harmonie nur lenken ließe, wenn ganze Gruppen in den Völkerfamilien, wenn ganze Völker in den Staatenfamilien und -verbänden ihr Recht anmelden und durchsetzen könnten. Da gibt es das Menschenrecht, da gibt es das Völkerrecht, und wir wissen, dass mit diesen Begriffen auf Jahrhunderte hin am Zustand der menschlichen Geschichte zu ihrer Verbesserung gearbeitet werden müsste. Menschenrecht bedeutet zum Beispiel Gleichberechtigung zwischen Mann und Frau. Einfach weil sie Menschen sind, darf keine sexistische Ungleichheit herrschen. So verstehen wir, zumindest heute in Europa, die Forderung der Gerechtigkeit. Mann und Frau mögen in Temperament und Körperbau verschieden sein, aber als Menschen haben sie gleiche Rechte voreinander und gegenüber einander. Wieviel wäre allein in diesem Punkte zu lernen in unserer Gesellschaft, insbesondere in der römisch-katholischen Kirche, in vielen Religionen, in vielen Kulturen! Aber lässt sich das »Menschenrecht« zwischen Frau und Mann einfach so verordnen, ohne nicht wieder Unrecht an lebenden Menschen zu üben?

Menschenrecht bedeutet, dass es keinen Unterschied machen darf, welch einer Hautfarbe ein Mensch ist. Rassistische Ungleichheit gilt, zumindest heute in Europa, dem Ideal nach als verwerflich; doch in der Praxis weiß jeder, wie weit davon entfernt wir noch sind. In den Südstaaten der USA etwa genügt es auch heute noch, ein Farbiger, ein »Nigger« zu sein, und es ist identisch mit Minderrangigkeit und Untertanenstatus.

Menschenrecht bedeutet, dass es egal sein sollte, ob jemand im Norden der Welt oder im Süden der Welt geboren wird. Aber gibt es eine solche Gleichheit? Im Süden geboren zu werden bedeutet für zwei Drittel der Menschheit, in Armut und Elend hausen zu müssen, und es bedeutet für ein Drittel der Menschen im Norden die Vorrangstellung, auf alles einen »Rechtstitel« zu tragen.

Menschenrecht bedeutet, dass ein jeder gleichen Zugang haben sollte zu den Bildungsmitteln, dass er eine faire Chance auf seine persönliche Entfaltung besäße. Wie aber soll das im Weltmaßstab möglich sein, wenn Menschen nach wie vor geschichtlich und kulturell so weit voneinander entfernt sind?

Und nun gar das Völkerrecht. Es ist bei der UNO verbrieft: Ein Volk hat das Recht, über seine Angelegenheiten selbst zu bestimmen. Was in unserer blutrünstigen, zynisch handelnden politischen Realität ist aus solchen Deklamationen geworden? Nehmen wir einen einzigen konkreten Fall, auch um einmal zu exemplifizieren, wie mühsam es sein kann, sich morgens bei der Zeitungslektüre zurechtzufinden.

Der einstige Kurdenführer ÖCALAN wurde von Griechenland, einem NATO-Staat, in die Türkei, einen anderen NATO-Staat, entführt. Wie jeder weiß, verweigert die Türkei dem Volk der Kurden das Selbstbestimmungsrecht. Das betrifft in Ostanatolien etwa 17 Millionen Menschen. Sie haben kein Recht auf ihre Kultur, auf ihre Sprache, auf ihre Eigenständigkeit – in einem NATO-Staat. ÖCALAN glaubte, gegen das Unrecht und gegen die etablierte Gewalt mit Gewalt aufstehen zu müssen, und es sei kein Unrecht, Unrecht mit notfalls auch unrechten Mitteln zu beseitigen. Natürlich fand das Regime in Ankara den Sachverhalt anders, es bekämpft die Kurden mit allen Mitteln, inklusive Terror, Folter und Militär. Aber wie kam ÖCALAN in die Hände seiner Todfeinde? Wie gelangte er von Athen in die griechische Botschaft nach Nairobi in Kenia? »Weil er dort sicherer war«, lautete zunächst die offizielle Auskunft. Doch wie das? Und wie gelangte er dann von Nairobi plötzlich in die Türkei? Das lag daran, dass der listige türkische Geheimdienst ihn gekidnappt hat, war die Auskunft. Im Deutschen Fernsehen indessen konnte der Bürgermeister von Nairobi sagen: »Hier in Nairobi bekommt das FBI, die amerikanische Polizei, alles, was sie will, auf jeder Regierungsebene, von jedem in ganz Kenia. Sie kann machen, was sie will.« – Natürlich hatte das FBI bei dem Kidnapping eine Rolle gespielt. Die Reaktion des FBI war denn auch dementsprechend. »Es ist nicht ganz leicht, sich in Nairobi vor uns versteckt zu halten«, meinte man süffisant. Aber das Problem war von Anfang an augenscheinlich, dass die Israelis irgendeine Rolle in der ganzen Affäre gespielt hatten. Zum erstenmal in seiner eigenen Geschichte erklärte der israelische Geheimdienst Mossad, dass er mit dieser Geschichte, mit der Angelegenheit der Entführung ÖCALANS, »absolut nichts, aber auch gar nichts zu tun« hätte. – Immer wenn wir hören, dass Regierungsstellen etwas absolut als »gar nicht« erklären, können wir fast wie blind unterstellen, dass sie unbedingt daran beteiligt sind und dass schon ihre Übertreibung sie als Lügner verrät. In der *Frankfurter Allgemeinen Zeitung* war dann zu lesen, wie sich die Dinge wahrscheinlich abgespielt haben, nachdem die Ägypter einen israelischen Offizier entdeckt hatten, der bei der Entebbe-Befreiung israelischer Geiseln damals in Uganda beteiligt war. Demnach müssen wir denken, dass der Mossad ÖCALAN aufgegriffen und den Türken überstellt hat. – Und warum dies alles nun? Was für ein Interesse können Amerikaner und Israelis daran haben, ihn auf dem Rücken der Kurden an die Türkei auszuliefern?

Wir sind auf der Suche nach dem Selbstbestimmungsrecht der Völker und nach der Gerechtigkeit, die in unserer Geschichte angeblich herrschen soll!

Da erfahren wir als erstes, dass man der damaligen griechischen Regierung erklärt hat, man könne in der Frage der Ägäis zwischen Griechenland und der Türkei für eine Weile lang den griechischen Standpunkt einnehmen, aber dafür müsse man sich erkenntlich zeigen gegenüber den Amerikanern. Die Amerikaner wohlgemerkt haben weder ein Interesse an den Kurden noch im Grunde an der Frage der Ägäis; was sie seit langem möchten und wohinein auch wir Deutsche verflochten werden, ist die Frontstellung gegenüber dem Islam: Wir müssen vermeintlich die Südflanke der NATO sichern für den Kulturkampf, für den Kulturkrieg zwischen Christentum und Islam, zwischen Orient und Okzident. Es ist, als wären wir im Nuklearzeitalter ideologisch wieder zurückgefallen ins 13. oder 14. Jahrhundert. Aber um die Südflanke der NATO abzuriegeln, brauchen die USA unbedingt die Türkei. Ihr muss man also in irgendeiner Weise entgegenkommen, und das offenbar ging und geht nicht anders, als indem man ÖCALAN auslieferte. Das ist der Gefallen, den man der Türkei tun konnte; darin involviert werden aber mussten unbedingt Israelis und Ägypter. Denn nur wenn diese drei zusammenkommen: Türkei, Ägypten und Israel, so ergibt das einen brauchbaren Sperr-Riegel an der Südostfront gegenüber den »fundamentalistischen« arabischen Staaten. – Ist es da nun Zufall, wenn wir lesen, wie viele U-Boote aus deutschen Häfen in die Türkei und nach Israel geliefert werden? Gilt das wirklich nur unserem Wirtschaftsvorteil? Wie hängen alle diese Dinge zusammen? Und was haben sie zu tun mit Gerechtigkeit?

Da ist ein ganzes Volk, die Kurden, das leidet, seitdem es existiert, und seit dem 19. Jahrhundert am meisten unter den Europäern, die den gesamten Orient für ihr Kolonialland erklärten, und zwar am ärgsten dann, wenn sie Erdöl fanden. Es ist ihnen dabei um Menschen nie gegangen. Selbstbestimmungsrecht der Völker, wer erwartet das in unserer Geschichte? Und welch ein Gerichtshof soll dieses Recht durchsetzen? Ist das alles nicht nur Augenwischerei, Betrug und Propaganda? Sehen wir nicht am Ende, wie der Begriff der Gerechtigkeit instrumentalisiert wird als moralische Waffe? Immer wenn Soldaten in den Krieg ziehen müssen, haben sie zu kämpfen für die »Gerechtigkeit«, – kein Mensch opfert sein Leben bloß für Erdöl oder für Bauxit oder für irgendeinen anderen Rohstoff. Es muss schon um etwas wirklich Wichtiges gehen, um große Ziele, damit jemand sein Leben einsetzt. Selbst als ABRAHAM LINCOLN den Bürgerkrieg gegen die Südstaaten ausrief, konnte er nicht sagen: »Es geht uns jetzt darum, dass die Vereinigten Staaten von Amerika eine Einheit bleiben, es geht uns um die Geschlossenheit des Staatenverbandes« er musste erklären: »Es geht uns um die Befreiung der Neger, wir haben eine humane Mission zu erledigen, wir kämpfen für die Freiheit und für die Gleichberechtigung im Süden.« Natürlich kämpfte man nicht darum; aber damit Menschen überhaupt kämpfen, brauchen sie hohe Ideale, und der Begriff der Gerechtigkeit ist offenbar in der Geschichte der am meisten missbrauchbare und verführerische unter allen kämpferischen Idealen.

Sollten wir im Angesicht von so vielen Schwierigkeiten nicht das Bemühen gänzlich aufgeben, an Gerechtigkeit noch zu glauben, auf sie noch zu hoffen? Selbst einmal unterstellt, wir könnten in der menschlichen Gesellschaft, in der menschlichen Geschichte, Gerechtigkeit oder zumindest begrenzt gerechte Zustände etablieren, behielte IMMANUEL KANT dann nicht immer noch recht, dass allein die Zumutungen des Schicksals im Raum der Naturordnung den Menschen ungerecht treffen? Für I. KANT waren die natürliche Ordnung und die moralische Ordnung einander so fremd, dass er, allein um sie beide zusammenzubringen, die Existenz Gottes glaubte postulieren zu müssen als des Schöpfers und des Einheitsgrundes beider Ordnungen, als eines Schnittpunktes von parallelen Linien im Unendlichen, als einer Hoffnung nicht für diese Welt, aber doch als eines Grundes, weiter zu glauben an die Vollendbarkeit des Menschen und seiner Geschichte. Selbst wenn wir sie nicht schaffen, nicht jetzt und nicht heute, so könnten wir doch weiter an der Gerechtigkeit arbeiten, um uns auf sie zuzubewegen: Mindestens die Hoffnung dürften wir hegen, uns auf sie zuzubewegen und nicht geradewegs von ihr weg; und zumindest doch wüssten wir, was Gerechtigkeit sei.

Freilich, wenn wir schon einmal an diesem Punkt angelangt sind, dass wir an Gott glauben müssen, um Gerechtigkeit auch nur für möglich zu halten, sollten wir vielleicht mit einer kleinen nachdenklichen Geschichte der Brüder GRIMM eine Art Intermezzo einschalten.

Sie alle kennen die Erzählung von der *Frau Holle*, die schon dem Namen nach als germanische Göttin mit den Thing-Plätzen, also mit dem Spruch der Gerechtigkeit in Rechtsstreitfragen, verbunden war. Verborgen im Untergrund der Welt hielt sie nach germanischem Glauben ihre Hände über die Menschen zu Lohn und zu Strafe gebreitet. Die Geschichte der Brüder GRIMM aber erzählt von zwei Mädchen, nennen wir sie mit LUDWIG BECHSTEIN die *Goldmarie* und die *Pechmarie*, deren eine schön und fleißig ist, aber von ihrer Stiefmutter übel behandelt und ungerecht misshandelt wird, wohingegen die andere, faule und hässliche, unverdientermaßen alles bekommt, was sie sich nur wünschen kann. Es ist, dass Goldmarie voller Verzweiflung dazu gebracht wird, eine Spindel, die ihr aus den blutig gearbeiteten Händen in den Brunnen gefallen ist, wieder emporzuholen. Wie eine Sterbende wirft Goldmarie sich hinab in diesen Brunnen. – Bis dahin könnten wir die ganze Erzählung wie eine Parabel auf all das lesen, womit wir uns gerade beschäftigt haben: Menschen ziehen aus mit der Erwartung, das Leben könne gerecht sein; aber dann werden es gerade die Besten sein, die am Unrecht der Welt am meisten leiden werden, bis dahin, dass sie irgendwann die ganze Erwartung von Lohn und Strafe werden aufgeben müssen. Solche Menschen sind dieser Welt wie abgestorben. Doch was sie auf diese Weise lernen, kommt einer Umwertung der Welt»ordnung« gleich, einer Neuentdeckung wahrer Gerechtigkeit. »Solange du noch etwas Gutes tust, in der Hoffnung, du könntest dafür Anerkennung erwarten«, so lautet die Lektion, »ist die Gefahr der Enttäuschung so groß, dass du dich kaum entschließen wirst, das Richtige noch zu tun.« Mit dieser Erkenntnis ist Goldmarie eine Verzweifelte an der Weltordnung. Aber nun geschieht es, erzählt uns das Märchen, dass sie unterhalb des Brunnens auf einer Wiese »aufwacht« und hört, wie die Dinge mit ihr zu reden beginnen: der Apfelbaum, der Backofen, und alle verlangen sie bestimmte Taten von ihr. – Kann es sein, dass ein Mensch ein solches »Aufwachen« erlebt als den Beginn einer Lebensform jenseits einer Gerechtigkeit, die in Lohn und Strafe sich darstellt? Kann es sein, dass er lernt, das Gute zu tun, einfach weil es richtig ist? Dann vernähme er den stummen Klagelaut der Dinge, der Tiere, der Menschen, und er täte von innen heraus, was im richtigen Augenblick getan werden muss. In sich selber trüge ein solches Verhalten, wenn schon, dann seinen Lohn; nicht von außen verfügt würde die Gerechtigkeit, sondern sie ergäbe sich aus einer neuen Einstellung zu sich selbst und zur Welt ringsum. Von einem Fortschritt quer durch die Jahreszeiten erzählt uns das Märchen, doch was es meint, ist ein inneres Reifen auf die Begegnung mit der Frau Holle hin: Die ganze »Belohnung«, die einer Goldmarie zuteil wird, liegt in der Bestätigung dessen, was sie schon ist: Gold wert ist sie, und so wird sich's zeigen unter dem Torbogen der Frau Holle! Anerkennen werden es später dann wohl auch die andern, aber das muss nicht so sein, das ist nicht mehr wesentlich, darauf kommt es nicht an. So verstanden, ist das alte Bild der Frau Holle Inbegriff und Symbol einer Gerechtigkeit, die sich nicht länger mehr von außen, sondern ganz und gar von innen erfüllt.

Mit solchen Überlegungen wohl erst haben wir die Voraussetzungen gewonnen, um zu begreifen, was im Neuen Testament Jesus wollte. Er hat über die Philosophie des griechisch-römischen Begriffs der Gerechtigkeit vermutlich niemals ernsthaft nachgedacht, aber was er vor sich sah, waren leidende Menschen, und was er dabei fühlte, wurde zunehmend auch ein Teil seines eigenen Lebens. Es ist schwer zu sagen, wie es einen größeren Kontrast zu all den philosophischen Ableitungen der Gerechtigkeit geben könnte, als er in der Position liegt, die der Mann aus Nazareth für sich eingenommen hat.

Wir sind in der »christlichen« Moraltheologie gewohnt, im Grunde die Philosophie der Griechen und Römer, ihre Vorstellung von »Gerechtigkeit«, einfach zu übernehmen, und selten erklärt man uns, wie absolut widersprüchlich Jesus zu all diesen Gedanken stand. Man kann nicht anders sagen: Jesus hat den Begriff Gerechtigkeit vollkommen umgekehrt!

Im Grunde gab es den Begriff Gerechtigkeit in römischem Sinne für Jesus als Juden überhaupt nicht. Was auf hebräisch mit »Gerechtigkeit« übersetzt wird, sollte man besser wiedergeben als »rechtes Verhalten unter den Augen Gottes«, als »richtiges Leben vor Gott«. Ein Zaddiq ist soviel wie ein »Heiliger«, kein »gerechter« Mensch in dem Formalsinn der Moralisten, sondern ein Mensch, der richtig lebt vor Gott. Aber was heißt das? Das ist der Anfang der Selbstbesinnung des *Jesus von Nazareth*. Und was er herausfand, ist ungeheuer: Es gibt das Gesetz des Moses, es gibt die Lehren der Rabbinen; sie alle gründen darin, Gott zu sehen als einen gerechten Richter, der zwischen Schwarz und Weiß wohl unterscheiden kann und der zwischen denen, die das Gesetz halten, und denen, die das Gesetz brechen, eine deutliche Zäsur zieht. Die Entdeckung Jesu indessen besteht darin, dass ein Mensch mit diesen Einteilungen niemals zurechtkommen wird. Solange er glaubt, dass da ein Gott sei, der »gerecht« über die Menschen entscheidet, wird er spüren, dass er mit diesem Gott nicht zu Rande kommen kann. Es ist nicht möglich zu sagen: »Hier stehe ich, Gott, und ich habe soundsoviel Gutes getan, und du stehst nun in der Pflicht, nach Maßgabe deiner Gerechtigkeit mich zu belohnen!«

Jesus malt eine solche Karikatur tatsächlich einmal in einem seiner Gleichnisse, in der *Geschichte vom Pharisäer und Zöllner* (Lk 18,9-14): Ein Superfrommer, ein Pharisäer, kommt in den Tempel und betet, wie es in seinen Tagen üblich war: »Mein Herr, ich danke dir«, spricht er zu Gott, »für all das, was du mir geschenkt hast, denn ich bin doch ein Mann, der fastet, wenn er muss, der betet, wenn er soll, der sein Leben rein geordnet hat, und ich bin dir dankbar, dass du es gemacht hast, dass ich nicht so bin wie zum Beispiel jener da, wie dieser Sünder, der Zöllner dort hinten im Tempel.« Es ist unerhört, wenn Jesus von dieser Einstellung meint, sie sei für Gott absolut inakzeptabel; sie sei ungerechtfertigt und unberechtigt, sie sei ein grotesker Selbstbetrug! Aber da gibt es tatsächlich diesen Mann, der nach Maßgabe der Gerechtigkeit nur alles falsch gemacht hat und der das auch weiß. Dieser Mann kann nur sagen: »Herr, erbarme dich meiner!« Von diesem Manne meint Jesus, er sei bei Gott »gerechtfertigt«, er habe verstanden, worauf es Gott ankommt. »Wenn ihr mit Gott sprecht«, wird Jesus (Mt 6,7) sagen, »dann redet nicht wie die ›Heiden‹« – »wie die Menschen, die Gott gar nicht kennen.« Vielmehr sagt: »Lieber Vater, alles musst du uns vergeben, denn anders könnten wir nicht leben. Und wir versprechen hiermit, auch einander alles zu vergeben, was jemand uns gegenüber schuldig ist.« (Mt 6,12)

Ist das »Gerechtigkeit«? Auf keinen Fall! Es ist der Anfang einer Neuentdeckung, einer Neubegründung des gesamten Lebens! Diese neue Sicht auf den Menschen ergibt sich daraus, dass der Mann aus Nazareth ersichtlich darunter leidet, wie bei der Instrumentalisierung des Begriffs »Recht« und »Gerechtigkeit« immer wieder die Armen unter die Räder kommen. Da gibt es die Reichen, – die sind etwas, die haben etwas, und so haben sie auch ihre Titel, also sind sie auch im Recht, und so haben sie ihre »recht erworbenen« Ansprüche, die sie verteidigen müssen. Die armen Leute aber haben gar nichts, also auch kein Recht. Und diese Zweiteilung der Menschen allein durch die Eigentumsverhältnisse, verwoben mit Begriffen des Rechts, ist für Jesus ganz einfach unmenschlich, egal wie es sich ideologisch begründet. Daraus folgt für ihn, dass »Gerechtigkeit« aufhören muss, eine Form der Durchsetzung des Egoismus des einen gegen den anderen mit moralischen Mitteln zu sein. Was Jesus unter »Gerechtigkeit« in hebräischem Sinne versteht, lässt sich so formulieren: »Es geht nicht länger darum, festzustellen, worauf du meinst, gewisse wohlerworbene Ansprüche zu besitzen, es geht einzig darum, herauszufinden, was ein anderer in seiner Not zum Leben braucht; und dann schau dich um, wer nicht solchermaßen in Not wäre! Was brauchen Menschen alles, wenn du sie nur einmal richtig kennenlernst?«

Rechtes Leben vor Gott, – das ist im Sinne Jesu dahin zu verstehen, dass wir alle nur existieren aufgrund eines Erbarmens, das sich über uns alle senkt, durch eine Vergebung all unserer Fehler und Verfehlungen ohne jede Voraussetzung. Es ist im Sinne Jesu nicht möglich zu denken wie die Priester im Tempel: »Wir haben gesündigt; aber nun lasset uns Opfer darbringen und den Gerechtigkeitswillen Gottes anrufen, indem wir Tiere töten und unsere üblen Taten mit ihrem Fleisch und Blut sühnen; dann wird Gott ein Einsehen mit uns haben.« Immer herrscht da der Aberglaube, wir könnten etwas tun, um unsere Position vor Gott zu verbessern; die Wahrheit im Sinne Jesu aber lautet: Wir stehen ganz und gar in Gottes Hand; denn wäre er wirklich der Gerechte, wäre er wirklich der Strenge, so müsste er strafen auf eine Art, die kein Ende mehr fände mit uns.

Plötzlich sieht Jesus uns alle miteinander verwoben: Es ist nicht möglich, Gott zu benutzen, um Menschen nach Gut und Böse voneinander zu trennen!

Sollten wir diese Grundüberzeugung Jesu einmal über 2000 Jahre hinaus in unsere Tage verlängern und vielleicht sogar in die nächsten 20 Jahre oder 200 Jahre der Zukunft projizieren, wäre es da nicht möglich, dass wir entsetzt und erschrocken vor all dem stehen, was wir heute noch Justiz nennen und als Werk der »Gerechtigkeit« begreifen? Da ist ein Mensch »böse«, und dementsprechend beurteilen wir ihn. Noch vor etwa 250 Jahren hätten wir womöglich erklärt, dass in einem solchen Menschen der Böse, der Teufel, stecke, er sei ein Hexer, er sei ein Besessener, und wir müssten, um gegen den Satan in ihm vorzugehen, ihn physisch vernichten, damit er in Kirche und Gesellschaft keinen Krebsschaden anrichte. Könnte es nicht sein, dass unser heutiges Reden von dem Bösen im Menschen nur eine säkularisierte, verbrämte Form alter Dämonenangst und Hexen-Jägerei wäre, genauso abergläubisch, genauso metaphysiziert und weit weg von der nötigen Einfühlung in die Zusammenhänge, in denen Menschen wirklich leben? Sehr wohl für möglich zu halten ist, dass nach gerade einmal 150 Jahren ernsten Bemühens um die Seele des Menschen wir in wenigen Jahrzehnten bereits sehr viel mehr wissen über das, was in unseren neuronalen Netzen alles sich abspielt, was in unseren Köpfen sich wirklich verdrahtet. Gesetzt einmal, es kämen Psychoanalyse, Neurologie und Verhaltensforschung zusammen und begründeten ein Modell unserer Psyche, das einem wirklichen Verstehen dient, hätten wir dann noch die Möglichkeit zu sagen: »Das hat ein Mensch frei getan, er wollte etwas Böses wirklich?« Ist es denn überhaupt denkbar, dass ein Mensch etwas »Böses« freiwillig täte? Dass er einen anderen Menschen leiden ließe, ohne selber ein Leidender zu sein? Gesetzt sogar, es käme die objektive Betrachtungsweise der Naturwissenschaften mit der geisteswissenschaftlichen Hermeneutik zusammen und wir könnten den Menschen gleichzeitig von innen und von außen wahrnehmen, könnte es dann wirklich noch Richter über die Menschen geben? Wüssten wir nicht am Ende nur noch, so wie Jesus es vor 2000 Jahren schon vor sich sah, dass Menschen einzig ein unbedingtes Verstehen brauchen, gerade wenn sie sich am meisten vom Chor oder von der Herde der Menschen entfernt haben? Und wie man ihnen nachgeht, das ist dann die Frage nach »dem, was jedem zukommt«, nach der »Gerechtigkeit«.

Diese neue Form von Gerechtigkeit gilt selbst im Umgang mit Geld. Das Gleichnis aus dem Matthäus-Evangelium, das Jesus von dem Weinbergbesitzer erzählt, ist in seinem äußeren Ablauf zeitgeschichtlich durchaus vorstellbar. Ein Weinbergbesitzer kann in der Sommerhitze seine Reben nicht verdorren lassen; also braucht er in sehr kurzer Zeit sehr viele Erntearbeiter. In den Tagen Jesu schätzt man, dass es in Galiläa eine große Zahl von Arbeitslosen gab, die frei als Tagelöhner angeworben werden konnten. Unter solchen sozialen Verhältnissen spielt das Gleichnis.

Einmal, dreimal, viermal geht der Gutsherr aus und holt von den Marktplätzen so viele Arbeiter, wie er bekommen kann. Es müssen die Reben eingebracht werden, am liebsten heute noch; schließlich will er keine Rosinen ernten, er will Wein produzieren, und dazu braucht er Arbeiter, jetzt, nicht erst in drei Tagen oder zwei Wochen. Bis dahin verläuft die Handlung absolut normal. – Dass wir hier großgrundbesitzerliche Verhältnisse vorfinden, bildet für Jesus in dieser Erzählung kein Problem, – es geht ihm nicht um die soziale Frage. Worum es ihm geht, ist die Stellung des Menschen vor Gott. Was für Rechte haben wir, zu sagen: »Dies ist unser Werk, und jetzt erwarten wir unseren Lohn«? Wie geht Gott mit uns um?

Die guten Leute, die frommen Menschen, die Gesetzeseinhalter werden sich wirklich vor Gott hinstellen und erklären: »Wir haben unser ganzes Leben lang uns Mühe gegeben, und wir erwarten jetzt von dir gewissermaßen die bessere Behandlung«, – so wie die katholische Kirche auch in der Gegenwart noch lehrt, dass zwar der Himmel der Himmel sei, doch eben in Unterschieden: da gebe es zum Beispiel neun Chöre der Engel, und natürlich sitze ein Mann wie der hl. AUGUSTINUS nicht unbedingt da, wo vielleicht einmal der Irrlehrer PELAGIUS zu sitzen komme; – und dann gar unsereins! Es gibt Abstufungen, je nach Verdienst, eben weil Gott gerecht ist, und man muss die Unterschiede bis ins Ewige hinein verlängern. All das, meint Jesus, ist ein grober Unfug und ein Missverstand im ganzen. Was wir wirklich brauchen, ist diesem Gleichnis zufolge eine Antwort auf das Gefühl, in gewisser Weise immer zu spät zu kommen.

Wann geht es einem Menschen mal auf, was er wirklich ist, was er hätte sein können, wie er sich hätte verhalten müssen, – wann merkt er es? Und wenn er es nun merkt und tut es, was »verdient« er dann?

Das Entscheidende an dem Gleichnis Jesu hier ist, dass der Weinbergbesitzer, froh, seine Ernte für heute eingebracht zu haben, großzügiger ist, als es dem ausgedungenen Tarif entsprechend wäre. Genau betrachtet, ist für die Arbeiter, die um fünf Uhr eingeladen werden, ein Lohn nicht festgesetzt. Ein paar Cent würden genügen nach Maßstab der »Gerechtigkeit«, nur: für diese paar Cent würde keiner der Arbeiter sich auch nur das Brot auf dem Basar kaufen können, das er für seine Familie braucht, nebst ein paar Gurken oder einer Melone. Aber ein Denar (etwa 30 Cent), das würde genügen. Dieser Weinbergbesitzer gibt am Abend nicht, was die Leute »verdienen«, sondern was sie brauchen.

Und so ist Gott, will Jesus sagen! Und wenn er so ist, sollten wir es nicht auch so halten? Rechtes Verhalten vor Gott, das wäre, wir würden den ganzen Tugendbegriff der Gerechtigkeit streichen! Denn vor Gott gilt er nicht! Und untereinander führt er nur in die Irre, bis hin zum Wirrsal und Wahnsinn »gerechter Kriege«! Aber würden wir den andern in die Augen schauen und uns fragen, was sie wirklich brauchen und was ihnen hilfreich ist, ihre Not abzuarbeiten, dann spürten wir sehr bald, was »rechtes Verhalten vor Gott« bedeutet.

Die einzige Schwierigkeit bei all dem liegt darin, dass es vielen Menschen scheinbar viel zu gut geht. Sie fühlen sich nicht so wie die Arbeiter, die um fünf Uhr nachmittags geworben wurden, oder wie der Zöllner hinten im Tempel. Sie denken immer noch, sie stünden da mit zwei festen Füßen auf der Erde, sie seien »gusseiserne Charaktere«, wie FJODOR M. DOSTOJEWSKI sie gerne nannte, – unbescholtene Naturen jedenfalls, ordentliche Bürger, Leute, die es »verdient« haben, dass es ihnen gut geht! Sie haben zum Beispiel ihre Villa gebaut, und die hat viel gekostet; wenn da jetzt jemand kommt und randaliert, oder er will sie ihnen sogar wegnehmen – Kommunisten zum Beispiel haben immer solche Ideen –, so gehören Bodyguards und Elektrozäune vor diese Villa gestellt und eine Privatpolizei, die man sich halten muss; wer Besitz hat, muss ihn wahren und mehren, das ist seine Pflicht, so ist die »Gerechtigkeit«, darauf hat er Anspruch. Wie kommt man mit Menschen zurecht, die sich in eine solche »Gerechtigkeit« verbeißen?

Jesus bekam es fertig, in der Einleitung der Bergpredigt zu sagen: »Glücklich nenne ich die Armen«, und er konnte im Kehrvers hinzufügen: »denn die wissen, dass Erbarmen nötig ist.« (Mt 5,3.7) Nur die sind fähig, Erbarmen zu leben, die irgendwann gespürt haben, wie arm sie sind und wie sehr sie selbst Erbarmen brauchen.

Jesus sagte: »Glücklich nenne ich die Menschen, die wehrlos sind«, die wissen, dass man nur im Frieden leben kann, »denn nur die werden Frieden machen.« (Mt 5,5.9) Alle andern werden immer wieder »gerechte« Kriege »führen«.

Natürlich kann und soll ein solches Denken Menschen nicht in Armut und Armseligkeit stürzen, aber wieviel an Selbsterkenntnis trennt uns davon, zu wissen, dass es nur dem Augenschein entspricht, wenn wir denken, »gut dran« zu sein bedeute auch schon, gut zu sein. Was wir nötig haben, meinte Jesus, ist eine Güte ohne Verdienst, was uns leben lässt, ist eine Vergebung ohne Vorbedingung, was uns aufrichtet, ist der Verzicht auf jedes »Gericht«.

Im Sinne Jesu geht das sogar bis in Geldangelegenheiten. »›Vergib uns unsere Schuld‹, hat Jesus gesagt«, erklärte mir dieser Tage ein Finanzmann; »er hat nicht gesagt: ›vergib uns unsere Schulden‹, – das ist ein Unterschied!« Ja, wenn das so wäre! Im Sinne Jesu ist das ein und dasselbe, absolut ein und dasselbe! »Wie kannst du, wenn du Geld verleihst«, ist seine Meinung, »ernsthaft glauben, du könntest aus der Not des andern Profit machen? Weil du Geld hast und der andere nicht, schaffst du eine Situation, an der du am Ende noch mehr Geld hast? Das ist unglaublich!«

Nach den Vorstellungen der Wirtschaftsethik sind Geldgeschäfte absolut erlaubt, nach den Vorstellungen Jesu von Menschlichkeit sind solche Geschäfte ungeheuerlich. Und hatte er nicht recht?

Manche Wirtschaftswissenschaftler glauben heute, dass das Volk der Juden gegenüber den Assyrern, Persern, Griechen, Römern, all den Großstaaten also gegenüber, nur überlebt hat, weil es zumindest dem Ideal nach so etwas besaß wie ein »Erlassjahr« alle sieben Jahre (Ex 21,2-6; Dtn 15,1-3) – das also, worum die Kirchen für das Jahr 2000 eine Initiative gestartet hatten: Die Entwicklungsländer sollten die Zinsen für ihre Altschulden erlassen bekommen – sie sollten sogar einen weitgehenden Schuldennachlass erhalten. Ganz unmöglich! erklärt natürlich die Weltbank; aber wenn es stimmt, was manche Wirtschaftswissenschaftler meinen, das Volk Israel habe nur überlebt, weil es alle sieben Jahre eine absolute Schuldentilgung gab, was spräche dann gegen einen solchen Vorschlag? Der siebenjährige Schuldennachlass hatte zur Wirkung, dass der Volkskörper nicht nach oben und nach unten auseinandergerissen wurde; es gab nicht die Zinsspirale, die die Reichen immer reicher und die Armen immer ärmer macht und damit das Zusammenleben instabil gestaltet. Jesus ist in der mosaischen Religion mit ihrem Zinsverbot großgeworden; was ihn davon unterscheidet, ist einzig die Radikalität im Prinzip: Jesus will nicht, dass man sieben Jahre lang mit dem Schuldennachlass wartet und in all der Zeit den anderen schmoren und wie einen Sklaven schuften lässt. Jesus mochte alle Dinge sofort und gleich. Für ihn gibt es keinen Aufschub im Vergeben, weil vor Gott kein Aufschub ist. Die Maxime: »Unsere Schuld vergib uns« übersetzt sich wirtschaftlich, menschlich, moralisch – in alle Bereiche!

Dann bleibt die Frage natürlich, wie, wenn wir über Menschen nicht richten können, wenn »Gerechtigkeit« sich so nicht exekutieren lässt, das menschliche Leben dann zu beschreiben ist?

HERMANN HESSE hat darauf einmal die kürzeste und schönste Formel als Antwort gefunden. »Das menschliche Leben ist ein Fortschreiten von der Unschuld zur Schuld und von der Schuld zur Verzweiflung und von der Verzweiflung entweder zum Untergang oder zur Erlösung«, schrieb er. »Erlösung« ist aber nicht der Rückfall in eine vormoralische Naivität, sondern ein Darüber-Hinausgehen.

Das genau war die Meinung Jesu. Es geht nicht darum, alle Ordnung aufzulösen, es geht darum, sie in einem nie erreichten Hitzegrad existentieller Energie wegzuschmelzen, fließend zu machen, ins Strömen zu bringen.

Dann mag die letzte Frage sich stellen: Was aber wird aus KANTS Glaube, Gott sei als oberste Instanz, als Versöhner aller Ordnung, als Inbegriff überragender Gerechtigkeit zu »postulieren«? Der Schrecken der kirchlichen Dogmatik liegt darin, dass sie ihre »Moral« mit Gott verschmolzen hat und damit die Begriffe von Gut und Böse mit den Vorstellungen unendlicher Belohnung und unendlicher Bestrafung, mit Himmel und Hölle identifiziert hat. Die großen Bilder der mittelalterlichen Kathedralen: der Engelzug, der Dämonenzug, – die ständige, permanente Angst: Wo wirst du stehen in der Stunde des Todes?, haben die Menschen gequält ihr Leben lang. Man muss vielleicht zu dieser Frage noch in ihrem säkularisierten Gewande den französischen Existenzialisten JEAN-PAUL SARTRE hinzunehmen, SARTRE meinte: Solange du lebst, bist du dein eigener Richter; jedes Bewusstsein existiert für sich selber und verfügt über seine eigenen Qualifikationen; aber wenn du tot bist, verwandelst du dich in ein bloßes An-sich-Sein, dann wirst du ein bloßes Objekt. Dann stehen sie am Grab und halten ihre Reden und bewerten, was dein Leben war, und all die Schwätzer wissen natürlich ganz genau, wer du warst, was du hättest sein müssen, was dein Leben wert war. Wenn du selber auch nur noch einen Atemzug zur Verfügung hättest, würdest du sie alle widerlegen können. Aber der Tod besteht eben darin, das Leben zu enden an einer Stelle, an der es nie zu Ende hätte sein dürfen. Immer ist der Tod die Auslieferung an das Gericht der anderen, ist er der Inbegriff des höchsten Unrechts. –

Wenn das Christentum irgendeinen Sinn macht, dann sollte man denken, Gottes Art, den Menschen zu sehen, bestehe darin, ihn als Subjekt, als Für-sich-Sein vollkommen sich selber zurückzugeben. Das aber ist nur möglich, wenn gerade das gilt, was Jesus sich vorstellte: dass Gott die reine Liehe sei. Tatsächlich gibt es keine gründlichere Art, sich selber zu »richten«, als einem anderen gegenüberzutreten, der uns nur liebt und nichts weiter von uns erwartet, als dass wir selber sind. Plötzlich erscheinen all die Abweichungen, die Ausreden, die Lügen, die Kleinkariertheiten unseres Lebens uns selber als unerträglich. Plötzlich spüren wir, wie oft wir uns selber Unrecht getan haben aus lauter Angst, und es tut uns bitter leid; so wollten wir nicht sein, so hätten wir nie sein mögen! Je tiefer wir reifen in dem Vertrauen zu der Liebe eines anderen, wächst unser wahres Wesen auf und sprengt sich alles weg, was uns je verstellt hat. Eine andere Form, wie Gott uns »richtet«, ist überhaupt nicht möglich, als dass er uns aufrichtet zu uns selber und uns »hinrichtet« zu dem, wozu er uns gemacht hat. Man mag diesen Übergang reifender Wandlung als Fegefeuer bezeichnen, wie die katholische Kirche es lehrt. Das Fegefeuer, sagt sie, ist ein Zustand, in dem die »armen Seelen« wissen, dass sie in den Himmel kommen, aber eben noch nicht dort sich befinden; sie leiden noch an dem, was sie getan haben, gerade weil der Himmel ihnen sicher ist.

Wenn man die mythologischen Begriffe dieser Dogmatik einmal ins Symbolische übersetzt, dann müsste man sagen: Es gibt nichts Peinigenderes, als zu spüren, wie unnötig all die Ängste und Fehler waren, die wir im Moment, da wir ihnen ausgeliefert waren, für unausweichlich hielten. Plötzlich entdecken wir eine Freiheit, wie wir sie nie kannten, und dann ist es sogar möglich, dass, je besser wir uns selber verstehen und wir mit uns mehr identisch werden, auch das Verstehen für alle anderen Menschen wächst und größer wird. Am Ende ist der Himmel die Verbundenheit aller Menschen im Glück, eine Verbundenheit, die wir ursprünglich nur in dem Wissen einer tiefen Bedürftigkeit fanden, die wir alle teilen, eines Mangels und einer Entbehrung, von der wir alle gezeichnet sind. Am Ende ist es die Seligkeit, zu spüren, dass es überhaupt nur Menschen gibt, die auf je ihre Weise mit ihrer Angst, mit ihren Qualen, mit ihren Abhängigkeiten, mit ihren Unzulänglichkeiten zu leben versuchten. Sie alle waren unterwegs; doch nun finden wir uns wieder, und kein Tod mehr hat die Macht, uns voneinander zu trennen. So wäre der Himmel, so wäre Gott, so richtete Gott, meinte Jesus, das wäre seine »Gerechtigkeit«.

Was aber erst einmal beginnt, wenn wir »Rechtstitel« in unseren Umgang mit uns selbst und mit anderen einführen, lässt sich abschließend vielleicht in einer kleinen hinduistischen Geschichte ein wenig ironisch erläutern:

»Es gab einmal einen indischen Asketen, der bei einem sehr guten Lehrer in die Schule ging und lernte, mit wie wenig doch ein Mensch in mönchischer Bedürfnislosigkeit zu leben vermöge. Er ging, nachdem er die Schule durchlaufen hatte, hinaus ins Freie. Da fand er nach einiger Zeit, dass, wenn er nachts schlief, sein Lendenschurz von Mäusen angefressen wurde. Und um den Lendenschurz zu schützen, erbettelte er sich eine Katze, die die Mäuse vertreiben sollte. Aber die Katze brauchte Milch, und so erbettelte er Milch für die Katze, die die Mäuse vertreiben sollte, dass sie nicht seinen Lendenschurz anfraßen. Nun war es aber zu mühsam, jeden Tag bei den Leuten Milch zu erbetteln. Der Asket fand heraus, es sei viel vorteilhafter, sich eine Kuh zu erbetteln, die die Milch gab, mit der die Katze ernährt würde, die die Mäuse verscheuchte, damit sie nicht den Lendenschurz zernagten. Nun braucht eine Kuh aber viel Futter, und auch das wollte erbettelt sein. Viel praktischer war es, eine Wiese zu erbetteln, auf welcher die Kuh fressen konnte, die die Milch gab, die die Katze ernährte, die die Mäuse vertrieb, die den Lendenschurz fressen wollten. Dann aber brauchte es Leute, die die Wiese instand hielten, und auch war es nötig, dass die Leute, die auf der Wiese arbeiteten, versorgt und untergebracht wurden. Auch war es nötig, dass in dem Haus, in dem die Leute, die die Wiese bestellten, untergebracht waren, Leute für Aufsicht und Ordnung sorgten... So ging die Zeit hin. Eines Tages besuchte der Meister seinen Schüler und war ganz verwundert, was er zu sehen bekam. »Was ist aus dir geworden?«, sprach er. »Meister«, erklärte der Schüler, »du wirst es nicht glauben: es gab keinen anderen Weg, um meinen Lendenschurz zu schützen.«

Von solcher Art sind die Werke der »Gerechtigkeit« in römisch-abendländischem Sinne.